הגדה של פסח

הגדת

הרב עדין אבן־ישראל

שטיינזלץ

ירושלים

מרכז שטיינזלץ

MATANEL FOUNDATION

Rabbi Adin Even-Israel Steinsaltz
Passover Haggada

הרב עדין אבן־ישראל (שטיינזלץ)
הגדה של פסח

עורך אחראי: ראובן ציגלר
עריכה: יהודית שבתא
הגהה: יהודית שבתא ופרומה בילט
עיצוב ועימוד: רינה בן־גל
עיצוב העטיפה: דניאל בר לב

רואה אור בסיוע מתנאל

ספרי מגיד, הוצאת קורן
ת״ד 4044 ירושלים 9104001
טל׳: 02-6330530 פקס: 02-6330534

www.korenpub.com

מסת״ב ISBN 978-965-301-748-1

Printed in Israel 2020 נדפס בישראל

לזכרו של

ראלף (רפאל) הכהן גולדמן

איש רב פעלים ואוהב כלל ישראל
שפעולתו תישמר לדורות.

ברוב תודה על ידידות שאיננה תלויה בדבר
ועל עזרה שהייתה נפשית וממשית כאחד.

ההכנות לסדר

ליל הסדר
וההגדה של פסח

ליל הסדר

ליל הסדר אפוף הילה של קדושה ושל עתיקות מופלגת. המבנה היסודי של ליל הסדר: לילה ראשון של חג הפסח, כאשר משפחה (או משפחות קרובות אחדות) מתאספות יחד לספר ביציאת מצרים ולערוך זבח משפחה משותף. ביסודו של דבר זו הייתה תבניתו של ליל הפסח הראשון בצאת ישראל ממצרים; זו הייתה דמותו בימי הנביא ישעיה, המדבר על ״ליל התקדש חג״ (פרק ל, כט); זה היה עיקרו בימי הבית השני, כאשר הלל היה ״כורך פסח מצה ומרור ואוכלם יחדיו״; וכך היה בימים הקשים לאחר חורבן הבית, כאשר ישבו יחד ר׳ אליעזר ור׳ יהושע וחבריהם בבני ברק; וכך נמשכו הדברים בימיו של ינאי, המשורר הארץ־ישראלי שכתב את ״אז רוב נסים הפלאת״ תחת שלטון הביזנטים; וכך היה בימי ר׳ יוסף טוב עלם בצרפת הצפונית; וכך נמשך עד למחברי ״חד גדיא״ בשלהי ימי הביניים. ולא רק בכללים הגדולים, אלא אף בפרטים: הילד החוזה, בנעימה או בלא נעימה, ושואל את ארבע הקושיות, חוזר ואומר – כמעט באותן מלים עצמן – מה ששאל ילד יהודי אחר לפני אלפיים שנה, בהיות המקדש על מכונו בירושלים.

סדר פסח הוא אפוא חזרה מחודשת של בני כל דור על מעשי אבות, והוד קדומים חופף על כל טקס המסוגנן, המקושט הזה, שכל פרט שלו מלא זיכרונות ומשמעויות. הרמת הכוס והורדתה, גילוי המצה וכיסויה, פתיחת דלת, שבירת מצה – כל אלה הם חלקים מטקס קבוע, שהוא אולי הטקס העתיק ביותר שעם ישראל שומר במשך הדורות.

ואולם עם זאת יש לזכור כי ליל הסדר – למרות הקדושה שבו, למרות הפולחן והטקסיות – איננו לילה של רצינות מהודרת וקפואה, של חזרה מדוקדקת

וכבדת סבר על מה שכבר נעשה פעם אחר פעם במשך אלפי שנים. שכן ליל הסדר, כשאר חגי ישראל ומועדיו, מאחד בתוכו את הרצינות ואת הרגשת הקרבה האינטימית, כובד ראש ובדיחות הדעת, נוסח קבוע ואין סוף של שינויים וגיוונים. כי אף על פי שהמסגרת החיצונית של הסדר היא קבועה, אין היא קשוחה: היא עשויה, באופן שאף מתבקש, לקבל בתוכה שינויים וחידושים. לא זו בלבד שבמשך הדורות הוסיפו מדי פעם הוספות וחלקים חדשים לנוסח ההגדה, אלא שנוסח זה מעצם מהותו דורש השלמה. בכל דור ודור נדרשים האבות והבנים לשוב ולהרהר בשעבוד במצרים ובגאולה ממצרים, לשוחח עליהם, לעיין בהם ולמצוא את הצדדים הרבים שבהם חיי ההווה נפגשים, מזדהים ומתנגשים עם ההגדה של פסח. והכול מתבקשים בעצם להוסיף, לשכלל ו"לספר ביציאת מצרים" – "כל אותו הלילה" לפחות.

משום כך אין נוסח קבוע וכובל כיצד צריך לקרוא את ההגדה ומי צריך לקרוא אותה. רוצים – מבקשים בני הבית מזקן המשפחה שיקריא ויבאר; רוצים – קוראים כולם כאחד; רוצים בני המשפחה לומר את הדברים בשירה ובזמרה – מה טוב; רוצים אחרת – יקראו בלא נעימה ובלא זמרה. וכל הרוצה לשאול, ילד או מבוגר, מוזמן ומתבקש לשאול: בן חכם, בן רשע, בן טיפש. ומי שיכול לענות, ומי שרוצה לשאת ולתת בדברים – הרי זה משובח ומובחר.

לפי שבליל הסדר מתבטא בכל תוקף קו האופי של היהדות כביטויו של אחד הצדיקים, בקיצור רב: "'אנשי קודש תהיו לי' – שתהיה קדושתכם אנושית". אכן, לא זלזול ובדחנות גרידא: הרגשת כבוד ודרך ארץ כלפי הקודש – אך בצורה אנושית. מותר לצחוק, מותר לשאול, מותר לשחק. "גונבים" את האפיקומן, מציגים את יציאת מצרים, ועל ידי זה חוזרים וקושרים את המשפחה היהודית הזו, החוגגת עתה את ליל הסדר, עם עם ישראל כולו, בכל תפוצותיו, בבל דורותיו. מזכירים את העבר, מודים על הטוב, נאנחים על הפורענות, ומזכירים ומצפים לגאולה שלמה, עת "השיר יהיה לכם כלֵיל התקדש חג".

הטקסים בהגדה

בסדר ליל הפסח, ובפרט בחלקו הראשון, יש שורה ארוכה של מנהגים שונים, שרבים מהם הם ציוויים: לאכול דבר מסוים, לשתות דבר מסוים, שוב לאכול, שוב לשתות, בכל פעם משהו אחר. למעשה יוצא שאין בליל הסדר ישיבה מסודרת, מאורגנת וטקסית, אלא להפך: אנשים מתרוצצים, אוכלים, שותים, מקבלים בכל פעם משהו אחר, יוצאים ממקומם וחוזרים למקומם. כל החלק הזה של ההגדה, שמפני סיבות שונות לפעמים גם נעשה במהירות רבה, נראה מצד מסוים בלתי הולם לנוסח הכללי, החגיגי והמכובד, של ליל הסדר בכללותו.

ואולם תחושת המהומה וההתרוצצות הזאת של תחילת ליל הסדר, העשויה להיראות כפירורי עשייה מוזרים וחסרי משמעות המנותקים זה מזה, היא תולדה של חוסר ידיעה וחוסר הכנה. שכן כל מערכת הטקסים הזו היא בעצם טקס אחד, מרובה גוונים ובנוי לתלפיות. בעיקרו של דבר זהו מערך שלם אחד – כעין מחול מסוגנן או הצגה שלמה, אשר כל אחד מחלקיה השונים הוא תנועה של ריקוד או מערך שלם של כוראוגרפיה מסודרת, וכל־כולו הוא חזרה על דברים ישנים־נושנים מראשיתם של חיינו הציבוריים. זהו טקס מקודש אשר לכל פרט ופרט שבו נודעת חשיבות. וכאשר הדברים משתלבים יחד הם יוצרים מארג שלם, מעין יריעה שיש בה צורות וצבעים שונים הקלועים זה בזה.

מי שמתייחס לכל פרט בפני עצמו דומה לילד הממלא בצבעים לוח מלא צורות שונות שאינן מצטרפות, בעיניו, לכלל משמעות. שהרי תמונה מקבלת את שלמותה ממכלול צבעיה וצורותיה שעה שהם מתחברים זה לזה. כשם שמנגינה איננה רק צליל אחד של כלי אחד אלא תולדת מכלול נגינתה של תזמורת, וריקוד איננו רצף של הרמות והורדות של ידיים ורגליים וכו׳, כך גם סדר הפסח מקבל משמעות כאשר רואים אותו כמכלול, אשר שלמותו הולכת ונחשפת עם התגלות חלקיו השונים המשתלבים זה בזה, ברצף. בדרך זו כל אחת מהפעולות הנעשות בליל הסדר – עם זה שכל אחת מהן היא ״סימן״ לעצמו – מקבלת משמעות ונעשית חלק של מנגינה, אשר כל אחד מחלקיה נשען על כל ה״סימנים״ האחרים.

אכן, כאשר יודעים מראש מה אמורים לעשות, או לפחות מהרהרים על הקשר שבין הדברים, לא מגיעים לאותה תחושה של אי שקט, של ״נו, אז מה עושים עכשיו״. אכן, לעיתים דווקא מי שצופה ב״סדר״ מן הצד יכול להרגיש יותר את הווייתו הכוללנית, בעוד שדווקא מי שמנהל את ה״סדר״ נמצא כל הזמן דואג רק לפרטים השונים: נטילת ידיים, הרמה או הורדה של חפצים שונים וכיו״ב. ואולם כאשר ליל הסדר נתפס כמעין ריקוד פולחני, מהלך שלם שחלקיו שלובים זה בזה, אין הוא נעשה מתוך מהומה: חושבים מראש על מכלול משמעותו, וכיצד כל חלק וחלק משתלב עם מה שבא לפניו ואחריו. הסתכלות כזו גם מחייבת שמירה על קצב מסוים – כבכל יצירה.

ואולם חלקו הראשון של ליל הסדר אינו אלא הכנה לליבה של ההגדה – ה״מגיד״. משום כך עליו להיעשות כראוי כדי שאחר כך, כשמגיעים אל ה״מגיד״, תהיה אמירת הדברים מבוססת על היסוד שהציבו לה אותם חלקים טקסיים שקדמו לה. אכן, רק כאשר כל הטקסים הראשונים, מתחילתם עד סופם, נתפסים ונעשים כרצף משמעותי אחד יכולים התכנים של ליל הסדר להיספג בצורה עמוקה יותר; המילים כולן – אלה שמובנות כמו אלה שאינן מובנות – כמו ״נבלעות״ בנעימה אחת, והכל ביחד זורם ביחד אל מרכז העניין, שהוא חזרה על המסורת, על מנת שתיחקק בלבות המשתתפים. במיוחד נכון הדבר ביחס לילדים

קטנים ולאורחים המגיעים מרחוק, שבדרך זו יקל עליהם לקבל את המעמסה והמשימה של ליל הסדר, לראות את סדר ליל הפסח כמכלול סָדור של דברים, ובדרך זו להגיע אל משמעותם.

ליל הסדר והילדים

סדר ליל הפסח הוא מעשה כללי של העברת הזיכרון מהמבוגרים לצעירים, מדור אחד לדור הבא אחריו, אבל עיקר הדגש הוא ביחס לילדים. ההגדה של פסח מכוונת מתחילתה ומעיקרה לילדים, ואדרבה: היא קרויה "הגדה" משום שהיא הגדת הדברים לצאצאים, שנאמר (שמות יג, ח): "והגדת לבנך". אכן, ונוסחה של ההגדה בכלל, כמו גם פרטי הדברים שבה, מושפעים במידה רבה מאוד ממטרת־העל של ההגדה.

מבחינה זו הנטייה להושיב את הילדים בליל הסדר לשולחן כשהם מסורקים ומעומלנים למשעי ויושבים בדממה גמורה, מלבד זה שבוודאי אין זה נעים לילדים, מחטיאה את מטרתו הראשונית של הסדר. שהרי הילדים אינם נספחים לליל הסדר: הם קהל היעד העיקרי שלו. ואמנם במקומות שונים נהגו – אם כי לא כמנהג הלכתי – להניח לילדים קצת חופש ומרחב למשחק. "גניבת" האפיקומן היא, כמובן, אחד הדברים הבאים לעורר את עניינם של הילדים, גם אם אין הם יודעים מה משמעותו ותכליתו של האפיקומן. יש הנוהגים גם לשחק בליל הסדר עם הילדים במשחקי אגוזים כדי לגרום להם להרגיש יותר נוח, יותר בני חורין בלילה זה.

באופן כללי ביותר אפשר לומר שחכמים דאגו לכך שסדר ליל הפסח יהיה הטקס הנשמר ביותר בזיכרון מכל הטקסים של עם ישראל. אכן, גם אצל אנשים שהתבוללו עד שכחה כמעט גמורה של עברם היהודי, ליל הסדר הוא תמיד החג האחרון שהם זוכרים. יש לא מעט סיפורים על כך שגם במקומות הנידחים והקשים ביותר, כגון הגולאגים בסיביר, החג היחידי שנחגג בין היהודים היה סדר ליל הפסח. עובדה זו אינה מקרית, אלא היא נקודת המוקד של הסדר: "למען ידעו דורותיכם" (ויקרא כג, מג) – העברת המורשת לכל יהודי ויהודי, אפילו לכאלה שחייהם מובילים אותם הרחק־הרחק.

אפשר לומר שסדר ליל הפסח הוא מעין אופרה, אבל הרבה יותר מורכב מאופרה: צירוף של אמירת מילים, של מנגינות ושל פעולות שונות שאי אפשר להגדירן אלא כמעין משחק בתיאטרון: להגביה, להוריד, לגלות, לכסות, לקום, לשבת, ליטול ידיים, למזוג זה לזה, ועוד ועוד. ונוסף על כל אלה יש בו גם מרכיבים שאינם נמצאים בשום הצגה, והם חלקים מהותיים של ליל הסדר – טעמים, ריחות וקולות ייחודיים: הטעם והריח של המצה, המרור והחרוסת, הרעש שמשמיעות

המצות שעה ששוברים ואוכלים אותן, מאכלי החג המיוחדים. וכל אלה מצטרפים יחד למעין מופע שלם המפעיל את כל החושים: הראייה, השמיעה, הריח, המישוש והטעם, וכך יוצר זיכרון שלא יישכח לעולם, ושאותו גם מעבירים הלאה והלאה.

כאמור, הזיכרון הזה לא תמיד מלווה בתודעה שלמה של משמעות המאורע; אבל על כל פנים תמיד יישאר ממנו משהו – ולו רק השאלה ״מה זאת״.

צרכי ליל הסדר

חומרים ודרכים, כמויות ושיעורים

מצות

כל שבעת ימי חג הפסח אסור לאכול חמץ או תערובת חמץ. אכן, בליל הסדר יש מצווה מיוחדת מן התורה לאכול דווקא מצות. יש "חמישה מיני דגן" שמהם מותר לעשות מצה, אבל בימינו עושים מצות בדרך כלל מקמח חיטה, כשאר הלחם (בימינו מכינים, במקומות מסוימים, מצות גם משיבולת שועל, ולעיתים משיפון או מכוסמין, עבור אנשים שאינם יכולים, מבחינה רפואית, לאכול מוצרי חיטה). רוב המצות בימינו נעשות מקמח רגיל ונאפות במכונות מיוחדות לאפיית מצות. מכונות אלה מסוגלות לעבוד במהירות כזו שבין הכנסת המים לקמח עד לאפייתה הסופית של המצה יעבור פחות זמן משיעור המינימום של החמצה (שהוא 18 דקות). יש בתי חרושת מסוימים המכינים מצות מיוחדות, אשר בהן מהדרים יותר בהשגחה על אפייתן ומקפידים ביותר על כל חשש חמץ.

מצה שמורה

מצה שמורה היא מצה שנאפתה מקמח מיוחד, קמח שנעשה מחיטה אשר משעת קצירתה הייתה עליה שמירה מיוחדת שלא תיגע בה שום רטיבות. רוב הפוסקים סבורים כי כדי לצאת חובת מצוות אכילת מצה יש לאכול "מצה שמורה" דווקא. ומשום כך גם אלה שאינם אוכלים מצה שמורה (שהיא כמובן יקרה יותר) במשך כל ימי החג מקפידים לאכול ממנה בליל הסדר, או לפחות להשתמש במצה שמורה לצורך המצות שמהן אוכלים את מצת המוציא ואת האפיקומן.

מצת יד

יש רבים המהדרים להשתמש דווקא במצות יד – כלומר, מצות הנילושות והנאפות בידי אדם ולא במכונה. גם כאן עיקר ההקפדה היא במצת מצווה, משום שהיו חכמים רבים בדורות האחרונים שסברו כי יוצאים ידי חובה (ובוודאי ידי חובה מן המובחר) רק במצות הנאפות ביד, ולכן משתמשים בהן בייחוד לצורך מצת המוציא והאפיקומן. מצה זו כרגיל צורתה עגולה, והיא עבה יותר (בפרט לפי מנהג הספרדים, שאינם מקפידים על מצות דקות במיוחד) ממצות המכונה הרגילות. יש גם "מצת מצווה" הנעשית בערב פסח לאחר חצות היום, ובעשייתה מהדרים ביותר.

שיעורים לאכילת מצה

השיעור (הכמות) לצאת ידי חובה באכילת מצה הוא כזית לפחות. בדבר קביעת

שיעור ״כזית״ במידות של ימינו נחלקו דעות הפוסקים האחרונים, והמנהג הנפוץ הוא לחשב זאת כמנהג ירושלים: עשרים ושישה גרם (לדעת ״החזון איש״ השיעור גדול בהרבה). ויש לאכול את כל הכמות הזאת בתוך שתי דקות (״כדי אכילת פרס״, לפי דעת רבים). משום כך יש לדאוג כי יימצאו די מצות לכל אחד מן המסובין, ואין יוצאים ידי חובת המצווה באכילת פירורים בלבד ממצתו של ״עורך הסדר״ (אלא אם כן הייתה זו מצת יד גדולה). יש לזכור כי כמות זו היא יותר מחצי מצה רגילה.

יין

אחת מן המצוות בליל הסדר היא שתיית ארבע כוסות של יין. כמובן יש להקפיד שיהא היין כשר לפסח (רוב היינות מיוצרים כשרים לפסח, גם אם הם מיועדים לכל שאר ימות השנה), ולשם כך יש בכל מקרה להשתמש בבקבוקי יין שלא שתו מהם קודם פסח. יוצאים ידי חובה בכל מיני יין, אבל אם יש לו לאדם אפשרות, מצווה מן המובחר היא להשתמש לצורך ארבע כוסות ביין אדום דווקא (ולגבי היין ששותה, אם רוצה, בתוך הסעודה, אין כל הקפדה). מי שקשה לו לשתות יין בכמות גדולה (ראה להלן ביחס לשיעור) יכול להשתמש במיץ ענבים כשר לפסח, או לערבב מיץ ענבים ביין.

שיעור היין

לכתחילה יש לשתות מכל אחת מארבע הכוסות לפחות ״רוב רביעית״, כלומר, רוב כוס המכילה (לפי מנהג ירושלים, המקל) שמונים וששה מיליליטר (בערך שליש כוס רגילה).

מרור

המשנה במסכת פסחים מונה מינים אחדים של צמחים מרים הראויים לשמש כמרור לצאת בו ידי חובה בפסח. חלק ממינים אלה אין זיהוים ברור, ומכל מקום נאמר שם במפורש כי מצווה מן המובחר לכל הדעות היא להשתמש לצורך המרור בחזרת (הידועה בימינו יותר בשם חסה או סאלאט). ויש המקפידים להשתמש במיוחד בזן החסה הקרוי ״חסה ערבית״ (או ״חסה רומאית״), שהוא קצת יותר גס ושונה מעט בטעמו. אף על פי שלחסה אין כרגיל טעם מר, ידוע כי לאחר זמן מסוים היא נעשית מרה (בעיקר לאחר צמיחת גבעולי התפרחת), ומפני כמה טעמים עדיף להשתמש בה. עם זאת יש לשים לב כי בעיקר בעונת שנה זו מצויות על עלי החסה תולעים קטנות מאוד שצבען קרוב לצבע העלים, וכרגיל אינן נשטפות ברחיצה רגילה, ורק בדרכים מיוחדות (כגון השקעת העלים בתוך חומץ חריף למשך דקות אחדות) אפשר להיפטר מהן. במזרח אירופה נהגו להשתמש לצורך מרור לא בחסה (שקשה

למדי להשיגה שם) אלא ב"חריין". צמח זה (שבטעות קוראים לו "חזרת") איננו מר בעצם, אלא הוא חריף ביותר. ברוב המקומות שבהם נהגו להשתמש ב"חריין" לצורך מצוות מרור נהגו לרסק קודם את הקלחים לפירורים קטנים, אשר קל יותר לבלעם ואף חריפותם נמוגה במקצת. ואולם במקרה כזה יש להשתדל שלא תפוג כל החריפות שבהם (מה שקורה אם ממתינים זמן רב בין ריסוקם ובין השימוש בהם וכו'). רבים נוהגים להשתמש למצוות מרור גם בחזרת (חסה) וגם ב"חריין", ובאופן הבא: בחסה משתמשים לקיים מצוות אכילת מרור, ואילו ב"חריין" משתמשים לטבילת המרור ב"כורך", כאשר כורכים ואוכלים מצה ומרור יחד. גם בסידור ה"קערה" של פסח יש מקום מיוחד למרור ומקום אחר לחזרת.

שיעור המרור

לפי מנהג ירושלים הנפוץ: די בתשעה עשר גרם מרור (בין חזרת בין "חריין") כדי לצאת ידי חובת אכילת "כזית".

חרוסת

כבר במשנה נזכר שהיו משתמשים בחרוסת בליל הסדר, וכבר נחלקו תנאים בסוף ימי הבית השני אם יש מצווה מיוחדת בחרוסת, או שאינה אלא מנהג. והסבירו שהחרוסת היא זכר לטיט כשהיו ישראל משועבדים בעבודת חומר ולבנים במצרים ובכך הוא מזכיר את עבודת ישראל שם. ומצד שני נזכרים בדברי הכתוב בשיר השירים (שנתפרש כרמז לישראל במצרים): "תחת התפוח עוררתיך". יש מנהגים מרובים לגבי הרכב החומרים שמהם מכינים את החרוסת, ומכל מקום נהגו ברוב הקהילות להשתמש לצורך זה ברסק מפירות שונים שנשתבחה בהם כנסת ישראל בשיר השירים (תפוח, רימון, תאנה, תמר, אגוז), ומוסיפים כמה מיני תבלינים כדי

חסה החסה (Lactuca sativa) היא ירק גינה ממשפחת המורכבים. שושנת העלים שלו היא החלק הנאכל בחסה, וטעם העלים בתחילה מתוק למדי. ואולם לאחר שהצמח גדל, ובפרט לאחר הפריחה, משתנה טעם העלים והופך להיות מר.

חכמים העדיפו את החסה על שאר מיני מרור משום שהיא מסמלת את שעבוד מצרים – תחילתו רך וסופו קשה.

החסה שהשתמשו בה אבותינו הייתה חסת העלים (var. romana), שטעמה מריר קצת מטעמם של מיני חסה אחרים.

"חריין" (Armoracia cochlearia) הוא צמח ממשפחת המצליבים. מקור גידולו באירופה (וספק רב אם היה ידוע בכלל לאבותינו). זהו צמח רב שנתי ששורשיו העבים משמשים להכנת מיני תבלין חריפים, בדרך כלל בתערובת עם צמחים אחרים. בטעות נקרא הצמח בשם "חזרת", לפי שחזרת היא באמת החסה, ואין לו שם עברי מקורי.

שייראו כקש המעורב בטיט (ונהגו להשתמש בקינמון ובזנגביל), ובתוך התערובת מוזגים מעט יין ומערבבים עד שתהא עיסה רכה למדי, שאפשר לטבול בה. ובמקומות רבים יש חרוסת מוכנה למכירה, אלא שיש לזכור לערב בה יין, ואם חל פסח בשבת יש לעשות זאת לפני כניסת השבת. ואין שיעור לחרוסת, לפי שאין מצווה אלא לטבל בה. ונהגו שלא לאכול ממנה קודם שמקיימים בה את המצווה, אבל לאחר שטבלו בה מותר לאכול ממנה.

זרוע

בזרוע משתמשים ב״קערה״ של ליל הסדר. וברוב קהילות האשכנזים היו לוקחים לצורך זה כנף של תרנגולת (ויש שנהגו לקחת חלק מן הצוואר) וצולים אותו. ונהגו שלא לאכול כלל מזרוע זו (שהיא זכר לקרבן פסח) כל אותו הלילה.

ביצה

עבור ה״קערה״ יש צורך בביצה קשה. וכן נהוג בקהילות רבות לפתוח את סעודת החג בביצים קשות טבולות במי מלח.

מי מלח

את מי המלח שבהם מטבילים את הכרפס (ואת הביצים) מן הראוי להכין מבעוד יום, בפרט כאשר פסח חל בשבת.

כרפס

לצורך כרפס אפשר להשתמש כמעט בכל מין ירק, ובלבד שלא יהא ירק הכשר לשמש כמרור. וכרפס עצמו הוא מין של סלרי (והיו שהשתמשו בבצלים או בצנון). וראה להלן בהגדה בעניין זה.

שאר מנהגים ודינים בליל הסדר

הסבה

ממנהגי האכילה בחג הוא ישיבה כדרך הסבה (״מסובין״), שהיא ישיבה של אנשים בני חורין שעיתותיהם בידם, ויכולים לאכול בנחת ולשוחח תוך כדי אכילתם. ואף שבימינו שוב אין דרך להסב, מכל מקום מסיבים בשעת קיום עיקרי מצוות החג (אכילת מצה ושתיית הכוסות). והסבה זו היא שאין אדם יושב כדרכו, אלא נשען על הכיסא (או על כרים וכיוצא בהם) על צד שמאל, כדי שיד ימינו תהא פנויה, ומעוד טעמים אחרים. וחובת ההסבה חלה על כל הגברים הגדולים (כלומר, מבני מצווה ומעלה), חוץ מתלמיד הנמצא בבית רבו. וכתבו הפוסקים כי כל הנשים בימינו

נחשבות נשים חשובות, ואישה חשובה ראוי גם לה להסב, אך אין הדבר נהוג ברוב הקהילות. רבים מן הפוסקים סבורים שאם לא אכל בהסבה, לא יצא ידי חובתו.

לבוש

כמו בכל חג, ראוי ללבוש בגדים נאים (אף יותר מבגדי שבת) לכבוד החג, ובפרט בחג הפסח. וברוב קהילות האשכנזים נהגו ללבוש בשעת עריכת הסדר "קיטל" – בגד לבן חגיגי, שאותו לובשים גם בימים הנוראים.

כלים

אף שבכל ימות השנה אין מרבים להדר ולהשתמש בכלים נאים (בין השאר משום אבלות החורבן), בחג הפסח, מכל מקום, משום שהוא חג החירות, מצווה להרבות בכלים נאים ומהודרים, ככל שמשיגה היד לקנותם. כמובן יש לדאוג לכשרות הכלים לפסח, ומי שיכול לעשות כן ראוי שתהא לו מערכת מיוחדת שלמה של כלים המיוחדים לחג הפסח. ומי שצריך להשתמש בכלים משאר ימות השנה, ראוי לו לשאול לגבי כל כלי מה הדרך המיוחדת להכשרתו (בהגעלה, בשרייה או בדרך אחרת) כדי להשתמש בו בחג הפסח.

ההכנות לחג

בדיקת חמץ

כיון שנצטווינו בתורה "שבעת ימים מצות תאכלו אך ביום הראשון תשביתו שאור מבתיכם" (שמות יב, טו), "שבעת ימים שאור לא ימצא בבתיכם" (שם יט), "מצות יאכל את שבעת הימים ולא יראה לך חמץ ולא יראה לך שאר בכל גבולך" (שם יג, ז), הרי כדי לקיים מצוות אלה של "לא ייראה ולא יימצא" יש לבער את החמץ מן הבית, ולפני הביעור תיקנו חכמים לבדוק בכל הבית במקומות רבים שעלול להימצא בהם החמץ. כדי להימנע מחשש של ברכה לבטלה, ומפני טעמים אחרים, נהגו לשים פירורי חמץ אחדים, כדי שבכל מקרה אפשר יהא לקיים את מצוות הבדיקה והביעור בפועל. הברכה – שיש להתכוון בה גם לצאת ידי מצוות הביעור והשריפה למחרת – היא "על ביעור חמץ", לפי שהבדיקה היא רק הכנה למצוות הביעור. כיון שייתכן שאדם לא הצליח למצוא את כל החמץ הבלתי ידוע שבביתו, אומרים נוסח של הפקר החמץ וביטולו. כי האיסור, כאמור בתורה, הוא על חמץ השייך לאדם מישראל, ולכן מפקירים ומפקיעים את הבעלות עליו לפני החג (ראה נוסח בעמוד הבא). נוסח הפקר וביטול זה הוא אפוא רק לחמץ הבלתי ידוע, כי הרי באותו לילה, ואף במשך זמן מסוים למחרת, עדיין מותר החמץ

באכילה, והוא מצוי ברוב הבתים, ולכן מפקירים רק את החמץ שלא ראינו ושאיננו יודעים היכן הוא כעת.

זמן ביעור חמץ

איסור החמץ מתחיל, מדין תורה, מחצות היום בערב פסח, אולם כדי להרחיק מן העבירה תיקנו חכמים שכבר שעה ("שעה זמנית") קודם חצות היום יבער את החמץ (ושתי שעות ["זמניות"] קודם חצות היום מפסיקים לאכול חמץ). הזמנים המדויקים משתנים לפי אורכו המדויק של היום באותה שנה, ולכן יש לעקוב אחרי ההודעות המתפרסמות כרגיל מטעם הרבנות המקומית מה היא בדיוק שעה זו לפי השעון המקומי. ביעור חמץ נעשה כרגיל בשריפה, אולם כשאין אפשרות לעשות זאת אפשר לבערו גם באופנים אחרים (הפשוט שבהם – שמפוררים את החמץ ומשליכים אותו לאסלת בית השימוש). מעיקר הדין, עצם השלכתו לאשפה שמחוץ לבית מספקת, אלא כיון שהדבר עלול להביא לידי מכשול, מבערים את החמץ גופו מן העולם, שלא ייראה ולא יימצא.

וזה הוא הנוסח שאומרים: **כל חמירא וחמיעא דאיכא ברשותי** (כל שאור וחמץ שיש ברשותי) **דחזיתיה ודלא חזיתיה דחמיתיה ודלא חמיתיה דבערתיה ודלא ביערתיה** (שראיתיו ושלא ראיתיו, שחזיתי אותו ושלא חזיתי אותו, שביערתיו ושלא ביערתיו) **ליבטל ולהוי הפקר כעפרא דארעא** (שיתבטל ויהיה הפקר כעפר הארץ).

לאחר מכן נהגו בהרבה קהילות לומר נוסח המיוסד בתוכנו על הקבלה, אלא שבשל הסמליות הפשוטה שבדבר התפשט בכל מקום. החמץ, שהוא סמל של הרע, מתבער מן העולם, ואנו מבקשים שבזכות מעשה זה יהא הדבר כמעשה סמלי לביעורו של כל הרע (החיצונים – כוחות הרע, שהם מחוץ למסגרות של הקדושה) ושל רוח הטומאה, וכן גם את יצר הרע (כבר במקרא משמש החמץ כסמל לרע וליצר הרע ראה הושע פרק ז. וכן בדברי חכמים הוא מכונה "שאור שבעיסה"). וכל הסטרא אחרא (הצד האחר), שהוא כינוי לכוחות הרע, וכל הרשעה בעשן תכלה, ושכל ממשלת רעה וזדון תבער מן העולם כדרך שאנו מבערים את החמץ, "ברוח בער וברוח משפט" (על פי לשון המקרא, ישעיהו ד, ד), וכדרך שכילה ה׳ את הרשעים ואת כוחות הרשע בשעת יציאת מצרים.

הכנת השולחן וה"קערה"

ראוי להכין את השולחן וה"קערה" לליל הסדר מבעוד יום, כדי שיוכלו להתחיל בסדר מיד עם החזרה מבית הכנסת. ויש בכך משום הרגשה של החירות והמלכות שבחג זה.

סדר ה"קערה"

בזמן התלמוד היו מביאים לפני כל סועד שולחן קטן שהוא לבדו היה אוכל עליו. ובימינו, שאין הדבר נהוג, נהגו להניח לפני מסדר הסדר קערה או טס גדול שעליו שמים את המינים השונים: הן הדברים שיש לאכול מהם והן אלה שמניחים לזיכרון בלבד. ויש בכך מנהגים שונים, אך פשט המנהג לעשות כדעת האר"י הקדוש, ולסדר את המינים השונים בסדר מיוחד, שיש לו טעם על פי הסוד. תחילה לוקחים שלוש מצות ומניחים אותן זו על גבי זו. ובמקומות רבים נהגו מפני טעמים שבנגלה ובנסתר לעשות הפסק על ידי מפית בין מצה למצה, ואף יש נרתיקים מיוחדים למצות לצורך זה. ומצות אלה (שאף היו שנהגו לסמן אותן בדרכים שונות) קוראים להן בשמות; מצה עליונה קרויה כהן, ומתחתיה לוי, ותחתיה ישראל. והרוב נוהגים להניח את המצות על הקערה, ועל גבי המצה העליונה (שהיא לכל השיטות מכוסה) מסדרים את שאר המינים (ואם אי אפשר, ויש אף אומרים שהוא לכתחילה, יש לשים את המצות בצד שאר המינים). את הדברים האחרים מסדרים בסדר הבא: מצד ימין למעלה זרוע, שהיא מצד אחד רמז ל"זרוע נטויה", ומצד אחר משתמשים בה כזכר לקורבן הפסח (ומפני זה צולים אותה). וכנגד הזרוע מניחים בצד שמאל ביצה, שהיא מצד אחד זכר לקורבן האחר (קורבן חגיגה) שהיו אוכלים עם קורבן הפסח בליל הסדר, ובחרו בביצה משום שהיא גם, לעניינים אחרים, זכר לאבלות

קערת הסדר

(לפי שמשתמשים בביצים לסעודת הבראה לאבלים). בין הזרוע לביצה, אבל קצת למטה מהם, מניחים את החסה. מצד ימין למטה מניחים את החרוסת, וכנגדה מצד שמאל הכרפס. ובין שני אלה, אבל למטה יותר, מניחים את המרור (או ה"חריין") של "כורך".

והסבר סדר זה לפי דרך הסוד הוא, כי שלוש המצות הן כנגד שלוש ספירות ראשונות: חכמה, בינה, דעת (ויש ספרים שכתוב בהם: כתר, חכמה, בינה). זרוע הוא כנגד חסד (בבחינת "ימין ה׳ רוממה"), והביצה בבחינת גבורה. והחסה, שיש בה גם מתיקות וגם מרירות, כנגד תפארת. וחרוסת כנגד נצח, שעיקרה דברים מתוקים מקו הימין, וכרפס כנגד הוד. ומרור הוא כנגד ספירת יסוד. ואילו הקערה עצמה, שבה מניחים את כל הדברים והיא המכילה את כולם, היא כנגד ספירת המלכות.

כניסת החג

בדרך כלל, כאשר ערב פסח חל ביום חול, מנהג נאה הוא להשתדל ולהתחיל בעריכת הסדר בשעה מוקדמת לאחר כניסת החג (תפילת מעריב של ליל הפסח ארוכה מעט יותר מתפילת חג רגילה). עריכת הסדר בשעה מוקדמת מאפשרת לילדים הקטנים, שליל הסדר נעשה במידה רבה עבורם, להשתתף בחלק גדול ממנו. כמו כן יש הגבלת זמן הלכתית לסיום הסעודה ולאכילת האפיקומן (חצות הלילה), כך שסדר מוקדם מניח למסובים לערוך אותו בלא חיפזון.

סדר בדיקת חמץ

אור לארבעה עשר בניסן (שלושה עשר בערב), מיד כשהגיע הלילה (ואפשר גם אחר כך אם אין מספיקים), עושים בדיקת חמץ. בודקים את כל המקומות בבית שיכול להיות שהוכנס לתוכם חמץ. ומנהג שפשט בכל מקום הוא שמכינים לפני הבדיקה עשר חתיכות של חמץ (ומשתדלים שיהא קשה, שלא יתפורר) ומצניעים אותן במקומות שונים בבית. ואחר כך הולכים בבית, וביד הבודק נר (ואם אפשר ישתמש בנר שעווה, אבל בנר יחיד ולא באבוקה, כגון זו המשמשת להבדלה).

ומנהג רבים (חסידים וספרדים בעיקר, ועל פי הקבלה) לומר תחילה:

הִנְנִי מוּכָן וּמְזֻמָּן לְקַיֵּם מִצְוַת עֲשֵׂה וְלֹא תַעֲשֶׂה שֶׁל בְּדִיקַת חָמֵץ לְשֵׁם יִחוּד קֻדְשָׁא בְּרִיךְ הוּא וּשְׁכִינְתֵּהּ עַל יְדֵי הַהוּא טָמִיר וְנֶעֱלָם בְּשֵׁם כָּל יִשְׂרָאֵל.

ומברך:

בָּרוּךְ אַתָּה יהוה אֱלֹהֵינוּ מֶלֶךְ הָעוֹלָם
אֲשֶׁר קִדְּשָׁנוּ בְּמִצְוֹתָיו וְצִוָּנוּ עַל בִּעוּר חָמֵץ.

ובודק בכל הבית, ולא יפסיק בדיבורים שאינם מעניין הבדיקה.
ואת החמץ שמוצא יקפיד לאסוף יחד בכלי (או שקית) אחד.

ויש שנהגו להוציא את החמץ ולנקות את מקומו בנוצת עוף,
ומכניסים אותו לתוך כף של עץ (והנוצה והכף נשרפים עם החמץ למחר).

בדיקת חמץ בתלמוד נאמר שמעיקר דין תורה אפשר היה להסתפק בביטול החמץ בלבד, ולא היה צורך בבדיקה. אלא שתיקנו בדיקה זו שמא יתברר שנשארו במקום כלשהו עוגה או מאכל טעים אחר של חמץ, ואם יימצא בתוך ימי החג ייתכן שמתוך ההרגל של כל ימות השנה יבוא לאכלו, ועל כן תיקנו שיבדוק את הבית שלא יימצא בו חמץ.

החמץ והרע הדימוי של חמץ כסמל הרע הוא מצוי ועתיק, ויש מסבירים אותו בכך שהחמץ עולה ותופח והוא סמל של גאווה, שהיא יסוד היסודות של כוחות הרע. וכן בזה שהחמץ גורם לעיסה אחרת שתחמיץ אף היא – כמו הרע המשפיע ומקלקל את כל כוחות נפשו של אדם ושל בני חברתו.

עשרה פירורים מנהג זה בפירורים עתיק הוא, אבל קביעת עשרה פירורים היא על פי הקבלה. ואף שיש בה רמז לעשר המכות, מכל מקום עיקר הדבר הוא משום שכנגד עשר הספירות שבקדושה יש גם בטומאה "עשר כתרין דמסאבותא" והם נרמזים בעשרה פירורי החמץ, שאותם בודקים ומבערים.

ולאחר שגמר לבדוק את החמץ (ומצא את כל הפירורים שהניח) אומר נוסח קבוע, שבו הוא מבטל את כל החמץ המצוי בבית שאינו ידוע לו, ויש נוסח קבוע בארמית (ומי שאינו מבינו כלל יכול לומר נוסח בלשון שמבין):

כָּל חֲמִירָא וַחֲמִיעָא דְּאִכָּא בִרְשׁוּתִי
דְּלָא חֲמִתֵּהּ וּדְלָא בִעַרְתֵּהּ
לִבְטִיל וְלֶהֱוֵי הֶפְקֵר
כְּעַפְרָא דְאַרְעָא.

ואחר כך מניח את החמץ שמצא במקום שמור, שלא יתפורר ושלא ייקחו ממנו ויפזרו ממנו בטעות.

נר לבדיקה הנר לבדיקה נועד לשמש בפועל בשעת הבדיקה, שכן על ידיו אפשר להציץ גם בחורים ובסדקים (וזה הוא אחד היתרונות שבבדיקה בלילה, ועל ידי נר), ומשום כך אין משתמשים באבוקה או לפיד, שכיוון שהם עלולים לגרום לשריפה אינו מכניסם בכל חור. וכבר בתלמוד למדו זאת, ואף דנו בנושא זה על סמך הכתוב "נר ה' נשמת אדם חופש כל חדרי בטן" (משלי כ, כז). וממנו אף הקשר הסמלי בין חיפוש וביעור החמץ ובין טהרת הנפש.

הפקר ההפקר הוא פעולה שיש לה תוקף חוקי־משפטי ועיקרה בסילוק כל תביעה לבעלות על חפץ מסוים, הנעשה על ידי כך "הפקר" וכל הרוצה יכול לזכות בו. בנוסח שלפנינו יש גם מושג של ביטול – לא רק הפקר משפטי אלא גם הצהרה שאין החמץ נחשב בעיני המבטל ושהוא אינו מעוניין בו ואינו חפץ לזכות בו בכל אופן שהוא.

תפילה לאחר בדיקת חמץ בספר עבודת הקודש מובא נוסח זה לאומרו לאחר בדיקת חמץ: יהי רצון מלפניך... שתזכנו לתור ולחפש בנגעי בתי הנפש אשר נואלנו בעצת יצרנו הרע, ותזכנו לשוב בתשובה שלמה לפניך. ואתה בטובך הגדול תרחם עלינו ותסייענו כל דבר כבוד שמך...

ביעור חמץ

ביום י״ד בניסן (ערב פסח) בבוקר, קודם השעה שמודיעים עליה שהיא שעת ביעור חמץ באותה שנה, עושה מדורה לעצמו ושורף בה הן את פירורי החמץ שמאמש, והן כל חמץ אחר שנשאר בביתו ולא נמכר במכירת חמץ.

ויש מקדימים ואומרים:

הִנְנִי מוּכָן וּמְזֻמָּן לְקַיֵּם מִצְוַת עֲשֵׂה וְלֹא תַעֲשֶׂה שֶׁל שְׂרֵפַת חָמֵץ לְשֵׁם יִחוּד קֻדְשָׁא בְּרִיךְ הוּא וּשְׁכִינְתֵּהּ עַל יְדֵי הַהוּא טָמִיר וְנֶעְלָם בְּשֵׁם כָּל יִשְׂרָאֵל.

ואומר נוסח אחר של ביטול כל החמץ שנשאר ברשותו (ואם אינו מבין כלל את הנוסח הארמי יאמר בלשון שמבין):

כָּל חֲמִירָא וַחֲמִיעָא דְּאִכָּא בִרְשׁוּתִי
דַּחֲמִתֵּהּ וּדְלָא חֲמִתֵּהּ, דְּבִעַרְתֵּהּ וּדְלָא בִעַרְתֵּהּ
לִבְטִיל וְלֶהֱוֵי הֶפְקֵר
כְּעַפְרָא דְאַרְעָא.

"שעות זמניות" על פי ההלכה מחולקים היום והלילה כל אחד לשתים עשרה שעות. מספר השעות קבוע בכל הימים והלילות, ומשום כך מובן כי שעות אלה אין להן משך זמן קבוע בכל זמן, אלא הן רק אחד משנים־עשר מאורך היום או הלילה באותו תאריך. לשעות אלה קוראים "שעות זמניות" משום שאורכן משתנה מזמן לזמן לפי התאריך ולפי קו הרוחב של אותו מקום. היום מתחיל עם זריחת השמש ונגמר עם השקיעה, והזמן שבינתיים הוא הכולל את שתים עשרה שעות היום. ולפי עיקרון זה קובעים כי עד סוף שעה רביעית ביום (החל מן הזריחה) מותר החמץ באכילה, ועד סוף החמישית מבערים אותו. וקביעת הזמן המדויקת היא עניין של חישוב, המשתנה ממקום למקום ומשנה לשנה (לפי שלא תמיד חל הפסח באותו תאריך לפי שנת החמה), וכן לפי שיטות הלכה שונות.

ונוהגים לומר אחר כך בשעת בעירת החמץ נוסח זה:

יְהִי רָצוֹן מִלְּפָנֶיךָ יהוה אֱלֹהֵינוּ וֵאלֹהֵי אֲבוֹתֵינוּ, כְּשֵׁם שֶׁאֲנִי מְבַעֵר חָמֵץ מִבֵּיתִי וּמֵרְשׁוּתִי כָּךְ תְּבַעֵר אֶת כָּל הַחִיצוֹנִים וְאֶת רוּחַ הַטֻּמְאָה תְּבַעֵר מִן הָאָרֶץ וְאֶת יִצְרֵנוּ הָרָע תְּבַעֵר מֵאִתָּנוּ וְתִתֵּן לָנוּ לֵב בָּשָׂר, וְכָל הַסִּטְרָא אַחֲרָא וְכָל הָרִשְׁעָה כְּעָשָׁן תִּכְלֶה וְתַעֲבִיר מֶמְשֶׁלֶת זָדוֹן מִן הָאָרֶץ, וְכָל הַמְעִיקִים לַשְּׁכִינָה תְּבַעֲרֵם בְּרוּחַ בָּעֵר וּבְרוּחַ מִשְׁפָּט כְּשֵׁם שֶׁבִּעַרְתָּ אֶת מִצְרַיִם וְאֶת אֱלֹהֵיהֶם בַּיָּמִים הָהֵם בַּזְּמַן הַזֶּה.

החיצונים לשון זו היא לשון קבלית, לפי שכוחות הרע מתוארים בבחינת "סביביו צריו", וכינוים הרגיל הוא "קליפות" העוטרות את הגרעין הטוב מכל צד. וכן הדימוי גם במרכבת יחזקאל. ואלה הם ה"מעיקים לשכינה", או בלשון חכמים: הקוצים הדוקרים את השושנה.

סטרא אחרא הוא הביטוי הכולל בספרי הקבלה לכוחות הרע מכל סוג. והוא נקרא כן משום שיש צד הקדושה, ו"הצד האחר", שהוא הפך הקדושה. ופעמים שהוא נקרא בלשון קשה יותר: "סטרא דמסאבותא" (צד הטומאה). אך גם הביטוי "סטרא אחרא" יש לו משמעות נלווית של שלילה גמורה.

כעשן תכלה במלים אלה גם רמוזה התפישה, שאף שהרשעה נראית ממשית ותקיפה ביותר אין בה ממשות אמיתית כשלעצמה, וכאשר יגיע זמן כיליונה – תתבטל כעשן, המתפזר והולך ואינו קיים עוד.

הגדה של פסח

הדלקת נרות

המנהג הנפוץ בהדלקת נרות הוא שהאישה מדליקה קודם את הנרות ואז מכסה את עיניה בידיה ומברכת:

בָּרוּךְ אַתָּה יהוה אֱלֹהֵינוּ מֶלֶךְ הָעוֹלָם
אֲשֶׁר קִדְּשָׁנוּ בְּמִצְוֹתָיו
וְצִוָּנוּ לְהַדְלִיק נֵר שֶׁל יוֹם טוֹב.

אם הדלקת הנרות נעשית לפני הקידוש מברכת האשה גם:

בָּרוּךְ אַתָּה יהוה אֱלֹהֵינוּ מֶלֶךְ הָעוֹלָם
שֶׁהֶחֱיָנוּ וְקִיְּמָנוּ, וְהִגִּיעָנוּ לַזְּמַן הַזֶּה.

כאשר יום החג הוא בשבת מדליקים נרות לפני כניסת השבת ומברכים:

בָּרוּךְ אַתָּה יהוה אֱלֹהֵינוּ מֶלֶךְ הָעוֹלָם
אֲשֶׁר קִדְּשָׁנוּ בְּמִצְוֹתָיו
וְצִוָּנוּ לְהַדְלִיק נֵר שֶׁל שַׁבָּת וְשֶׁל יוֹם טוֹב.

ואחר כך:

בָּרוּךְ אַתָּה יהוה אֱלֹהֵינוּ מֶלֶךְ הָעוֹלָם
שֶׁהֶחֱיָנוּ וְקִיְּמָנוּ, וְהִגִּיעָנוּ לַזְּמַן הַזֶּה.

ביאור

הדלקת נרות הדלקת הנרות נוצרה מתחילה גם למטרה מעשית – שיוכלו לאכול סעודת שבת וחג בשלווה ובנוחות. ואולם יש לה גם צד אחר, והוא – תוספת חגיגיות והרגשת הקדושה. כבר מזמן התלמוד נתייחדה המצווה עבור נשים (אם כי במקום שאין נשים צריכים גברים להדליק את הנרות). יש מנהגים שונים בהדלקת הנרות, ורוב הנשים הנשואות מדליקות לפחות שני נרות (ויש המדליקות נרות לפי מספרים קבועים אחרים, או לפי מניין בני המשפחה). במיוחד בדור האחרון נהגו גם נשים שאינן נשואות להדליק נרות (ואפילו ילדות קטנות, אם הן כבר יכולות להדליק נר), והן מדליקות רק נר אחד. לפי מנהג האשכנזים מניחים את נרות השבת והחג על שולחן האוכל עצמו, ולפי מנהג הספרדים מניחים אותם במקום אחר, ליד השולחן. אם חל חג הפסח בשבת יש להביא בחשבון את האיסור לטלטל את הנרות ממקומם, ובמקרה זה פעמים שעדיף להניחם בצד, כדי שלא לגרום לתקלה. כאשר ערב פסח ויום החג חלים שניהם ביום חול אפשר להדליק את הנרות לפני החג או בחג עצמו (אלא שאם מדליקים בחג יש להדליקם מאש

תפילה אחרי הדלקת הנרות:

יְהִי רָצוֹן מִלְּפָנֶיךָ יהוה אֱלֹהַי וֵאלֹהֵי אֲבוֹתַי, שֶׁתְּחוֹנֵן אוֹתִי (מוסיפה: **וְאֶת אִישִׁי** / אם הוריה חיים: **וְאֶת אָבִי / וְאֶת אִמִּי** / אם יש לה ילדים: **וְאֶת בָּנַי וְאֶת בְּנוֹתַי) וְאֶת כָּל קְרוֹבַי, וְתִתֶּן לָנוּ וּלְכָל יִשְׂרָאֵל חַיִּים טוֹבִים וַאֲרֻכִּים, וְתִזְכְּרֵנוּ בְּזִכְרוֹן טוֹבָה וּבְרָכָה, וְתִפְקְדֵנוּ בִּפְקֻדַּת יְשׁוּעָה וְרַחֲמִים, וּתְבָרְכֵנוּ בְּרָכוֹת גְּדוֹלוֹת, וְתַשְׁלִים בָּתֵּינוּ וְתַשְׁכֵּן שְׁכִינָתְךָ בֵּינֵינוּ. וְזַכֵּנִי לְגַדֵּל בָּנִים וּבְנֵי בָנִים חֲכָמִים וּנְבוֹנִים, אוֹהֲבֵי יהוה יִרְאֵי אֱלֹהִים, אַנְשֵׁי אֱמֶת זֶרַע קֹדֶשׁ, בַּיהוה דְּבֵקִים וּמְאִירִים אֶת הָעוֹלָם בְּתוֹרָה וּבְמַעֲשִׂים טוֹבִים וּבְכָל מְלֶאכֶת עֲבוֹדַת הַבּוֹרֵא. אָנָּא שְׁמַע אֶת תְּחִנָּתִי בָּעֵת הַזֹּאת בִּזְכוּת שָׂרָה וְרִבְקָה וְרָחֵל וְלֵאָה אִמּוֹתֵינוּ, וְהָאֵר נֵרֵנוּ שֶׁלֹּא יִכְבֶּה לְעוֹלָם וָעֶד, וְהָאֵר פָּנֶיךָ וְנִוָּשֵׁעָה. אָמֵן.**

ביאור

שהובערה לפני החג). במקרה (נדיר) שערב החג הוא יום השבת מדליקים את הנרות דווקא לאחר כניסת החג.

נשי ישראל לדורותיהן נהגו לומר בשעת הדלקת הנרות (בייחוד בזמן שמכסים את העיניים) דברי תפילה פרטיים ואישיים. לדברים אלה אין מעיקרו של דבר נוסח קבוע, וכל אשה מתפללת על הדברים המעסיקים ומטרידים אותה באותה עת: על פרנסה ועל בריאות, על הצלחה ועל ילדים. הנוסח הבא, הנמצא בסידורים שונים, אינו מחייב כלל, והוא מעין הצעה של נושאים להתפלל עליהם.

קדש / ורחץ / כרפס / יחץ
מגיד / רחצה / מוציא מצה
מרור / כורך / שלחן עורך
צפון / ברך / הלל / נרצה

ביאור

סימני הסדר בגלל המנהגים הרבים בסדר הפסח נתנו חכמים סימנים לסדר הדברים הנעשים בלילה זה. ומוצאים אנו שחכמים רבים יצרו סימנים שונים לסדר, מהם קצרים ביותר ומהם ארוכים, מהם חרוזים ומהם לפי חרוז ומשקל. המפורסם והמקובל בסימנים הוא זה שקבע אחד מבעלי התוספות, ר' שמואל מפלייזא בצרפת, והוא:

קדש	קידוש על היין
ורחץ	נטילת ידיים לפני אכילת הכרפס
כרפס	אכילת הכרפס
יחץ	חוצים את המצה האמצעית ומטמינים את האפיקומן
מגיד	אומרים את עיקר נוסח ההגדה, מ"עבדים היינו" עד "גאל ישראל"
רחצה	נטילת ידיים (בברכה) לפני אכילת המצה
מוציא	ברכת "המוציא" על המצה
מצה	ברכה על המצה, ואכילת המצה
מרור	אכילת המרור
כורך	אכילת מצה ומרור כרוכים יחד
שלחן עורך	הסעודה
צפון	אכילת האפיקומן שהוצפן קודם לכן
ברך	ברכת המזון
הלל	אמירת רוב פרקי ההלל (לאחר אמירת שני הפרקים הראשונים קודם לכן)
נרצה	גמר הסדר, כאשר אנו מקווים כי עלה לרצון לפני ה'.

סימן קצר בראשי תיבות, הדומה קצת לסימן המפורסם, הביא ר' דוד אבודרהם, והוא: **קנך יהנה ממך שמה**, והוא ראשי תיבות של: קדוש, נטילה, כרפס, יבצע, הגדה, נטילה, המוציא, מצה, מרור, כריכה, שמורה, מזון, הלל.

קדש

מזיגת היין מוזגים כוס יין מלאה לקידוש (וכן לכל אחת מארבע הכוסות) וכן מוזגים כוסות לכל המסובין בסדר. נהוג כי אין אדם מוזג לעצמו את כוס היין, אלא כמנהג מלכים אחר מוזג לו את הכוס. לדעת המקובלים, וכן מנהג הספרדים בימינו, מוסיפים מעט מים ליין. את הכוס מחזיקים בשעת הקידוש כאשר תחתית הכוס מונחת על כף היד הימנית, האצבעות מקיפות את הכוס מכל צד. אף שברוב קהילות ישראל נוהגים לקדש בכל שבת וחג בעמידה, מכל מקום בפסח נהגו ברוב הקהילות לעשות גם את הקידוש, כמו את סדר הפסח כולו, בישיבה, שהיא דרך בני חורין, בני מלכים.

שתיית היין לאחר גמר הקידוש שותים את היין. את היין שותים (כל החייבים בכך) בהסבה, כלומר: כשהם נשענים ונוטים לצד שמאל שלהם. ראוי לשתות לפחות את רוב הכוס, אלא אם כן היא כוס גדולה מאוד, שאז די לשתות ממנה בשיעור ("רביעית"). חובת השתייה חלה על הכל – אנשים ונשים, ורק מי שאינו רשאי (מטעמים רפואיים וכדומה) מותר לו לשתות רק מעט. (וראה בהקדמה בעניין השימוש במיץ ענבים).

הנני מוכן ומזומן לקיים מצוות כוס ראשונה של ארבע כוסות.
לשם ייחוד קודשא בריך הוא ושכינתיה על ידי ההוא טמיר ונעלם בשם כל ישראל.

אם ליל הסדר חל להיות בשבת מתחיל כאן:

בלחש: **וַיְהִי־עֶרֶב וַיְהִי־בֹקֶר** בראשית א

יוֹם הַשִּׁשִּׁי: וַיְכֻלּוּ הַשָּׁמַיִם וְהָאָרֶץ וְכָל־צְבָאָם: וַיְכַל אֱלֹהִים בַּיּוֹם הַשְּׁבִיעִי בראשית ב
מְלַאכְתּוֹ אֲשֶׁר עָשָׂה, וַיִּשְׁבֹּת בַּיּוֹם הַשְּׁבִיעִי מִכָּל־מְלַאכְתּוֹ אֲשֶׁר עָשָׂה: וַיְבָרֶךְ
אֱלֹהִים אֶת־יוֹם הַשְּׁבִיעִי, וַיְקַדֵּשׁ אֹתוֹ, כִּי בוֹ שָׁבַת מִכָּל־מְלַאכְתּוֹ, אֲשֶׁר־בָּרָא
אֱלֹהִים, לַעֲשׂוֹת.

ביאור

"סברי – הכנה" קטע קטן זה (שיש המרחיבים אותו בנוסחים שונים: סברי מרנן ורבנן ורבותי, ועוד) הוא ביטוי של הזמנה – האם שאר הנוכחים מוכנים לשמוע את הקידוש: סברי מרנן ורבנן ורבותי (מרשים מורי ורבותי). בנוסח הספרדים אכן עונים המסובים ואומרים: לחיי (לחיים), במשמעות של: בבקשה, אכן.

ברכת היין ברכה זו נאמרת לפני שתיית יין בכל עת, ובחג הפסח מברכים אותה לפני שתיית כל אחת מארבע הכוסות של מצוות היום (אבל אין צורך לברך אם רוצים להוסיף ולשתות יין להנאה בתוך הסעודה). את ברכת היין מקדימים לא רק לקידוש של שבת וחג אלא גם להרבה טקסים אחרים, כאשר על ידי כך נותנים לברכה משמעות חגיגית וטקסית יותר על ידי השימוש ביין "המשמח אלהים ואנשים" (שופטים ט, יג). יתר על כן, משתדלים תמיד שהברכה לא תהיה על עניין מופשט (כמו "כניסת החג") בלבד, אלא מצרפים לה גם דבר ממשי (והשווה לברכת יצחק, בראשית פרק כז).

אם ליל הסדר חל ביום חול מתחיל כאן:

סברי מרנן

בָּרוּךְ אַתָּה יהוה אֱלֹהֵינוּ מֶלֶךְ הָעוֹלָם, בּוֹרֵא פְּרִי הַגָּפֶן.

בָּרוּךְ אַתָּה יהוה אֱלֹהֵינוּ מֶלֶךְ הָעוֹלָם, אֲשֶׁר בָּחַר
בָּנוּ מִכָּל עָם, וְרוֹמְמָנוּ מִכָּל לָשׁוֹן, וְקִדְּשָׁנוּ בְּמִצְוֹתָיו
וַתִּתֶּן לָנוּ יהוה אֱלֹהֵינוּ בְּאַהֲבָה (שַׁבָּתוֹת לִמְנוּחָה
וּ)מוֹעֲדִים לְשִׂמְחָה, חַגִּים וּזְמַנִּים לְשָׂשׂוֹן, אֶת
יוֹם (הַשַּׁבָּת הַזֶּה וְאֶת יוֹם) חַג הַמַּצּוֹת הַזֶּה
זְמַן חֵרוּתֵנוּ (בְּאַהֲבָה) מִקְרָא קֹדֶשׁ
זֵכֶר לִיצִיאַת מִצְרָיִם, כִּי בָנוּ
בָחַרְתָּ וְאוֹתָנוּ קִדַּשְׁתָּ
מִכָּל הָעַמִּים, (וְשַׁבָּת)
וּמוֹעֲדֵי קָדְשֶׁךָ
(בְּאַהֲבָה וּבְרָצוֹן)
בְּשִׂמְחָה וּבְשָׂשׂוֹן הִנְחַלְתָּנוּ.
בָּרוּךְ אַתָּה יהוה, מְקַדֵּשׁ (הַשַּׁבָּת וְ)יִשְׂרָאֵל וְהַזְּמַנִּים.

ביאור

ויכלו קטע זה מן המקרא (בראשית ב, א-ג) נאמר בכל ליל שבת לפני נוסח הקידוש שקבעו חכמים, ואכן הוא מקביל מבחינת תוכנו לנוסח הקידוש, ואף משלים אותו בבחינות מסוימות. **יום הששי.** אלה הן שתי המלים האחרונות של פרק א בבראשית (פסוק לא), ויש האומרים בשקט קודם לכן גם "**ויהי ערב ויהי בקר**", ובקול רם מתחילים לומר "יום הששי", על מנת לומר רעיון שלם מן הפסוק ולא רק את שתי המלים "יום הששי". הטעם הפשוט ביותר לעצם הזכרת מלים אלה הוא בכך שהן יוצרות עם שתי המלים הראשונות של

החזקת הכוס כוס היין מסמלת את ספירת המלכות שהיא היא הבחינה של השבת ("יום השביעי"). היין מסמל את ספירת הגבורה (ובפרט יין אדום, שמצווה מן המובחר להשתמש בו), וכדי למתק את הגבורות בחסדים מוסיפים מעט מים ליין. את הכוס מחזיקים על היד באופן שהיא מסמלת כינוי אחד של המלכות - השכינה - השבת, שהסמל המשותף לכולם הוא השושנה. הכוס עצמה היא כ"פרח שושן", וחמש האצבעות המחזיקות בה הן כנגד חמשת העלים הירוקים (עלי הגביע), המחזיקים את פרח השושנה.

כוס ראשונה כוס ראשונה של ליל הסדר מכוונת כנגד ספירת החכמה. וכוונות שמכוונים בה הן להמשיך דרגת המוחין בדרגה הראשונית ("קטנות א'") בתוך השכינה ובתוך נשמות ישראל.

אם ליל הסדר חל במוצאי שבת מוסיפים:

בָּרוּךְ אַתָּה יהוה אֱלֹהֵינוּ מֶלֶךְ הָעוֹלָם
בּוֹרֵא מְאוֹרֵי הָאֵשׁ.

בָּרוּךְ אַתָּה יהוה אֱלֹהֵינוּ מֶלֶךְ הָעוֹלָם
הַמַּבְדִּיל בֵּין קֹדֶשׁ לְחֹל
בֵּין אוֹר לְחֹשֶׁךְ
בֵּין יִשְׂרָאֵל לָעַמִּים
בֵּין יוֹם הַשְּׁבִיעִי לְשֵׁשֶׁת יְמֵי הַמַּעֲשֶׂה
בֵּין קְדֻשַּׁת שַׁבָּת לִקְדֻשַּׁת יוֹם טוֹב הִבְדַּלְתָּ
וְאֶת יוֹם הַשְּׁבִיעִי מִשֵּׁשֶׁת יְמֵי הַמַּעֲשֶׂה קִדַּשְׁתָּ
הִבְדַּלְתָּ וְקִדַּשְׁתָּ אֶת עַמְּךָ יִשְׂרָאֵל בִּקְדֻשָּׁתֶךָ.
בָּרוּךְ אַתָּה יהוה הַמַּבְדִּיל בֵּין קֹדֶשׁ לְקֹדֶשׁ.

בשבת, בחול ובמוצאי שבת מברכים:

בָּרוּךְ אַתָּה יהוה אֱלֹהֵינוּ מֶלֶךְ הָעוֹלָם
שֶׁהֶחֱיָנוּ וְקִיְּמָנוּ וְהִגִּיעָנוּ לַזְּמַן הַזֶּה.

שותים בהסבת שמאל.

ביאור

הקידוש עצמו ("ויכלו השמים") את ראשי התיבות של שם ה' ("יום הששי ויכלו השמים"). **ויכלו** – נגמרו, השתכללו, **השמים והארץ וכל צבאם** – וכל הנמצאים בכל אחד מהם. **ויכל אלהים ביום השביעי** – כלומר גמר מלאכת יצירתו הראשונית של העולם עם כניסת היום השביעי. ויפה פירשו חז"ל כי יום השבת עצמו הוא־הוא היצירה האחרונה, הוא היצירה שנעשתה "ביום השביעי": יצירת יום הקדושה והמנוחה. גניבא אמר: משל למלך שעשה לו חופה וציירה וכיירה, ומה הייתה חסרה – כלה שתיכנס לתוכה. כך, מה היה העולם חסר – שבת. רבנן אמרי: משל למלך שעשו לו טבעת, מה הייתה חסרה – חותם. כך, מה היה העולם חסר – שבת (בראשית רבה פרשה י פסקה ט). **וישבת ביום השביעי** – ביום השביעי הפסיק את **כל מלאכתו**. במובנה המדויק פירושה של מילה זו בכל מקום הוא מלאכת יצירה, מעשה אומנות. **ויברך אלהים את יום השביעי** – שיום זה יהיה לעולם יום

נוסח ויכלו בנוסח, הקידוש של שבת הערוכים על דרך הקבלה (וכך הם רבים מנוסחי המקובלים, ובנוסח, החסידים והספרדים וחלק מנוסח אשכנז) דאגו שמספר המלים בנוסח "ויכלו" יהיה שווה למספר המלים בקידוש – בכל אחד שלושים וחמש מילים (ושתי המלים "יום השישי" אינן במניין זה, משום שאינן שייכות לפרשת "ויכלו"), שהן בסך הכל שבעים מלה בקידוש. שבעים מלים אלה נקראות, בדרך הרמז והפיוט, "שבעים עיטורי כלה" שבהם מעטרים את השבת.

"ויכלו" וקידוש במובן מסוים שני נוסחים אלה משלימים זה את זה, משום שבנוסח "ויכלו" באה הזכרת השבת כזיכרון למעשה בראשית,

ביאור

מיוחד ומבורך משאר הימים, מקור של ברכה ועונג. **ויקדש אותו** – בקדושה יתירה, שעם ישראל מבטא אותה בשביתה ממלאכה ובהקדשת היום לעניינים שבקדושה. **כי בו שבת מכל מלאכתו** – ועל כן עם ישראל ממשיך ועושה כמו כן. **אשר ברא אלהים לעשות** – בבריאה אשר ה' ברא, ואשר מאז והלאה הוא ממשיך לקיימה, בלא שיתחדשו בה דברים שלא היו מעולם. ואף כוונת **ברא... לעשות** – מעשה היצירה והבריאה נתון מעתה בידי האדם, והוא־הוא הממשיך את מעשה התחדשותו של העולם בששת ימי המעשה.

הקידוש

אשר בחר בנו מכל עם: רעיון הבחירה נזכר פעמים רבות במקרא בלשון "כי עם קדוש אתה לה' אלהיך, בך בחר ה' אלהיך להיות לו לעם סגולה מכל העמים אשר על פני האדמה" (דברים ז, ו). ואולם בחירה זו אינה עומדת בפני עצמה, כמתן מעמד מיוחד, אלא היא צמודה – הן בכתובים והן בקידוש – להגדרת החובה, ולהתחייבות להיות בכל עת עם קדוש. הדגשה זו של הבחירה מצויה בקידוש של ימי החג, משום שלא כשבת, ימי החג הם ימי הזיכרון למאורעות המיוחדים בדברי ימי ישראל, שבהם מזכירים את הניסים המיוחדים שאירעו לעם, והם קשורים כולם בעובדה שה' בחר אותנו והנהיג את מאורעות ההיסטוריה שלנו בדרכם המיוחדת. **ורוממנו מכל לשון** הוא חזרה על אותו רעיון, המדגיש כי על ידי תהליך הבחירה נעשה ישראל מרומם מכל לאום. ומשמעותו של הדבר בדרך החיים היא **וקדשנו במצוותיו. ותתן לנו... באהבה:** המועדים כולם, בהיותם זכר לנסים שאירעו לנו, הם זמנים הבאים להדגיש את אהבת ה' לנו. **מועדים לשמחה** – כי ימי המועדים הם ימים שיש מצווה מיוחדת לשמוח בהם. וכן **חגים וזמנים** העשויים **לששון. חג המצות** הוא שמו האמיתי של החג כולו, בעוד שלמושג "פסח" יש במקרא משמעות מצומצמת יותר. **זמן חרותנו** הוא הכינוי שנתנו חז"ל לחג על מנת לבטא בקצרה את עיקר משמעותו – חג חירות ישראל משעבוד מצרים. **מקרא קדש** משמעו, בלשון המקרא, אסיפה מקודשת, יום שבו נועדים ונאספים הכל לחגוג בצוותא יום חג. **זכר ליציאת מצרים** – שהיא הנושא הראשוני בזיכרון חג זה (ושאר מועדי הרגלים). ומכאן לסיום הברכה, שהוא סיכום מקוצר: **כי בנו בחרת ואותנו קדשת** – על ידי המצוות – **מכל העמים. ומועדי קדשך** (מעין תרגום מחודש של "מקרא קדשי") **בשמחה ובששון הנחלתנו. ברוך אתה ה' מקדש ישראל והזמנים.** כיון שקדושת ימי המועדים נובעת מתוך החלטת בית הדין של ישראל לקבוע את ימי החודשים ואת סדר לוח השנה, הרי קדושת ימי המועד נובעת מקדושת ישראל ותלויה בה, ולכן תחילה מצוין קידוש עם ישראל, וכמסקנה מכך גם קדושת הזמנים – ימי החגים.

ואילו בקידוש מוזכר ומודגש צד אחר: השבת שיש בה גם זכר ליציאת מצרים. משום שנתינת מצוות השבת לישראל, והקשר המיוחד של עם ישראל עם השבת, קשורים עם בחירת ישראל, וכמו כן עם יציאת מצרים. שתי ההדגשות מצויות בעשרת הדיברות: הראשונה בנוסח הדיברות שבספר שמות, והשנייה - בנוסח הדיברות שבספר דברים.

השבת, ישראל והזמנים ביטוי זה בחתימת קידוש של שבת ויום טוב קשור לצדדים שונים בקדושת שבת ויום טוב; קדושת השבת באה על ידי הקדוש ברוך הוא, והיא קבועה ועומדת גם ללא ישראל. ואילו קדושת החג הוא תוצאה ומסקנה מקדושת ישראל, שהם המקדשים את ה"זמנים" - המועד.

ביאור

הקידוש נוסח הקידוש בשבת איננו שונה מנוסח קידוש החג בימות החול אלא בהוספת קדושת השבת ובהזכרתה יתר על קדושת יום טוב. **ותתן לנו... באהבה שבתות למנוחה** – נתינת השבת לישראל נחשבת כביטוי של אהבת ה׳ לעם ישראל, כאשר עם ישראל נבחר להיות האוהב הנאמן, שנוהג כמעשה ה׳ בעולמו – יוצר בששת ימי המעשה ושובת ביום השבת. יום השבת נקרא ״אות״ בין ה׳ לישראל, סימן של הברית המיוחדת, ולכן נתינת השבח נזכרת תמיד כמתנת אהבה. אך בהזכרה קודמת זכירת השבת להזכרת החג, משום שקדושתה מרובה וחשובה יותר. וכן בסיום **ושבת ומועדי קדשך באהבה וברצון** – לעניין השבת, **בשמחה ובששון** – לעניין החג. ומסיימים בברכת ״שהחיינו״.

קידוש למוצאי שבת נוסח מורכב זה נובע משום שבקידוש זה עושים שני דברים כאחד: מקדשים את יום החג הנכנס, וגם ״נפרדים״ מן השבת היוצאת, ויש בכך אפוא מיזוג של קידוש והבדלה גם יחד. נוסח הפתיחה, ברכת היין והקידוש – כמו בכל ליל פסח החל ביום חול.

הבדלה נוסח הבדלה זה שונה מן ההבדלה של כל מוצאי שבת, והוא מיוחד להבדלה שעושים כאשר חל חג במוצאי שבת. על כן מדגישים בנוסח זה גם את ההבדל בין הקדושה החמורה והחשובה יותר של השבת לבין זו של החג, אך מוסיפים גם להזכיר את קדושת החג. **המבדיל בין קדש לחול** – בהבדל הכללי והיסודי בין שני יסודות אלה של חיים הקשורים זה בזה. **בין אור לחושך** – מזכירים גם הבדלה זו, האמורה במקום ראשון במקרא שבו נזכרת המלה הבדלה: ״ויבדל אלהים בין האור ובין החשך״ (בראשית א, ד). יש לכך גם משמעות סמלית: יום השבת הוא, לעומת ימי החול, יום שכולו אורה. **בין ישראל לעמים** – כאמור: ״ואבדיל אתכם מן העמים״ (ויקרא כ, כו), הבדלה שגם היא שייכת לכאן, שהרי מהות השבת קשורה בעם ישראל לבדו. **בין יום השביעי לששת ימי המעשה** הוא ההזכרה המיוחדת של הבדלה זו בין שבת לשאר ימות השבוע. ומכאן ההוספות לכבוד החג: **בין קדושת שבת לקדושת יום טוב הבדלת**, שכן קדושת השבת גדולה וחמורה מקדושת הימים הטובים, החגים. **ואת יום השביעי מששת ימי המעשה קדשת**, כי ההבדל בין השבת והחול אינו אך בעובדה שאסור לעשות מלאכה בשבת (בניגוד ל״ימי המעשה״), אלא גם בכך שיום השבת הוא ״יום קדושה״. **הבדלת וקדשת את עמך**

הבדלה וקידוש נוסח ההבדלה הרגיל של מוצאי שבת סתם הוא ״מטבע קצר״, נוסח קצר של הבדלה. אכן, גם בתלמוד וגם בנוסחים עתיקים שונים היו אף במוצאי שבת רגילה אומרים ״מטבע ארוך״ – נוסח ארוך ומקושט יותר של ההבדלה – ובאחדים מן הנוסחים אף כללו את כל הנושאים שנאמרה בהם לשון הבדלה במקרא. נוסח ההבדלה הזה של ערב החג אכן מרחיב במקצת את הנוסח הרגיל, אך כדעת חכמים הוא כולל רק ״שבע הבדלות״ (כנגד ימות השבוע), הקשורות במידה מסוימת ברעיון המרכזי: הבדלה בין שבת לחול.

סדר יקנה״ז סדרן של חמש הברכות היוצרות את הנוסח הזה היה נושא לוויכוחים רבים בזמן התלמוד. ראשוני האמוראים נחלקו בכך (במסכת פסחים), והעלו כמעט את כל האפשרויות. להלכה נפסק שיש לנהוג לפי הסדר: יקנה״ז (יין, קידוש, נר, הבדלה, זמן). הרעיון העיקרי הוא, שתחילה מקבלים את פני החג, ורק לאחר מכן נפרדים מן השבת החביבה.

ביאור

ישראל בקדושתך – אף כאן תוספת הדגשה לכך שההבדלה מן העמים איננה בגדר של התבדלות סתם, אלא הבדלה שיש עמה הקדשה. הניסוח הכפול הזה ("הבדלת וקדשת") מרמז גם לעובדה כי גם בתוך עם ישראל יש עוד שתי הבדלות שבקדושה: הבדלת שבט לוי מכל העם, והבדלת הכוהנים מן הלוויים. אף אלה הבדלות שיש בהן תוספת קדושה, ועל ידי כך מגיעים למניין של שבע הבדלות שונות. ומסיימים **ברוך... המבדיל בין קדש לקדש** – בין קדושת השבת היוצאת ובין קדושת החג הנכנס. ומסיימים בברכת "שהחיינו".

ברכת הנר כשמגיעים לברכה זו מניחים את הכוס על השולחן, ומושיטים את היד כנגד אור הנרות. ברוב המנהגים מושיטים את היד כאשר גב היד פונה אל הנרות, מכופפים את פרקי האצבעות העליונים פנימה ומביטים בציפורני הידיים (שבפשטות רואים בציפורניים התנוצצות של אור הנרות, ויש לכך טעמים על דרך ההלכה ועל דרך הסוד). ואחר כך מניחים שוב את הכוס על כף היד וממשיכים בנוסח הברכה עד הסוף. ברכה זו היא חלק מסדר ההבדלה של כל מוצאי שבת, אשר יסודו מצד אחד בהדגשה כי עתה, ביום חול, כבר אפשר להדליק אש, ומצד שני – במסורת האגדה כי האש הראשונה שנעשתה בידי אדם הומצאה על ידי אדם הראשון במוצאי שבת. **בורא מאורי האש** – "מאורי" בלשון רבים משום שיש באש מאורות בצבעים שונים: אדום, כחול, ירוק, שכל אחד מהם הוא "מאור" לעצמו.

שהחיינו זו היא ברכת הודאה על כל דבר משמח. **שהחיינו** – שנתן לנו חיים עד היום הזה. **וקיימנו** – החזיק אותנו, **והגיענו** – במשמעות של הביאנו, שהגענו והזדמנו למאורע זה.

ברכת הנר כבר שאלו הקדמונים (בעלי התוספות ואחרים) מפני מה אין נוהגים בהבדלה זו כמו בשאר מוצאי שבת, ואין מברכים על הבשמים. והסבירו כי הבשמים נועדו להשיב את הנפש כאשר יוצא יום השבת. ואולם במקרה זה, כיוון שעם יציאת השבת פותחים מיד בסעודה חגיגית, יש אף בה כדי להשיב את הנפש, ואין צורך בבשמים לשם כך. ועוד נתנו לכך טעמים אחרים.

קדושת שבת ויום טוב קדושת שבת יתרה על קדושת יום טוב הן בהיקפה - בעובדה שבשבת אסורה כל מלאכה, ואילו ביום טוב מותרת "מלאכת אוכל נפש", מלאכה לצורך הכנת אוכל (בישול, אפייה ועוד) - והן בחומרתה: חילול שבת הוא מן החמורות שבעבירות, ועל מצווה זו, הכתובה בעשרת הדברות, אמרה התורה: "מחלליה מות יומת" (שמות לא, יד). ואילו איסור מלאכה בחג חמור פחות, שיש בו רק מצוות "לא תעשה". ומשום כך יש צורך בהבדלה פורמלית בין שני ימים אלה (מה שאין כן במקרה ההפוך, כאשר יום טוב חל ביום השישי, שהוא ערב שבת, שאז אין עושים הבדלה).

שהחיינו ברכה זו מברכים בכל עת כשבאה לאדם שמחה, בין שהוא מאורע משמח ובין שהוא דבר חדש ששמחים בו. וכשם שמברכים על דבר בלתי צפוי, כן מברכים ברכה זו על מאורע משמח הבא רק מזמן לזמן. ומשום כך מברכים ברכת "שהחיינו" ("ברכת הזמן", בלשון חז"ל) בסיומו של הקידוש בכל שמחת החג. שהחיינו - שנתן לנו חיים עד היום הזה. וקיימנו - החזיק אותנו. והגיענו - הביאנו, הביא לכך שאנו הגענו והזדמנו למאורע זה.

ורחץ

נוטלים ידיים ואין מברכים.

בנטילת הידיים לפני האכילה יש הבדלים קלים בין מנהגים שונים, ודרך מקובלת היא כך: ממלאים כלי (כגון כוס או ספל, שאין שפתם העליונה פגומה) במים. מחזיקים את הכוס תחילה ביד שמאל, ושופכים ממנה על היד הימנית – מפרק היד עד קצות האצבעות – שתיים או שלוש פעמים. אחר כך מעבירים את הכוס ליד הימנית, ושופכים ממנה באותה דרך על השמאלית. משפשפים מעט את הידיים הרטובות זו בזו, ואחר כך מנגבים אותן. בנטילה זו – אין מברכים בשעת הניגוב.

ביאור

ורחץ נטילת ידיים זו היא לפי תקנת חכמים קדומה שעיקרה נטילת הידיים לפני האכילה. תקנה זו, שבתלמוד מייחסים את קביעתה לשלמה המלך, נועדה מתחילתה לכוהנים האוכלים את התרומה (האוכל המקודש שאוכלים הכוהנים) ואחר כך הרחיבוה גם לכל אדם האוכל אוכל חולין. נטילת הידיים אינה רק לצורך הניקיון (שהרי בפועל אין נוטלים ידיים אלא אם כן הידיים נקיות מכל לכלוך וכיסוי) אלא בעיקר כדי להיטהר מטומאת הידיים, לפי שהידיים נוגעות בכל דבר מבלי משים. יתר על כן, נטילה זו קשורה ליחס הכבוד כלפי האוכל בכלל, שאין האכילה רק למילוי צורכי הגוף אלא יש בה צד של עבודת קודש. בזה היא דומה לעבודת הכוהנים במקדש, שלפני כניסתם לעבוד הם מצוּוים בתורה לרחוץ את ידיהם ורגליהם. את הידיים נוטלים לפני אכילת לחם, ואולם מעיקר הדין גם לפני אכילתם של דברים לחים ("דבר שטיבולו במשקה"). תקנה אחרונה זו שומרים רק אנשים מעטים, חוץ מאשר בליל הסדר, שאז מנהג כל ישראל הוא ליטול ידיים לפני אכילת הכרפס המטובל במשקה (מי מלח וכדומה). אך נטילה זו, כיוון שאין חובתה רבה כל כך, אין מברכים עליה את הברכה שאומרים לאחר נטילת ידיים שלפני אכילת לחם (או מצה).

ורחץ לדעת המקובלים רחיצת הידיים מרמזת, שהמים, שהם סמל ההשפעה העליונה, נשפכים על הידיים, שהם כלי המעשה והיצירה, ומטהרים אותן מכל סיגים ופגמים. ורחיצה ראשונה שבליל הסדר היא במדרגה גבוהה כל כך עד שאינה זקוקה לברכה, משום שהיא מרמזת להשפעה מעולמות עילאיים שמעל לדרגת הדיבור.

נטילת ידיים אף שהביטוי "נטילת ידיים" לרחיצת ידיים (לפחות רחיצה לצורך טוהרה) הוא עתיק ומושרש, לא נתברר שורשו היטב. וראשונים פירשו שהוא נובע משם הכלי "נטלא" שהיו משתמשים בו לצורך זה, ואינו נהיר (תוי"ט). ואולי זה קשור במנהג הרמת הידיים לאחר רחיצתן בשנות נטילה (נטילה=הרמה).

כרפס

לוקחים כמות קטנה מן הכרפס (ביד או במזלג) וטובלים אותו בתוך מי המלח (או החומץ) ומברכים לפני האוכל:

בָּרוּךְ אַתָּה יהוה אֱלֹהֵינוּ מֶלֶךְ הָעוֹלָם בּוֹרֵא פְּרִי הָאֲדָמָה.

אוכלים בלי הסבה.

ביאור

כרפס אכילת הירקות לפני הסעודה בליל הסדר היא מנהג קדום שנהג עוד בימי הבית השני, ונזכר במשנה (פסחים פ"י משנה ג). אכילת ירקות אלה לפני האוכל היא – כנהוג אז ובימינו – כדי לעורר את התיאבון לפני הסעודה. בתלמוד עצמו לא נאמר באילו ירקות יש להשתמש, אך קבעו כלל (פסחים קטו, א) כי יש להשתמש רק בירקות שאינם כשרים לצורך אכילת מרור. הפוסקים הראשונים כבר הזכירו את הכרפס במיוחד, והביאו רמזים רבים על דרך הדרש והסוד מפני מה כרפס דווקא. אך במקומות שונים נהגו בירקות שונים, בין משום שלא היה הכרפס מצוי ובין משום שלא ידעו את זהותו. אף טבילת הירק במי מלח או חומץ היא חלק מהכנת המטעמת שלפני האוכל, לשם תיאבון. ואולם הקפידו במיוחד לשמור מנהג זה כדי להוסיף לשורת המנהגים המתמיהים של ליל הסדר, כדי לעורר את הילדים לשאול. מן הכרפס אוכלים רק כמות קטנה, כדי שלא להתחייב לברך אחר כך ברכה אחרונה, שמברכים על אכילת יותר מ"כזית".

כרפס חכמים דרשו את אכילת הכרפס בדרך רמז ואמרו כי המצווה במין ירק הבא מן האדמה מרמזת על מצבם של בני ישראל כשהיו במצרים, דרוסים על ידי הכל כאדמה זו. וכרפס דרשו באותיות של "ס' פרך" כלומר ס' (ששים ריבוא) שועבדו במצרים בעבודת פרך.

כרפס אכילת הכרפס, שהוא ירק האדמה, מרמזת לירידה שירד הקב"ה אל הדרגה הנמוכה ביותר הקרויה "ארץ" כדי להעלות ממנה את ישראל. ועל כן דברי האר"י: מצווה יתרה היא בכרפס דווקא משום שהמלה כרפס מרמזת במספרה (360) לדרגה ראשונה של הבינה בתהליך התעלותה. וכיוון שהכרפס רומז לצד הגבורה טובלים אותו במי המלח, שהם צירוף של החסד והשפע (שסמלו מים) עם רוח הבירור והדין של החכמה (שמסמל המלח).

כרפס הכרפס (סלרי) (Apium graveolens L.) הוא מין קרוב לפטרוסלינון, ומשמש גם הוא כתבלין הנאכל בפני עצמו בסלט, או בתוספת לתבשילים. מקור השם הוא בפרסית karaps, במשמעות זו. הכרפס הוא צמח חד־שנתי ממשפחת המורכבים. יש לו קנה שורש מעובה ועלים מפורצים מאוד. הוא גדל בצורתו המתורבתת בארצות המזרח התיכון ובאירופה, וחלקיו השונים משמשים בסלטים ובתבשילים.

יחץ

לוקחים את המצה האמצעית משלוש המצות של "קערה" וחוצים אותה לשני חלקים בלתי שווים. את החלק הקטן משאירים בין שתי המצות השלמות, ואילו את החלק הגדול יותר משאירים ל"אפיקומן". את החלק עבור האפיקומן נוהגים לעטוף במפה. והיו שנהגו לשים אותו זמן מה מאחורי הכתף כאדם הנושא צרור על שכמו. ולאחר מכן שמים אותו במקום מוצנע. ומנהג רוב האשכנזים (שהתפשט בכל ישראל) הוא שהילדים, בייחוד, משתדלים "לגנוב" את האפיקומן ולהחזיקו בידם כפיקדון, ולאחר מכן "פודים" אותו מהם בדבר מוסכם. ומנהג זה נהגו כדי להוסיף עניין לילדים, וכדי להרבות חדווה.

שותים בהסבת שמאל.

ביאור

יחץ חציית המצה האמצעית משלוש המצות יש בה מטרה כפולה. ראשית, אמרו חכמים (פסחים קטו, א) כי את הסדר יש לעשות דווקא על מצה פרוסה, שכן המצות נקראות "לחם עוני", ודרכו של עני שאין בידו כיכר שלמה אלא פרוסת לחם בלבד, ומשום כך המצה הפרוסה. אכן, מפני כבוד החג דואגים שתהיינה גם מצות שלמות של "לחם משנה" (כמו בכל יום שבת וחג), ולכן משאירים יחד גם מצה פרוסה וגם שתי מצות שלמות. את חלקה הגדול של המצה החצויה משאירים (כ"אפיקומן") לסוף הסעודה כזיכרון לקורבן הפסח, שהיה אף הוא נאכל בסופה של הארוחה החגיגית של ליל הסדר.

יחץ לדעת המקובלים שוברים את המצה האמצעית בצורת האות ה, ורמזו לדבר כי אותיות חמץ ואותיות מצה הן כמעט אותן אותיות. אלא שבמצה מצויה האות ה ובחמץ האות ח, וכל עניינה של המצה מרמזת על ענווה ודלות, לעומת החמץ – המבטא הרגשה של שלמות עצמית ושל גאווה.

יחץ כמבואר לעיל, שלוש המצות הן כנגד החכמה, הבינה והדעת. מצה ראשונה, שהיא כנגד החכמה, אינה נבצעת כי היא בבחינת נקודה בלבד. ומצה אמצעית, שהיא כנגד הבינה, יש בה התרחבות וממנה המקור לספירות הנמוכות יותר. והנה הבינה סמלה הוא האות ה, ואות זו מורכבת משני חלקים: מן האות ד המרמזת למלכות, ויש בה צד של עוני ודלות (דלת), ומן האות ו המרמזת לתפארת שמעל המלכות. את המצה האמצעית הזו חוצים באמת לשני חלקים (ועל פי המקובלים משתדלים שהחלק הקטן יהיה בצורת האות ד והחלק הגדול בצורת האות ו), והחלק שצורתו ד משמש לאכילת מצת המצווה, והחלק המרמז ל־ו הוא עבור האפיקומן.

אפיקומן מלה זו היא ללא ספק מלה יוונית, אף כי מקורה (וגם שימושה למעשה באותם דורות) אינם ברורים לחלוטין. חז"ל עצמם כבר פירשו את המילה באופנים שונים, המתקשרים אל המובן היווני שלה. כרגיל דרשו כאילו המלה היא ארמית, והיא מורכבת מ"אפיקו" "מנא" – היינו, הוציאו דברים. והיו שפירושו כי הכוונה למיני ממתקים שבסוף הסעודה, או למיני זמר שלאחר סעודה. היוונית היא כנראה επικωμτον (אפיקומן), שבין משמעויותיה: תהלוכה ושירה שלאחר הסעודה, שמחת חוגגים וכיוצא בזה.

מגיד

מורידים את הכיסוי מעל המצות, ומגביהים את הקערה. במנהג החסידים והמקובלים אומרים תחילה בשקט:

הנני מוכן ומזומן לקיים המצווה לספר ביציאת מצרים.
לשם ייחוד קודשא בריך הוא ושכינתיה על ידי ההוא טמיר ונעלם בשם כל ישראל.

הָא
לַחְמָא עַנְיָא

דִּי אֲכָלוּ אֲבָהָתָנָא בְּאַרְעָא דְמִצְרָיִם
כָּל דִּכְפִין יֵיתֵי וְיֵכָל, כָּל דִּצְרִיךְ יֵיתֵי וְיִפְסַח
הָשַׁתָּא הָכָא לְשָׁנָה הַבָּאָה בְּאַרְעָא דְיִשְׂרָאֵל
הָשַׁתָּא עַבְדֵי לְשָׁנָה הַבָּאָה בְּנֵי חוֹרִין.

ביאור

מגיד הגבהת הקערה היא מנהג הנהוג בימינו במקום הוצאת השולחן (פסחים קטו, ב) שנהגו בה בדורות ראשונים. בימים שהיו שולחנות קטנים לפני כל אחד מן המסובין, היו מוציאים את השולחן – כדי להתמיה את הילדים, שיאמרו: והלא עדיין לא התחלנו לאכול, ומפני מה מוציאים את השולחן? ובימינו מגביהים לצורך זה את הקערה. ומגלים את המצה, לפי שבאים לומר "הא לחמא עניא" ומשום כך מראים לכל את המצה. ולנוסח הספרדים מקדימים ואומרים **בבהילו יצאנו ממצרים** (בחיפזון יצאנו ממצרים), ותיקנו את הדברים הבאים בארמית כדי שיבינו גם עמי הארץ שלא ידעו אלא שפה זו. ונהגו בכל הקהילות להסביר ולתרגם את הדברים בשפה שהכל מבינים: **הא לחמא עניא די אכלו אבהתנא בארעא דמצרים** (הרי לחם העוני שאכלו אבותינו בארץ מצרים) כי המצה

מגיד הזמנה זו שמזמינים את הכל לסעודת ליל הסדר היא משום שהחורבן בא על ידי המחלוקת, ועל כן סוד הגאולה הוא על ידי אחדות ושלום של כל ישראל. והיו שהסבירו מפני מה תיקנו שחלק מן הדברים ייאמר בעברית ("לשנה הבאה", "בני חורין"): כדי שלא יבינו הגויים ויעלילו על היהודים שהם מתכוונים למרידה.

מגיד היו שנהגו לומר "הֵא לחמא" ולרמז בכך, בין השאר, כי המצה המרמזת לאות ה של השם, המרמז על השכינה.

מוזגים לכל אחד מן המסובים כוס יין (שנייה).

מכסים את המצות ומפנים את הקערה למקום אחר. וכאן הבן שואל את ארבע הקושיות, ונהגו שישאל הקטן שבמסובים היודע לחזור על נוסח השאלה. ואם אין ילד במקום, שואל הצעיר שבמסובים. ויש מקומות שנהגו שכל הבנים שואלים בזה אחר זה את ארבע הקושיות. ואפילו יש שם כמה דורות, כל בן שואל, ואפילו היושב בראש – גם כאשר הוא עושה את הסדר לבדו – חוזר ושואל:

מַה נִּשְׁתַּנָּה
הַלַּיְלָה הַזֶּה מִכָּל הַלֵּילוֹת

ביאור

היא לחמם של עניים שבעניים, עבדים שאין להם שהות להמתין עד שתחמיץ העיסה שבידם, והם ממהרים ללוש אותה ולאפותה במעט העצים שבידם. וכיון שליל הפסח הוא זמן חירות ושמחה לכל ישראל, קורא בעל הבית: **כל דכפין ייתי וייכול** (כל הרעב יבוא ויאכל) **כל דצריך ייתי ויפסח** (כל הצריך יבוא ויעשה קורבן פסח). נראה שבזמן הבית היו מכריזים על כך, ומודיעים שגם אלה שלא הצטרפו קודם לקניית הקורבן יצטרפו, אם צריכים הם לכך. **השתא הכא בשנה הבאה בארעא דישראל, השתא עבדי לשנה הבאה בני חורין** (השנה – כאן, בשנה הבאה – בארץ ישראל. השנה עבדים, לשנה הבאה בני חורין) שהרי סדר הפסח בכל מקום אינו בשלמותו כשאינו נחוג ליד המקדש בירושלים. ועל כן מביעים את התקווה כי כשם שבמצרים נגאלו אבותינו בחודש זה, כך תהא הגאולה השלמה בניסן, ויחזרו כל ישראל לארץ ישראל ויעשו את הפסח כראוי.

ארבע קושיות ארבע הקושיות ששואלים לפני תחילת ההגדה עתיקות הן ביותר, ועיקר נוסח זה נאמר עוד בימי הבית השני. ואף שנעשו שינויים קלים בנוסח עיקרו, מכל מקום הוא שאלת התינוקות עוד מימי קדם. ומן המובחר הוא אם הבן שואל מדעת עצמו על מנהגי סדר פסח, שכן כל עניינה של ההגדה הוא הרחבת דברים של האמור בתורה (שמות יג, יד; שם, פסוק ח): "והיה כי ישאלך בנך... והגדת לבנך". וכדי שבכל אופן יישמר נוסח השאלה והתשובה תיקנו בדורות קדומים שאלות שמלמדים את הילדים לשאול, והן ארבע הקושיות הללו. היו מקומות שבהם נהגו שהשואל יקדים (בלשון המדוברת באותו מקום): "אבא, הבה אשאלך ארבע קושיות". ויש שנהגו לומר כך גם

ארבע הקושיות בזמן הבית היה שינוי בארבע הקושיות, שכן קושיה אחת הייתה: "שבכל הלילות אנו אוכלים צלי ומבושל, הלילה הזה כולו צלי". שאלה זו בטלה במשך הדורות, מאחר שאין אוכלים את קורבן הפסח. אבל כדי לשמור על המספר ארבע גם בקושיות (שהרי כל עניין סדר ליל הפסח מבוסס על המספר ארבע – הגר"א) הוסיפו קושיה לגבי ההסבה. מה שבזמננו לא היה קושיה כלל, משום שבכל ארוחה גדולה נהגו להסב.

ארבע קושיות על דרך הסוד ארבע הקושיות הן כנגד ארבעה עולמות אבי"ע (אצילות,

שֶׁבְּכָל הַלֵּילוֹת אָנוּ אוֹכְלִין חָמֵץ וּמַצָּה
הַלַּיְלָה הַזֶּה כֻּלּוֹ מַצָּה

שֶׁבְּכָל הַלֵּילוֹת אָנוּ אוֹכְלִין שְׁאָר יְרָקוֹת
הַלַּיְלָה הַזֶּה מָרוֹר

שֶׁבְּכָל הַלֵּילוֹת אֵין אָנוּ מַטְבִּילִין אֲפִלּוּ פַּעַם אֶחָת
הַלַּיְלָה הַזֶּה שְׁתֵּי פְעָמִים

שֶׁבְּכָל הַלֵּילוֹת אָנוּ אוֹכְלִין בֵּין יוֹשְׁבִין וּבֵין מְסֻבִּין
הַלַּיְלָה הַזֶּה כֻּלָּנוּ מְסֻבִּין

ביאור

כאשר לשואל אין אב, והסבירו בדרך הרמז שיש בשאלות אלה גם צד נסתר, המכוון אל האב שבשמים: מפני מה אין אנו זוכים עדיין לגאולה שלמה? מפני מה נוהגים סעודה חגיגית כזו רק אחת לשנה?

מה נשתנה הלילה הזה מכל הלילות – שכל סעודות השבת והימים הטובים היו בלילה, ובזמן המשנה והתלמוד הייתה הסעודה העיקרית של כל יום נעשית בלילה. **חמץ ומצה** – כלומר, או חמץ או מצה (ויש גם נוסח כזה בשאלות); שכן בכל הלילות יכלו לאכול תערובת חמץ ומצה. **הלילה הזה מרור** – שאף שאוכלים בפסח גם שאר ירקות, מכל מקום רק בליל הפסח חייבים לאכול מרור. **אין אנו מטבילין אפילו פעם אחת** – ויש נוסחים שבהם כתוב: "אין אנו חייבים לטבל אפילו פעם אחת", כי בוודאי היו מטבילים לעתים בתוך הסעודה גם כשאינה סעודת פסח; והשאלה היא על חובת ההטבלה ועל השינוי שיש בהטבלות אלה. **בין יושבים ובין מסובין** – שבשאר סעודות אין כל חובה לשבת בצורה מסוימת, ואילו בליל הפסח **כולנו מסובין**, שהכל נוהגים להסב. ואף על פי שלא תמיד היו כל המצויים בסדר מסבין, הרי רובם נהגו להסב, והכל רואים שאין יושבים כל אחד בדרכו אלא בהסבה דווקא.

בריאה, עשייה, יצירה), וכל אחת מהן מכוונת כנגד עולם אחר. ואף שכרגיל קושיות באות מצד הרע – שהרי קושיה היא ביטוי לחסרון הבנה או לפקפוק בגופי הדברים – הרי הקושיות שבפסח שייכות לבחינת הקדושה, לפי שהן באות לעורר את הגילויים.

מה נשתנה יש מסבירים כי "מה נשתנה" הוא משום שבליל הסדר נוהגים כמה מנהגים שונים, אשר חלקם נראים כמנהג חירות וגאולה (מסובין וכו') ומהם כמנהגי עבדים (לחם עוני), ולכן השאלה מה נשתנה (זבח פסח).

מה נשתנה בספרי המקובלים כתבו שהשינוי הוא בלילה עצמו. כרגיל הלילה מרמז לזמן של ירידה, ואילו בליל הפסח הריהו להיפך: זהו זמן של התגלות עליונה ביותר, ולכן השאלה היא "מה נשתנה הלילה הזה מכל הלילות".

הלילה הזה שתי פעמים וכבר שאלו: הלוא עד זמן השאלה התינוק רואה הטבלה אחת,

מחזירים את הקערה למקומה, ומגלים את המצות ואומרים:

עֲבָדִים הָיִינוּ

לְפַרְעֹה בְּמִצְרָיִם
וַיּוֹצִיאֵנוּ יהוה אֱלֹהֵינוּ מִשָּׁם
בְּיָד חֲזָקָה וּבִזְרוֹעַ נְטוּיָה.
וְאִלּוּ לֹא הוֹצִיא הַקָּדוֹשׁ בָּרוּךְ הוּא
אֶת אֲבוֹתֵינוּ מִמִּצְרַיִם
הֲרֵי אָנוּ וּבָנֵינוּ וּבְנֵי בָנֵינוּ מְשֻׁעְבָּדִים הָיִינוּ
לְפַרְעֹה בְּמִצְרָיִם.

ביאור

עבדים היינו מכאן מתחילים דברי התשובה השונים לשאלות ("ארבע הקושיות") בדבר עניינו של חג הפסח ופרטי מצוותיו. בעצם יש כאן (כפי שיבואר במפורש בעצם דברי ההגדה) נוסחאות שונות של תשובה לאותן שאלות. ריבוי הנוסחאות מתאים לשואלים השונים, לפי דרגת הבנתם ולפי גישתם לעניין. בכל התשובות יש גרעין משותף אחד: "מתחילים בגנות ומסיימים בשבח". מזכירים את סבלות העם ואבות האומה בעבר, ומסיימים בסיפור הגאולה. "**עבדים היינו לפרעה במצרים ויוציאנו ה' אלהינו משם ביד חזקה**" (דברים ו, כא) – זו היא אחת התשובות הכתובות בתורה עצמה לשאלה "כי ישאלך בנך מחר...". "**ובזרוע נטויה**" (דברים כו, ח) – שילוב דברים מתוך פסוק אחר, המדבר אף הוא בנסי יציאת מצרים. ומכאן ואילך באים דברי הסבר על החשיבות שיש בסיפור יציאת מצרים, כדי לומר כי השאלות והתשובות הללו לא באו רק כדי לספר על מאורע שהיה בעבר הרחוק, אלא יש צורך לחזור ולהזכירן ולעיין בהן בכל דור. וטעם ראשון הוא: **ואילו לא הוציא הקדוש ברוך הוא את אבותינו ממצרים הרי אנו ובנינו ובני בנינו משועבדים היינו לפרעה במצרים.** כי יציאת מצרים אינה מאורע פרטי שאירע לחלק מעם ישראל, ושיש לו חשיבות חולפת בלבד, אלא הוא ראשית קיומו של עם

וכיצד שואל הוא מדוע מטבילין שתי פעמים? היו שהסבירו כי הרי רואים שטבלו רק את הכרפס, ואילו החזרת עדיין לא טבלוה, ומן הסתם יטבלוה לאחר מכן (רשב"ץ ועוד). אבל בעיקר הדברים אין זה קושי, כי שאלות אלה אינן דווקא שאלותיו של התינוק (שאם הוא שואל מדעתו, הרי הוא יכול לשאול גם על שאר שינויים – ויוצאים ידי חובה גם אם שאל על דברים אחרים), אלא שאלות שהכינו כדי לעורר את לב המסובים כולם לעניין הסדר ומשמעותו, ולכן שואלים גם על דברים שיבואו לאחר מכן, בהמשך הסדר.

וַאֲפִלּוּ
כֻּלָּנוּ חֲכָמִים, כֻּלָּנוּ נְבוֹנִים, כֻּלָּנוּ זְקֵנִים
כֻּלָּנוּ יוֹדְעִים אֶת הַתּוֹרָה
מִצְוָה עָלֵינוּ לְסַפֵּר בִּיצִיאַת מִצְרַיִם
וְכָל הַמַּרְבֶּה לְסַפֵּר בִּיצִיאַת מִצְרַיִם
הֲרֵי זֶה מְשֻׁבָּח.

ביאור

ישראל כעם, ולולי זה היה העם נשאר במצרים לעולם כשבט של עבדים. ומשום כך **ואפילו כולנו חכמים** – שאין באותה חבורה אחד שאינו חכם בתורה, **כולנו נבונים, כולנו זקנים** – וכבר שמענו פעמים רבות את נוסח ההגדה, **כולנו יודעים את התורה** ואת מה שכתוב בה בעניין זה, **מצווה עלינו לספר** ולשוחח ולדבר בעניין יציאת מצרים. **וכל המרבה לספר ביציאת מצרים הרי זה משובח** – לפי שהוא מקיים את המצווה של זכירת יציאת מצרים בשלמות. ומובאת ראיה לכך שמצווה זו יש לקיים אפילו בין גדולי

ר' אליעזר הוא ר' אליעזר בן הורקנוס, שהיה מכונה כבר בדורו "ר' אליעזר הגדול". מחכמי המשנה הגדולים בדור שלאחר חורבן הבית השני. ר' אליעזר היה בן למשפחה עשירה מאוד ומיוחסת יש אומרים כי ייחוסה מגיע עד למשה רבנו, אבל בני משפחתו לא הניחו לו ללמוד תורה כחפצו. רק בגיל מבוגר למדי ברח מביתו, ובתוך קשיים חומריים רבים החל בלימודיו אצל רבן יוחנן בן זכאי. כישרונותיו היוצאים מגדר הרגיל, וכוח זיכרונו שהיה לפלא (רבו כינה אותו "בור סוד [=מסויד] שאינו מאבד טיפה") גרמו לכך שבתוך זמן קצר נעשה אחד מחשובי החכמים, ולפי גרסה אחת אמרו כי הוא "שקול כנגד כל חכמי ישראל". מכוח תורתו וייחוסו אף הגיע לקשר נישואין עם אחותו של נשיא הסנהדרין, רבן גמליאל (מיבנה). והוא, יחד עם חברו ומתנגדו ר' יהושע, היו ראשי המדברים בדור שלאחר מכן. אף כי קיבל את תורתו מפי חכמי בית הלל נטה בדעותיו לבית שמאי, ולא עוד אלא שלא קיבל על עצמו את מרות הרוב,עד כי הגיעו הדברים לידי כך שחכמי הסנהדרין הוכרחו לנדות אותו. ואולם הדבר לא פגע ברגשי ההערצה והכבוד של הכל כלפיו, ועדיין ראו אותו כמאור ישראל וכנושאה של התורה, הן בחכמתו והן בצדקתו ובאישיותו. למעשה כל חכמי הדור הבא היו מתלמידיו, אבל היה קשר חיבה מיוחד בינו ובין ר' עקיבא, שאותו חשב כמי שראוי לקבל ממנו אף את סתרי תורתו. לר' אליעזר היה בן, הורקנוס, שנמנה אף הוא עם החכמים בדורו.

המרבה לספר היו שהסבירו כך: דרכו של עולם היא שאדם, שחווה בעצמו מאורע של נס, מרבה לספר במאורע לכל פרטיו ופרטי פרטיו. ומשום כך המרבה לספר במעשה זה של יציאת מצרים הריהו מעיד בכך על עצמו שהוא מזרע ישראל, מגזע יוצאי מצרים, שהדבר באמת נוגע להם (רש"ק).

ר' עקיבא מגדולי חכמי ישראל בכל הדורות ועמוד התווך של דורות התנאים. נולד בימי הבית השני ונהרג לאחר כישלון מרד בר כוכבא. עקיבא בן יוסף היה בן למשפחה דלת נכסים

מַעֲשֶׂה

בְּרַבִּי אֱלִיעֶזֶר וְרַבִּי יְהוֹשֻׁעַ
וְרַבִּי אֶלְעָזָר בֶּן עֲזַרְיָה
וְרַבִּי עֲקִיבָא וְרַבִּי טַרְפוֹן
שֶׁהָיוּ מְסֻבִּין בִּבְנֵי בְרַק
וְהָיוּ מְסַפְּרִים בִּיצִיאַת מִצְרַיִם כָּל אוֹתוֹ הַלַּיְלָה
עַד שֶׁבָּאוּ תַלְמִידֵיהֶם וְאָמְרוּ לָהֶם
רַבּוֹתֵינוּ, הִגִּיעַ זְמַן קְרִיאַת שְׁמַע שֶׁל שַׁחֲרִית.

ביאור

הדור ממעשה שהיה בחמישה מגדולי חכמי ישראל **שהיו מסובין בבני ברק** – מקום בית מדרשו של ר׳ עקיבא, **והיו מספרים ביציאת מצרים** ומוסיפים דברי דרשה ודברי עיון בנושא **כל אותו הלילה**, וכל כך האריכו בדבר והעמיקו בו **עד שבאו תלמידיהם ואמרו להם: רבותינו, הגיע זמן קריאת שמע של שחרית.** ראיה אחרת לחובה זו לספר ביציאת

ודלת ייחוס (משפחת גרים), ועד גיל מבוגר אף לא ידע אלף-בית. בהיותו כבר אלמן ואב לילדים פגשה בו בת מעבידו, רחל, אשר לה נתגלתה אישיותו הפנימית, והבטיחה להינשא לו אם יעסוק בתורה. בתוך חיי עוני ועבודה קשה החל ר׳ עקיבא לעסוק בתורה, עד שהגיע לדרגה שיכול היה להיות כתלמיד אצל חכמי הדור החשובים שלאחר החורבן: ר׳ אליעזר ור׳ יהושע. רבותיו אלה גילו את שאר רוחו ואת כוחות נפשו הגדולים, עד שלבסוף נעשה כתלמיד חבר להם. לאחר זמן נעשה ר׳ עקיבא ראשה של ישיבה גדולה בעיר בני ברק שאליה נהרו אלפי תלמידים. לאחר מות רבותיו הוכר ר׳ עקיבא על ידי הכל כגדול הדור בכל תחומי היהדות. ר׳ עקיבא היה מן התומכים הנלהבים בבר כוכבא (נראה שהוא היה זה שנתן לו כינוי זה) וחשב כי הוא המלך המשיח, ונראה כי במרד נהרגו רוב תלמידיו. גם אחרי המרד המשיך ר׳ עקיבא ללמד תורה ברבים, נתפס על ידי השלטונות ונהרג במיתה רבת ייסורים, כשהוא קורא קריאת שמע. אף כי רוב תלמידיו נהרגו, אלה מהם ששרדו בחיים היו רוב מנהיגיו וחכמיו של הדור שלאחר מכן, ומשום כך כמעט כל הספרות של המשנה (ובעקבותיה התלמוד) בנויה על פי שיטות הלימוד ודרכי ההיגיון שדרש ולימד ר׳ עקיבא. וככוחו בנגלה שבתורה כן היה בסודות התורה, שכן היה אחד מ״יורדי המרכבה״, והיחידי שנכנס ל״פרדס״ הסודות בשלום ויצא בשלום. ר׳ עקיבא האריך ימים, למרות תלאותיו הרבות, ולפי המסורת נהרג בהיותו בן מאה ועשרים שנה. היו לר׳ עקיבא כמה בנים תלמידי חכמים, אך נראה כי רובם מתו בחייו. ואולי רק בנו ר׳ יהושע האריך ימים אחריו. תורת ר׳ עקיבא בכל התחומים היא עד ימינו מן הבסיסים העיקריים של התורה כולה.

ר׳ יהושע הוא ר׳ יהושע בן חנניה הלוי, מגדולי התנאים בדור שלאחר חורבן בית שני. ר׳

ברכות יב: **אָמַר רַבִּי אֶלְעָזָר בֶּן עֲזַרְיָה**
הֲרֵי אֲנִי כְּבֶן שִׁבְעִים שָׁנָה
וְלֹא זָכִיתִי שֶׁתֵּאָמֵר יְצִיאַת מִצְרַיִם בַּלֵּילוֹת
עַד שֶׁדְּרָשָׁהּ בֶּן זוֹמָא

ביאור

מצרים, ובפרט בליל פסח, מביאים מן המשנה (ברכות פרק א, משנה ה). **אמר ר' אלעזר בן עזריה: הרי אני כבן שבעים שנה** – והרי הוא היה מגדולי החכמים אף בימי נעוריו, **ולא זכיתי** – כלומר: לא הצלחתי, להביא ראיה ניצחת לשיטתי **שתיאמר יציאת מצרים** בנוסח קריאת שמע אף בלילות של כל ימות השנה, **עד שדרשה** החכם שמעון **בן זומא**

יהושע היה תלמידו המובהק של רבן יוחנן בן זכאי. ונוסף על גדולתו בתורה (שהלכה כמותו כנגד רוב החולקים עליו) היה מפורסם כאחד האנשים הפיקחים והמקסימים ביותר בדורו. אמנם ידוע כי היה איש מכוער למראה, אך עם זאת הצליח להקסים לא רק את בני דורו וידידיו אלא גם את בני משפחת הקיסר ברומי, לשם נסע פעמים אחדות בשליחויות לאומיות חשובות. במקצועו היה ר' יהושע נפח, וכל ימיו חי בדוחק פרנסה. עם זאת מעולם לא עזבו מצב רוחו הטוב, ודבריו מלווים בהומור רך ובאהבת הבריות. כמעט כל חכמי הדור הבא היו תלמידיו או תלמידים חברים לו.

ר' טרפון ר' טרפון הכוהן היה עוד מן הכוהנים ששימשו במקדש בסוף ימי הבית השני. זמן פעולתו העיקרי חל בימים שלאחר מכן, ובמידה רבה בקרבתם של ר' אליעזר ור' יהושע. ר' טרפון היה עשיר, נדיב מאוד ובעל הליכות מוזרות קצת. גישותיו המוזרות לדברים שונים גרמו לו להסתבך בהרפתקאות שונות. יתר על כן, ביטויים שונים שלו הפכו להיות במשך הדורות מטבעות לשון מקובלות. ר' טרפון היה כנראה מן הראשונים שהכירו בגדולתו של ר' עקיבא, ולמרות שמתחילה היה גדול ממנו בחכמה, ואולי אף בשנים, כפף עצמו כלפיו כתלמיד. גם ר' טרפון העמיד תלמידים שונים, ויודעים אנו כי החכם ר' יהודה בר' אלעאי היה מתלמידיו. כמו כן שומעים אנו על נכדו של ר' טרפון שזכה ונעשה תלמיד חכם בימיו של ר' יהודה הנשיא.

בני ברק עיר זו נזכרת במקרא (יהושע יט, מה) כאחת מערי בני דן, וקרוב לוודאי כי מקומה לא היה רחוק הרבה ממקומה של בני ברק של ימינו. מתקופת המקרא לא ידוע דבר על העיר, ואולם נראה כי בזמן המשנה התפתחה העיר ונעשתה מרכז חשוב. במיוחד התפרסמה כאשר קבע בה ר' עקיבא את ישיבתו, עד שאמרו "צדק צדק תרדוף" - אחר ר' עקיבא לבני ברק. נראה כי אותה סעודה של פסח שערכו החכמים אכן נערכה אצל ר' עקיבא, שהוא היה המארח בה.

מספרים בספרי חסידות דרשו את המלה "מספרים" מלשון אבן ספיר, אבן חן זוהרת, לומר כי חכמים אלה היו מאירים בדבריהם לא רק את הדברים הסתומים, אלא את הלילה עצמו, ומשום כך לא הבחינו בהגיע הבוקר.

ר' אלעזר בן עזריה ר' אלעזר בן עזריה היה מצעירי החכמים לאחר חורבן הבית השני ומראשי המדברים בישיבה ביבנה. הוא היה בן למשפחת כוהנים מיוחסת (שמוצאה מעזרא הכוהן) ועשירה מאוד, וכבר בצעירותו נחשב

שֶׁנֶּאֱמַר
לְמַעַן תִּזְכֹּר אֶת־יוֹם צֵאתְךָ מֵאֶרֶץ מִצְרַיִם כֹּל יְמֵי חַיֶּיךָ: דברים טז

יְמֵי חַיֶּיךָ הַיָּמִים
כֹּל יְמֵי חַיֶּיךָ הַלֵּילוֹת.

וַחֲכָמִים אוֹמְרִים

יְמֵי חַיֶּיךָ הָעוֹלָם הַזֶּה
כֹּל יְמֵי חַיֶּיךָ לְהָבִיא לִימוֹת הַמָּשִׁיחַ.

ביאור

מן המקרא. וכך דרש: נאמר **״למען תזכור את יום צאתך מארץ מצרים כל ימי חייך״** (דברים טז, ג), **״ימי חייך״** הם, במשמעות הלשון הפשוטה, **הימים**, ואולם יש בכתוב לשון הדגשה מיוחדת: **״כל ימי חייך״**, ו״כל״ בא להוסיף ולכלול דברים נוספים, ויש להבין שחובה זו חלה אף על **הלילות**. **וחכמים אומרים** שאין צורך בלימוד מיוחד לצורך זה, לפי שמשמעות הכתובים היא כוללת יותר, וכך יש לפרש: **״ימי חייך״** – העולם הזה, שהם כל תקופת הזמן מימות יציאת מצרים עד לגאולה האחרונה של המשיח, ובכלל זה הימים והלילות באחת, ואילו ההדגשה **״כל ימי חייך״** באה להוסיף **להביא לימות המשיח**, שאף על פי שגאולת ישראל האחרונה תהיה גדולה ונפלאה מגאולת מצרים (ראה ירמיה כג, ח) בכל זאת לא תישכח לגמרי גאולת ישראל הראשונה.

לאחד מחכמי הדור החשובים. כאשר הודח נשיא הסנהדרין רבן גמליאל נבחר ר׳ אלעזר בן עזריה, למרות גילו הצעיר (הוא היה לכל היותר בן שמונה עשרה), כמועמד פשרה לכהן במקומו כנשיא הסנהדרין. גם כאשר הוחזר רבן גמליאל לתפקידו נשאר ביד ר׳ אלעזר בן עזריה מינוי זה. ר׳ אלעזר בן עזריה היה מפורסם גם בהלכה, ועוד יותר – כאחד מגדולי הדרשנים בדורו. דרשותיו החשובות נאמרו אף לפני רבותיו, וזכו להוקרה מרובה מידי הכל. על אף שזכה למעמד רשמי גבוה הוא מעולם לא התרברב או התנשא על הבריות; ולא עוד אלא שתמיד שקד והמשיך ללמוד תורה מפי מי שאפשר היה לקבל תורה ממנו, הן כצעיר והן כזקן. נראה כי ר׳ אלעזר בן עזריה האריך ימים וחי יותר משבעים שנה. איננו יודעים על צאצאיו הישירים, אך יודעים אנו כי השאיר משפחה שהיו בה תלמידי חכמים במשך דורות רבים.

יציאת מצרים בלילות הטעם שבגללו לא הייתה יציאת מצרים נאמרת בלילות הוא משום שבתוך פרשיות קריאת שמע נזכרת יציאת מצרים רק בפרשת הציצית. ואולם, כיוון שמצוות ציצית זמנה הוא ביום דווקא, לא נאמרה הפרשה המדוברת בה בקריאת שמע של לילה (אף כי הזכירו את יציאת מצרים גם בברכה שלאחר קריאת שמע של ערבית). המחלוקת ההלכתית הזו לא הוכרעה בשלמות, ואולם בפועל נהגו הכל לקרוא גם את פרשת ציצית, ולהזכיר עמה את יציאת מצרים, בכל לילה.

בָּרוּךְ הַמָּקוֹם, בָּרוּךְ הוּא
בָּרוּךְ שֶׁנָּתַן תּוֹרָה לְעַמּוֹ יִשְׂרָאֵל
בָּרוּךְ הוּא

כְּנֶגֶד אַרְבָּעָה בָנִים דִּבְּרָה תוֹרָה

אֶחָד
חָכָם
וְאֶחָד
רָשָׁע
וְאֶחָד
תָּם
וְאֶחָד
שֶׁאֵינוֹ יוֹדֵעַ לִשְׁאוֹל

ביאור

ארבעה בנים ההגדה של פסח היא צורה מסוגננת, מעובדת, של המצווה הכוללת להזכיר יציאת מצרים, ובפרט בליל פסח. בתורה נזכרת חובה זו של "סיפור יציאת מצרים" כרגיל כמענה לשאלתם של הבנים בדורות הבאים. עיון וניתוח של המקראות השונים מלמד כי השאלות והתשובות מנוסחות בדרכים שונות, ולכל אחת מהן ניתן כאן אפיון. ותחילה פתיחה: **ברוך המקום** – כינוי מקובל של ה'. **ברוך הוא, ברוך שנתן**

ברוך המקום הכינוי "מקום" לקב"ה מצוי הרבה בדברי חז"ל, והם עצמם פירשוהו כמרמז לרעיון ש"הוא מקומו של עולם ואין העולם מקומו"; כפי שדרשו חכמים על הכתוב "הנה מקום אתי" (שמות לג, כא). כלומר, אין הקב"ה מצוי בתוך העולם, ואינו מוגדר ומוגבל בגבולות המקום והזמן, אלא הוא "מקומו של עולם", שהעולם מצוי ומתקיים בתוך ההויה האלוקית. ונראה שהוא גם לשון כבוד כלפי מעלה כמו "כבוד ה'" וכדומה, שאין רוצים להזכיר שמו. ושמא נתייחד כינוי זה מתחילה ל"מקום אשר יבחר" – מקום השראת השכינה בבית המקדש, ומשם התגלגל ונעשה כינוי כולל. ובספרי המקובלים כתוב כי "מקום" הוא בחשבון האותיות ריבועו של שם הוויה (עשר פעמים עשר, וחמש פעמים חמש, ושש פעמים שש, ועוד חמש פעמים חמש - בסך הכל מאה שמונים ושש, כמניין "מקום").

חָכָם

מַה הוּא אוֹמֵר

מָה הָעֵדֹת וְהַחֻקִּים וְהַמִּשְׁפָּטִים
אֲשֶׁר צִוָּה יהוה אֱלֹהֵינוּ אֶתְכֶם: דברים ו
וְאַף אַתָּה אֱמָר לוֹ כְּהִלְכוֹת הַפֶּסַח
אֵין מַפְטִירִין אַחַר הַפֶּסַח אֲפִיקוֹמָן.

ביאור

תורה לעמו ישראל – וכתב בה את דברי השאלות והתשובות הללו, **ברוך הוא. כנגד ארבעה בנים** שונים זה מזה **דיברה תורה** כאשר היא מטפלת בעניין זה של סיפור יציאת מצרים. **אחד חכם** – הרוצה ללמוד ולדעת יותר, **אחד רשע** – השואל מתוך לגלוג, **אחד תם** – שאינו מבין הרבה ואינו יודע לנסח שאלותיו יפה, **ואחד שאינו יודע לשאול** – וצריך לספר לו בלי שישאל.

חכם מה הוא אומר – "והיה כי ישאלך בנך למחר לאמור: **'מה העדות והחוקים והמשפטים אשר צוה ה' אלהינו אתכם'**" (דברים ו, כ). שאלת החכם היא בקשה להסביר לו את המצוות הרבות והשונות לפרטיהן, את העדות – מצוות שנועדו לזיכרון ולעדות על מאורעות שאירעו; והחוקים – מצוות שלכאורה אין להן כל טעם מוסבר והגיוני, והן בבחינת חוק שעלינו לקבל; והמשפטים – מצוות שיש בהן צד של סברה והיגיון. **ואף אתה אמור לו בהלכות הפסח** – להסביר לבן זה את מכלול הדינים הגדול של פסח, קורבן הפסח וסדר ליל הפסח לכל פרטיו. אכן, התשובה לחכם במקורה מתחילה באותו כתוב עצמו שההגדה משתמשת בו בפתיחה ל"קושיות" של מה נשתנה, אשר מניחים שהן שאלותיו של בן חכם – "עבדים היינו לפרעה במצרים" וכו' (דברים ו, כ־כה), ויש להסביר לחכם את יסודות הדברים (כפי שייעשה הלאה במהלך דברי ההגדה), ואף את ההלכות מפרטים עד להלכה האחרונה: **אין מפטירין אחר הפסח אפיקומן**, שלאחר אכילת בשר קורבן הפסח (ובזמננו, כזכר לכך, פיסת המצה של ה"אפיקומן") אין אוכלים עוד כל מעדנים וממתקים ("אפיקומן" ביוונית) – אף כי ממשיכים, אם רוצים, לספר ביציאת מצרים כל הלילה.

סדרם של הבנים כבר העירו כי סדר הבנים בתורה אינו כסדרם בהגדה. בהגדה סדרם הוא ענייני, ופתח בבן המובחר, החכם, ששאלתו שאלת חכם הבא ללמוד ולדעת. ואחריו בא הבן הרשע, שמתוך זדונו הוא מרשיע, ואחריו התם שאין בו דעת להקשות ואינו אלא שואל שאלה כללית, ולבסוף שאינו יודע לשאול (אבודרהם). ועל דרך הקבלה אמרו כי ארבעה הבנים הם כנגד ארבע בחינות וארבע רגליים של המרכבה: חכם=חסד, רשע=גבורה, תם=תפארת, שאינו יודע לשאול =מלכות.

רָשָׁע

מַה הוּא אוֹמֵר

מָה הָעֲבֹדָה הַזֹּאת לָכֶם: שמות יב

לָכֶם וְלֹא לוֹ

וּלְפִי שֶׁהוֹצִיא אֶת עַצְמוֹ מִן הַכְּלָל

כָּפַר בָּעִקָּר

וְאַף אַתָּה הַקְהֵה אֶת שִׁנָּיו, וֶאֱמָר לוֹ

בַּעֲבוּר זֶה עָשָׂה יהוה לִי בְּצֵאתִי מִמִּצְרָיִם: שמות יג

לִי וְלֹא לוֹ

אִלּוּ הָיָה שָׁם, לֹא הָיָה נִגְאָל.

ביאור

רשע מה הוא אומר – "והיה כי יאמרו אליכם בניכם **מה העבודה הזאת לכם**". מדיוק לשונה של שאלה זו עולה שאין זו שאלה אלא התקפה. הלשון "מה" יש בה, במקרים רבים, צד של ביטול ולגלוג. אף הלשון "העבודה הזאת" מבטאה רגש של ריחוק וניתוק. **לכם ולא לו** – והלוא גם הבן החכם משתמש בלשון דומה, באמרו "אתכם"! והסבירו כי כיוון שבתחילה הוא אומר "ה' אלהינו", ומשתף עצמו באמונה, הרי לשון "אתכם" היא לשון כבוד, שהבן שואל: ה' ציווה אתכם, האבות, במישרין, ואתם בוודאי יודעים מה טעמו של הדבר. **ולפי שהוציא את עצמו מן הכלל** של עם ישראל, באומרו "לכם", **כפר בעיקר**, הרי הוא כמי שאינו מאמין בעיקרי האמונה ונחשב ככופר בעיקר, ודיבר כגרוע שברשעים (ראה רמב"ם הלכות יסודי התורה, שאכן מונה את המוציא עצמו מן הכלל עם הרשעים הגמורים). **ואף אתה**, המשיב, **הקהה את שיניו** בתשובה מעליבה ופוגעת (כמו "ושיני בנים תקהינה", ירמיה לא, כה), ואמור לו: "**בעבור זה עשה ה' לי בצאתי**

העדות והחוקים והמשפטים רב סעדיה גאון אומר כי כל המצוות שבתורה נחלקות לשלושה סוגים אלה, וכך הוא מסביר: "עדות" – מצוות המשמשות לזיכרון על מאורעות שבעבר, כגון השבת שהיא זיכרון הבריאה, וחג הפסח שהוא זיכרון יציאת מצרים; "חוקים" – מצוות שאין אנו מבינים את טעמן והריהן בגדר גזרת הכתוב, כגון איסור בשר בחלב או שעטנז; "משפטים" – מצוות שיש להן טעם מושכל, כגון דיני נזיקין או דיני ראיות.

תָּם

מַה הוּא אוֹמֵר

מַה־זֹּאת

וְאָמַרְתָּ אֵלָיו

בְּחֹזֶק יָד הוֹצִיאָנוּ יהוה מִמִּצְרַיִם מִבֵּית עֲבָדִים:

שמות יג

ביאור

ממצרים" (שמות יג, ח), שאף המשיב משתמש בלשון יחיד – **"לי" – ולא לו**, לומר לו: **אילו היה שם לא היה נגאל**, שהרי אינו רוצה להיות שותף לעם ישראל.

תם – שאינו יודע לפרש את פרטי שאלתו, והוא שואל בלשון גולמית וסתמית: "והיה כי ישאלך בנך מחר לאמר **מה זאת**"? (שמות יג, יד), "**ואמרת אליו: בחוזק יד הוציאנו ה' ממצרים מבית עבדים**" (שם, ובהמשך עד פסוק טז).

אין מפטירין אחר הפסח אפיקומן הרבה פירושים, הנראים כפירושים שעל דרך הדרש, נאמרו כדי להסביר מפני מה בחרו דווקא בהלכה זו כתשובה לבן החכם. היו שאמרו כי הבן החכם שואל מפני מה אין נוהגים כל ישראל לשלוח זה לזה מנות מקורבן הפסח (אלא אוכלים אותו דווקא בחבורות מצומצמות ומנויות), והתשובה היא שאין מפטירים אחר הפסח אפיקומן; וכיוון שאין אפשרות לאכול דבר אחרי הקורבן אין פנאי לשלוח מנות בליל החג עצמו. או שבאים ומספרים לבן החכם דבר מהלכות הפסח שלא זו בלבד שהוא מ"חוקי" ההלכה (היינו, המצוות הבלתי מובנות שבה), אלא הוא תקנת חכמים בלבד, שלא נאמרה בתורה (ריטב"א). או שהוא הסבר מפני מה אוכלים תחילה את שאר הסעודה וקורבן חגיגה, ורק לבסוף את קורבן הפסח (ס' האורה). ושמא נבחרה דווקא הלכה זו, שהיא תמוהה במקצת, כדי להיות נושא לדיון ולעניין, להוסיף למסובין דבר לעסוק ולדון בו בליל הסדר.

התשובה לרשע כבר העירו הראשונים כי התשובה לרשע בהגדה אינה זו הכתובה בעניינו בתורה, ובעיקר הדברים הסכימו כי מצד המקראות עצמם יש מקום לפרש את השאלה של הבן הרשע, כמו גם את התשובה לה, בכמה אופנים. אלא שחז"ל לא דקדקו לסדר את הדברים כסדר המקראות, אלא להסביר שיש בתורה רמז לארבעה סוגים אלה של שאלות, וממילא – גם לתשובות הראויות להן, גם אם אינן כסדרן.

אילו היה שם לא היה נגאל הרי זה בהתאם לדברי המדרשים המספרים כי היו רבים בישראל שאכן לא רצו לצאת ממצרים, וכל אלה מתו במצרים בתוך ימי החושך – כדי שלא יידעו המצרים כמה רבים היו, ויימצא שם ישראל מתחלל.

וְשֶׁאֵינוֹ יוֹדֵעַ לִשְׁאוֹל

אַתְּ פְּתַח לוֹ

שֶׁנֶּאֱמַר

שמות יג וְהִגַּדְתָּ לְבִנְךָ בַּיּוֹם הַהוּא לֵאמֹר

בַּעֲבוּר זֶה עָשָׂה יהוה לִי בְּצֵאתִי מִמִּצְרָיִם:

וְהִגַּדְתָּ לְבִנְךָ

יָכוֹל מֵרֹאשׁ חֹדֶשׁ

תַּלְמוּד לוֹמַר:

בַּיּוֹם הַהוּא.

אִי בַּיּוֹם הַהוּא יָכוֹל מִבְּעוֹד יוֹם

תַּלְמוּד לוֹמַר:

בַּעֲבוּר זֶה.

בַּעֲבוּר זֶה לֹא אָמַרְתִּי

אֶלָּא

בְּשָׁעָה שֶׁיֵּשׁ מַצָּה וּמָרוֹר מֻנָּחִים לְפָנֶיךָ.

ביאור

ושאינו יודע לשאול – לפי שהוא רואה את הדברים הנעשים והכל נראה בעיניו פשוט וטבעי, **את** (אתה) **פתח לו** – הסבר לו את הדברים, כך שיבין מה ולשם מה עושים את כל אלה, שנאמר: "**והגדת לבנך ביום ההוא לאמור: בעבור זה עשה ה' לי בצאתי ממצרים**" (שמות יג, ח). וכל פרשה זו (שם יג, א–ט) מדברת במצוות שנועדו להיות זכר ליציאת מצרים בכלל, ובענייני הפסח בפרט.

וכאן מסבירים כי אף שמצווה זו קיימת בכל יום מימות השנה, מכל מקום יש בה חובה מיוחדת בליל הפסח. כי **יכול** (אפשר, אולי) שיעסוק בסיפור ההגדה **מראש חדש** ניסן – **תלמוד לומר**, כלומר: הפסוק מלמדנו ומדגיש "**ביום ההוא**", הוא היום של יציאת מצרים.

את פתח לו ביטוי זה אין פירושו דווקא שיספרו למי שאינו יודע לשאול, אלא ש"יפתחו לו", כלומר, ישתדלו להביאו לידי כך שהוא עצמו יבוא לידי שאלה. ונראה כי המשך הדרשה: "בעבור זה" – כשיש מצה ומרור מונחים לפניך, הוא חלק מאותה "פתיחה" שגורמת לו לבן זה

הרב עדין אבן־ישראל

מִתְּחִלָּה
עוֹבְדֵי עֲבוֹדָה זָרָה הָיוּ אֲבוֹתֵינוּ

ביאור

ומוסיפים ומסבירים: **אי** (אם) **"ביום ההוא" יכול מבעוד יום**, עוד לפני ליל הסדר – **תלמוד לומר "בעבור זה"**, וכוונת **"בעבור זה"** היא ללמד שהזמן הראוי לאמירה זו הוא כאשר יכול המספר להצביע על דבר מסוים ("זה") ולקשר אותו עם המצווה. **לא אמרתי אלא בשעה שיש מצה ומרור מונחים לפניך**, ואפשר להצביע עליהם (כפי שאכן עושים בהמשך הטקס) ולהסביר לזכר מה אוכלים אותם.

פתיחה שנייה להגדה

הקטע מ"עבדים היינו" ואילך הוא נוסח אחד של פתיחה לפירוט סיפור יציאת מצרים, ומעתה מובאת כאן פתיחה אחרת בעניינה. אף פתיחה זו "מתחילה בגנות ומסיימת בשבח", והיא מתחילה בקביעה כי **מתחלה עובדי עבודה זרה היו אבותינו** הראשונים, לפני אבות האומה (אברהם, יצחק ויעקב), וכי יש לראות את הגאולה ממצרים כחלק שישאל גם הוא. וכן נראה מן התלמוד ומהלכות הפסח שהשתדלו להרבות במנהגים תמוהים כדי לעורר את התינוקות שישאלו מה טיבם של שינויים אלה. בתלמוד מסופר ש"אמר לו רב נחמן לדרו עבדו: עבד שמוציא אותו אדוניו לחירות ונותן לו כסף וזהב, מה צריך לומר? אמר לו: צריך להודות ולשבח. אמר לו: פטרתנו מלומר 'מה נשתנה', פתח ואמר 'עבדים היינו'" (פסחים קטו, א). והרי זו דוגמה כיצד מקיימים את "פתח לו", כדי שאכן תהא מודעות לעניין הנס.

יכול מראש חודש כדבר שעשה משה רבנו עצמו, שהחל להורות לישראל במצרים דיני הפסח ומנהגיו החל מראש חודש ניסן. ואכן כך נהגו בזמן התלמוד, שהיו דורשים ומעוררים בעניין חג הפסח הקרב ומלמדים את דיניו ברבים חודש ימים לפני החג. ויש גם קריאה מיוחדת בתורה (בתוך "ארבע פרשיות") שמזכירים בה שוב את החג הקרב. אלא שכאן מדובר לא בעצם המצווה (היומיומית) של זכירת יציאת מצרים, אלא במצווה המיוחדת של סיפור יציאת מצרים בזמן הגאולה, בליל הסדר.

מתחילה עובדי עבודה זרה יש המפרש שמזכירים את הדבר כדי להסביר מפני מה היו אבותינו במצרים בשעבוד – כדי להיטהר לגמרי מעבודה זרה, וכדי להיות ראויים לירושת הארץ (רי"ד), או כדי להודיענו כי גם הגלות וגם הגאולה וירושת ארץ ישראל לא באו לישראל מכוח נחלה, אלא בזכות מעשיהם, ולכן אפשר ללמוד מכאן שאף בדורות הבאים, אם ייטיבו מעשיהם יכולים הם לחזור ולרשת את אותה ירושת עולם (אורחות חיים). סיפרו כי פעם, במאה התשע עשרה, התקיפו כמה מן המשכילים את רבה של ורשה דאז, ר' דב מייזליש, וקראו לו 'ריאקציונר' והוא ענה להם: ההיפך הוא הנכון, שהרי "עובדי עבודה זרה היו אבותינו" – ואתם חוזרים ועושים כמעשיהם.

וְעַכְשָׁו

קֵרְבָנוּ הַמָּקוֹם לַעֲבוֹדָתוֹ

שֶׁנֶּאֱמַר

וַיֹּאמֶר יְהוֹשֻׁעַ אֶל־כָּל־הָעָם יהושע כד

כֹּה־אָמַר יהוה אֱלֹהֵי יִשְׂרָאֵל

בְּעֵבֶר הַנָּהָר יָשְׁבוּ אֲבוֹתֵיכֶם מֵעוֹלָם

תֶּרַח אֲבִי אַבְרָהָם וַאֲבִי נָחוֹר

וַיַּעַבְדוּ אֱלֹהִים אֲחֵרִים:

וָאֶקַּח אֶת־אֲבִיכֶם אֶת־אַבְרָהָם מֵעֵבֶר הַנָּהָר

וָאוֹלֵךְ אוֹתוֹ בְּכָל־אֶרֶץ כְּנָעַן

וָאַרְבֶּ אֶת־זַרְעוֹ, וָאֶתֶּן־לוֹ אֶת־יִצְחָק:

וָאֶתֵּן לְיִצְחָק אֶת־יַעֲקֹב וְאֶת־עֵשָׂו

וָאֶתֵּן לְעֵשָׂו אֶת־הַר שֵׂעִיר לָרֶשֶׁת אוֹתוֹ

וְיַעֲקֹב וּבָנָיו יָרְדוּ מִצְרָיִם:

ביאור

של תהליך הבחירה וההיבחרות המתמיד של עם ישראל, כיוון שעכשיו **קרבנו המקום לעבודתו. שנאמר "ויאמר יהושע אל כל העם"** וכו', שהוא פתיחת דברי יהושע כאשר הוא נפרד מן העם (יהושע כד, ב-ד). בפתיחה זו מודגש כי אבותיו הקדמונים של העם היו עובדי עבודה זרה, ולא מבני המקום, וכי יש בחירה של אברהם ושל אותם מבניו שהמשיכו את שלשלת הדורות. בספר יהושע נמשכים הדברים, ויש תיאור קצר של גלות מצרים והגאולה מארץ מצרים, עד אחרי כיבוש הארץ. אלא שכאן ההמשך

בעבר הנהר כלומר, מעברו השני של הנהר הגדול, נהר פרת, המשמש כגבול בין ארצות הים התיכון ובין עיראק-איראן. הפרסים קראו לאזור הזה (מן הצד שלהם) "פחוות עבר נהרא". בפירושים שעל דרך הסוד מרבים להשתמש בביטוי "עבר הנהר", הן בהקשר זה והן בהקשרים אחרים, כביטוי לחציצה הגדולה שיש במציאות בין ההוויה שמן העבר הזה, שלנו, לבין העבר האחר, שהוא מציאות שונה.

בָּרוּךְ שׁוֹמֵר הַבְטָחָתוֹ לְיִשְׂרָאֵל

בָּרוּךְ הוּא

שֶׁהַקָּדוֹשׁ בָּרוּךְ הוּא חִשַּׁב אֶת הַקֵּץ

לַעֲשׂוֹת כְּמָה שֶׁאָמַר לְאַבְרָהָם אָבִינוּ בִּבְרִית בֵּין הַבְּתָרִים

שֶׁנֶּאֱמַר

וַיֹּאמֶר לְאַבְרָם יָדֹעַ תֵּדַע כִּי־גֵר יִהְיֶה זַרְעֲךָ בְּאֶרֶץ לֹא לָהֶם בראשית טו

וַעֲבָדוּם וְעִנּוּ אֹתָם אַרְבַּע מֵאוֹת שָׁנָה:

וְגַם אֶת־הַגּוֹי אֲשֶׁר יַעֲבֹדוּ דָּן אָנֹכִי

וְאַחֲרֵי־כֵן יֵצְאוּ בִּרְכֻשׁ גָּדוֹל:

ביאור

הוא בדברי ההגדה עצמם: **ברוך שומר הבטחתו לישראל** – הבטחת הבחירה והבטחת הארץ, **שהקדוש ברוך הוא חישב את הקץ** של גלות מצרים, **לעשות כמה** (כמו) **שאמר לאברהם אבינו בברית בין הבתרים**, כאשר אברהם ועמוד אש (המסמל את ה') עוברים בין הבתרים ליצור ברית עולם בין זרע אברהם ובין הקב"ה, ושם נאמר: **"ויאמר לאברם ידוע תדע כי גר יהיה זרעך" וכו'... ואחרי כן יצאו ברכוש גדול"** (בראשית טו, יג–יד).

ברוך שומר הבטחתו לישראל משפט זה מקביל למשפט פתיחה קודם ("ברוך המקום"), שאף הוא אינו קורא בשם ה', אלא בכינוי "שומר הבטחתו לישראל". וכן מצויים ביטויים דומים בפתיחה לתפילת שחרית: "ברוך שאמר והיה העולם". בנוסח הזה, המדגיש את הבחירה ואת ההבטחה, מודגש כמה פעמים כי גם הגלות וגם הגאולה הן חלק מן ההבטחה ומן הברית. מקדימים דברים אלה לפני המדרש הארוך, המתאר את סבלות ישראל במצרים, לומר כי ייסורי הגלות אינם רוע מזל מקרי, אלא חלק מן התכנית העליונה. גלות מצרים היא גם חלק מתולדות ישראל בכלל, שיש בהן ירידות ועליות, סבל והיטהרות, עד לגאולה.

שהקב"ה חישב את הקץ לעשות כמה שאמר. רבים הם הפירושים שנאמרו לקטע זה. היו שהסבירו כי "חישב את הקץ" משמע שעל אף שהשעבוד הקשה יכול היה להיות ארבע מאות שנה, מכל מקום חישב הקב"ה לאברהם את כל שנות נדודיו (ובכלל זה כל השנים עד רדת ישראל למצרים) כך שגלות מצרים עצמה לא הייתה אלא מאתיים ועשר שנים (רש"י ועוד). ובכמה נוסחים באגדה כתוב במפורש שהקב"ה "מחשב את הקץ", ואין הכוונה רק לגלות מצרים, אלא כשם שבגלות מצרים היה קץ לגלות, והייתה אחריה גאולה וישועה, כך הוא בכל גלויות ישראל, עד לגלות האחרונה (חיד"א ועוד).

לפני אמירת קטע קטן זה, מפני חשיבותו הנצחית ומשמעותו לגבי כל הדורות, נהגו להגביה את כוס היין (ומשום כך מכסים את המצות, שלעולם אין מקדימים יין ללחם).

וְהִיא

שֶׁעָמְדָה לַאֲבוֹתֵינוּ וְלָנוּ
שֶׁלֹּא אֶחָד בִּלְבָד עָמַד עָלֵינוּ לְכַלּוֹתֵנוּ
אֶלָּא שֶׁבְּכָל דּוֹר וָדוֹר עוֹמְדִים עָלֵינוּ לְכַלּוֹתֵנוּ
וְהַקָּדוֹשׁ בָּרוּךְ הוּא מַצִּילֵנוּ מִיָּדָם

מניח את הכוס ומגלה את המצות.

צֵא וּלְמַד

מַה בִּקֵּשׁ לָבָן הָאֲרַמִּי
לַעֲשׂוֹת לְיַעֲקֹב אָבִינוּ
שֶׁפַּרְעֹה לֹא גָזַר
אֶלָּא עַל הַזְּכָרִים
וְלָבָן בִּקֵּשׁ לַעֲקֹר אֶת הַכֹּל

ביאור

והיא שעמדה   והיא הברית וההבטחה הזו של ה' **שעמדה** ותמכה **לאבותינו ולנו, שלא אחד בלבד עמד עלינו לכלותנו**, כפרעה בשעתו, **אלא שבכל דור ודור עומדים עלינו** אויבנו השונים **לכלותנו, והקדוש ברוך הוא** שומר את הברית וההבטחה ומצילנו **מידם.**

מדרש ההגדה   מכאן ואילך בא קטע מדרשי גדול, שכבר המשנה מתייחסת אליו כחלק קבוע מסדר ההגדה. קטע מדרשי זה הוא הרחבה, פירוט ופירוש בדרכים שונות של "וידוי

והיא שעמדה ברית בין הבתרים וההבטחה, היא הגורמת לכך שמצד אחד קמים עלינו האויבים לכלותנו, ומצד שני – שלעולם הקב"ה מצילנו מידם (ריטב"א). ויש בזה מעין ההוכחה המתמדת על גדולת ה', שכבר עמדו עליה יהודים ושאינם יהודים, שסוד הקיום היהודי הוא מופת להשגחת ה' בעולמו (ראה אבודרהם).

שֶׁנֶּאֱמַר

אֲרַמִּי אֹבֵד אָבִי
וַיֵּרֶד מִצְרַיְמָה, וַיָּגָר שָׁם בִּמְתֵי מְעָט
וַיְהִי־שָׁם לְגוֹי גָּדוֹל עָצוּם וָרָב

דברים כו

ביאור

ביכורים". ההצהרה הזו, שאדם אומר כאשר הוא מביא את ביכורי אדמתו לבית המקדש, מכילה בתוכה כמה זיכרונות של גלות מצרים והגאולה ממנה; וחומר קריאה זה, שהיה קשור לטקס חגיגי אחד, נעשה בסיס למדרש ההגדה של ליל הפסח (מדרש זה מוזכר בכמה מקורות מדרשיים קדומים ומאוחרים, במקומו בספר דברים).

צא ולמד לשון פתיחה לדרשה על המלים הראשונות "ארמי אובד אבי" (דברים כו, ה). פירושים רבים ושונים נאמרו בקטע קטן זה, ונראה כי בסופו של דבר הוא מתפרש כפי פשוטו: "אבי" הוא אבינו יעקב, היה "ארמי אובד", שהיה לפי מוצא משפחתו (כאמור בספר בראשית כה, ה, וראה ביהושע פרק כד) מארם, ועבר תלאות רבות מאוד, אשר הגדולות שבהן היו עסקותיו עם לבן. ולולא עזרת ה' לא היה יעקב יוצא כלל מרשות לבן ונשאר בחרן, ולא היה חוזר לארץ ישראל אלא אובד בין הארמים. ובמובן זה **מה ביקש לבן הארמי לעשות ליעקב אבינו? שפרעה לא גזר** הריגה והשמדה **אלא על הזכרים** שבישראל, **ולבן ביקש לעקור את הכל** – את כל משפחת יעקב, כאשר רדף אחריו ורצה לעכב את הכל בידו ("הבנות בנותי והבנים בני והצאן צאני..." – בראשית לא, מג). וכאשר הצליח יעקב סוף־סוף להיחלץ מארץ ארם ולא להיות עוד "ארמי אובד" –

צא ולמד זו לשון ההקדמה לכל הדרשה הארוכה שעומדים אנו לדרוש, ובכל קטע של משפט אנו מוסיפים, כדרך המדרש, פרטים שיש בהם כדי להשלים את התמונה הכללית. נראה שיש לפרש את הלשון "צא" על דרך שימוש הלשון המצוי בתלמוד, שמציעים לאדם לצאת מבית המדרש, שעוסקים בו בנושאים מוגדרים, ולשבת במקום מבודד כדי לעיין היטב בדברים.

מה ביקש לבן הארמי קטע זה גרם למפרשי ההגדה קשיים רבים, ופירשוהו בדרכים שונות. אכן, כפשוטו נראה שרצונו לקשור את מדרש הפרשה עם הדברים שנאמרו קודם לכן: שבכל דור ודור עמדו על עם ישראל לכלותו. והוא מסביר כי סכנות לעצם הקיום היו לא רק לאברהם (במלחמותיו) וליצחק (שהתנגש עם מלך גרר), אלא אף יעקב היה צפוי להשמדה גמורה על ידי לבן.

שנאמר "ארמי אובד אבי" חלק גדול מן המפרשים סבורים כי לפחות מדרש ההגדה מפרש כאן את הדברים כך: ארמי (הוא לבן) אובד (רצה לאבד את) אבי (יעקב). וכן מתורגם כך הפסוק כבר בתרגום אונקלוס, למרות הקושי

וַיֵּרֶד מִצְרַיְמָה

אָנוּס עַל פִּי הַדִּבּוּר

וַיָּגָר שָׁם

מְלַמֵּד שֶׁלֹּא יָרַד יַעֲקֹב אָבִינוּ
לְהִשְׁתַּקֵּעַ בְּמִצְרַיִם, אֶלָּא לָגוּר שָׁם
שֶׁנֶּאֱמַר
בראשית מז וַיֹּאמְרוּ אֶל־פַּרְעֹה
לָגוּר בָּאָרֶץ בָּאנוּ
כִּי־אֵין מִרְעֶה לַצֹּאן אֲשֶׁר לַעֲבָדֶיךָ
כִּי־כָבֵד הָרָעָב בְּאֶרֶץ כְּנָעַן
וְעַתָּה יֵשְׁבוּ־נָא עֲבָדֶיךָ בְּאֶרֶץ גֹּשֶׁן:

ביאור

וירד מצרימה, ודורשים: לא מרצונו ירד, אלא **אנוס על פי הדיבור** של ה' עצמו, שציווה עליו לרדת מצרימה, כאמור: "אנכי ארד עמך מצרימה" (בראשית מו, ד). "**ויגר שם**" – בחירת לשון זו דווקא **מלמד שלא ירד יעקב אבינו** מתחילה **להשתקע במצרים אלא לגור** כלומר: להיות גר, זר **שם**. וראיה לדבר שיעקב ראה שהותו במצרים כזמנית וארעית בלבד, **שנאמר** בדברי בני יעקב: "**ויאמרו אל פרעה לגור בארץ באנו...**" (בראשית מז,

הלשוני ש"אובד" הוא, כרגיל, פועל עומד, ואין כוונתו "מאבד"; וכבר הראו כי גם משמעות זו לפועל הזה קיימת בשפה. ואולם מפרשים אחרים (אבן עזרא ועוד) מפרשים כך: ארמי אובד (היה) אבי (יעקב). ובאמת אין זה שינוי יסודי במשמעות, כי בוודאי "אובד" משמעו כאן אובד על ידי צרות וייסורים, כך שהדרשה ניתנת להבנה יפה מאוד גם לפי משמעות הלשון הרגילה.

אנוס על פי הדבור הדיבור הוא דבר ה' בנבואה. ואף שיעקב רצה מצד אחד לרדת מצרימה, מכל מקום נראה כי חשש מן הדבר, וכפי שנאמר לו "אל תירא מרדה מצרימה" (בראשית מו, ג). אף דבר ה' "אנכי ארד עמך מצרימה" (שם ד) הוא יותר מאשר נתינת רשות בלבד: הוא הוראה ליעקב לעשות זאת, שהרי באותו כתוב עצמו ה' גם מבטיח לו שהוא יעלנו משם. משמע שעליו לרדת עתה למצרים ולהמתין עד שה' יוציאו ממנה.

"ויגר" – לגור דרשה זו מדגישה את ההבדל בין "לשבת", שמשמעו להתיישב במקום מסוים – ולו גם לתקופה לא ממושכת – ובין

בִּמְתֵי מְעָט

כְּמָה שֶׁנֶּאֱמַר

בְּשִׁבְעִים נֶפֶשׁ יָרְדוּ אֲבֹתֶיךָ מִצְרָיְמָה דברים י

וְעַתָּה שָׂמְךָ יהוה אֱלֹהֶיךָ כְּכוֹכְבֵי הַשָּׁמַיִם לָרֹב:

וַיְהִי־שָׁם לְגוֹי

מְלַמֵּד שֶׁהָיוּ יִשְׂרָאֵל מְצֻיָּנִים שָׁם

גָּדוֹל עָצוּם

כְּמָה שֶׁנֶּאֱמַר

וּבְנֵי יִשְׂרָאֵל פָּרוּ וַיִּשְׁרְצוּ שמות א

וַיִּרְבּוּ וַיַּעַצְמוּ בִּמְאֹד מְאֹד

וַתִּמָּלֵא הָאָרֶץ אֹתָם:

ביאור

ד); כלומר, גם הם מדגישים את לשון הגרות בהצעתם זו. **"במתי מעט"** (דברים כו, ה) – כלומר באנשים ("מְתים") מעטים, וכמבואר בכתוב: **"בשבעים נפש ירדו אבותיך מצרימה ועתה שמך ה' אלהיך ככוכבי השמים לרוב"** (דברים י, כב).

והמשך הדרשה: **"ויהי שם לגוי"**, שמשמעו: לעם, ליחידה מיוחדת ונבדלת לעצמה, **מלמד** כתוב זה **שהיו ישראל מצוינים שם**, כלומר: ניכרים ונבדלים מן המצרים; ובלשון המדרש (שמות רבה פרשה א' ד"ה א, כח): "בשביל ארבעה דברים נגאלו ישראל ממצרים, שלא שינו את שמם ולא שינו את לשונם ושלא גילו סודם ושלא הפקירו נשותיהם". **"גדול עצום"** הוא ביטוי כפול המבטא לא רק את הגודל החיצוני אלא אף את העוצמה, **כמה שנאמר: "ובני ישראל פרו וישרצו"** – שהתרבו באופן ובמהירות כמו השרצים, **"וירבו ויעצמו במאד מאד"** – במספר ובכוח, **"ותימלא הארץ אותם"** (שמות, א, ז).

הלשון "לגור", שהוא דורשה מלשון גרות וזרות, שיעקב ירד על מנת להיות גר בארץ מצרים, ולא חשב כלל להשתקע בה. ואף בניו אמרו כעין זה, שהרי מתחילה אמרו לפרעה כי רצונם לשהות במחוז מיוחד במצרים שבו יוכלו להמשיך בחיי המרעה והנדודים שלהם בארץ גושן, ולא במצרים עצמה.

וָרָב

כְּמָה שֶׁנֶּאֱמַר

יחזקאל טז רְבָבָה כְּצֶמַח הַשָּׂדֶה נְתַתִּיךְ
וַתִּרְבִּי וַתִּגְדְּלִי, וַתָּבֹאִי בַּעֲדִי עֲדָיִים
שָׁדַיִם נָכֹנוּ וּשְׂעָרֵךְ צִמֵּחַ, וְאַתְּ עֵרֹם וְעֶרְיָה:

ויש מוסיפים:

וָאֶעֱבֹר עָלַיִךְ וָאֶרְאֵךְ מִתְבּוֹסֶסֶת בְּדָמָיִךְ
וָאֹמַר לָךְ בְּדָמַיִךְ חֲיִי   וָאֹמַר לָךְ בְּדָמַיִךְ חֲיִי:

ביאור

"ורב" נדרש כאן לא במשמעות של ריבוי מספרי אלא כפועל, שהיו הולכים ומתרבים, הולכים וגדלים, כדרך ריבוים של צמחים. ומביאים ראיה מדרשית לפירוש זה ממה שנאמר בדרך האלגוריה בספר יחזקאל על ראשית צמיחתו של עם ישראל: **רבבה כצמח השדה נתתיך**, כלומר: יצור הגדל ומתרבה כאחד הצמחים. **ותרבי ותגדלי** בכל המובנים **ותבואי** – הגעת למצב של – **בעדי עדיים**, שהגידול הזה במספר יש עמו גם תחילת יצירת דמותו של העם ההולך ומתהווה במצרים. ובאופן סמלי – **שדיים נכונו ושערך צימח**, שהם סימני בגרות, **ואת ערום ועריה** – בלא תורה ובלא דרך חיים מוגדרת לעצמה (יחזקאל טז, ו), וכיוון שהובא כתוב זה מביאים גם את הפסוק הקודם לו, המתאר בצורה חיה ובוטה מאוד את ייסורי הגאולה של ישראל, של שלבי היווצרם כעם, ייסורי השעבוד שקדמו לכך, והגאולה הנראית כצומחת מתוך אלה: **"ואעבור עליך ואראך מתבוססת בדמיך"** – שהוא, כפי שעולה מן הפסוקים הקודמים, דם הלידה, **"ואומר לך: בדמיך חיי, ואומר לך: בדמיך חיי"** (שם ו), והוא כעין הוראה לדורות הבאים כיצד מתוך הייסורים והדם נוצרת ובאה הגאולה.

ורב - כצמח השדה כוונת המדרש כאן היא שאין "רב" כאן שם עצם במשמעות כמו הרבה, אלא "רב" הוא פועל (השווה ישעיה לא, א) שמשמעו: הולך ומתרבה, בלשון הווה (במשקל של סב, מסתובב), ומביא מעין ראיה מן הכתוב, שאף בו מתפרשת המילה "רבבה" כדבר הצומח ומתרבה. היו שהסבירו את הדימוי לריבוי מצמח השדה דווקא בכך שיש גידולי שדה, שהם מעין עשב (כמו שחת וכיוצא בה), אשר ככל שקוצצים אותם הם הולכים וגדלים יותר.

ואעבור עליך פסוק זה אינו קשור במישרין להסבר הדברים השייכים לפסוק המרכזי, אבל הוא כנראה נוסח קדום, ובייחוד נהגו בו על פי האר"י הקדוש. ויש בכך סיומים באופנים שונים. ומן הדרשות המפורסמות בעניין זה היא שתשועת ישראל ממצרים הגיעה כאשר היום היה "מתבוסס" בשני מיני דם של מצווה ("דמיך"), והם דם קורבן הפסח ודם המילה, ובזכות אלה נגאלו. ובאופן דומה משתמשים בפסוק זה לאחר טקס ברית המילה, שאומרים פסוק זה על מצוות המילה.

וַיָּרֵעוּ אֹתָנוּ הַמִּצְרִים וַיְעַנּוּנוּ דברים כו
וַיִּתְּנוּ עָלֵינוּ עֲבֹדָה קָשָׁה:

וַיָּרֵעוּ אֹתָנוּ הַמִּצְרִים

כְּמָה שֶׁנֶּאֱמַר
הָבָה נִתְחַכְּמָה לוֹ פֶּן־יִרְבֶּה שמות א
וְהָיָה כִּי־תִקְרֶאנָה מִלְחָמָה
וְנוֹסַף גַּם־הוּא עַל־שֹׂנְאֵינוּ
וְנִלְחַם־בָּנוּ, וְעָלָה מִן־הָאָרֶץ:

וַיְעַנּוּנוּ

כְּמָה שֶׁנֶּאֱמַר
וַיָּשִׂימוּ עָלָיו שָׂרֵי מִסִּים לְמַעַן עַנֹּתוֹ בְּסִבְלֹתָם שמות א
וַיִּבֶן עָרֵי מִסְכְּנוֹת לְפַרְעֹה אֶת־פִּתֹם וְאֶת־רַעַמְסֵס:

וַיִּתְּנוּ עָלֵינוּ עֲבֹדָה קָשָׁה

כְּמָה שֶׁנֶּאֱמַר
וַיַּעֲבִדוּ מִצְרַיִם אֶת־בְּנֵי יִשְׂרָאֵל בְּפָרֶךְ: שמות א

ביאור

ושוב חוזרים למדרש הפסוקים של "וידוי הביכורים", וגם הפעם מצטטים קודם את הפסוק כולו: "**וירעו אותנו המצרים ויענונו ויתנו עלינו עבודה קשה**" (דברים כו, ו). ושבים ודורשים כל קטע ממנו לעצמו. "**וירעו אותנו המצרים**" הוא השלב הראשון, עוד לפני שהתחילו קשיי השעבוד בכל חומרתם, כאשר המצרים השתדלו מתחילה להרע

וירעו אותנו המצרים היה שפירש את הדבר במקצת על דרך דרש, המכוון יפה לנושא: וירעו אותנו המצרים פירושו שהם עשו אותנו – בלבם ובחשדותיהם – רעים, שהרי הם חשדו שבני ישראל יבגדו ויילחמו בהם (רשב"ץ). ובספרי חסידות פירשו "וירעו אותנו" באופן אחר: שעשו אותנו רעים, גרמו לנו להיעשות רעים בשל הלחץ והייסורים ועל־ידי הניסיון לבולל את ישראל.

בפרך וכן מבואר בתלמוד: בפריכה. ומפרש רש"י: בשברון גוף ומותניים. וכן מבואר שם: "אמר ר' שמואל בר נחמני אמר ר' יונתן: שהיו

דברים כו וַנִּצְעַק אֶל־יהוה אֱלֹהֵי אֲבֹתֵינוּ
וַיִּשְׁמַע יהוה אֶת־קֹלֵנוּ
וַיַּרְא אֶת־עָנְיֵנוּ וְאֶת־עֲמָלֵנוּ וְאֶת־לַחֲצֵנוּ:

וַנִּצְעַק אֶל־יהוה אֱלֹהֵי אֲבֹתֵינוּ
כְּמָה שֶׁנֶּאֱמַר
שמות ב וַיְהִי בַיָּמִים הָרַבִּים הָהֵם, וַיָּמָת מֶלֶךְ מִצְרַיִם
וַיֵּאָנְחוּ בְנֵי־יִשְׂרָאֵל מִן־הָעֲבֹדָה, וַיִּזְעָקוּ
וַתַּעַל שַׁוְעָתָם אֶל־הָאֱלֹהִים מִן־הָעֲבֹדָה:

ביאור

לישראל ולמצוא תואנות ואמתלאות לשבירתם, כמה שנאמר: "**הבה נתחכמה לו... ועלה מן הארץ**" (שמות א, י). השלב הבא היה "**ויענונו**" – כמו שנזכרת המילה עינוי בתיאור השלב הבא של שיעבוד ישראל: "**וישימו עליו שרי מסים למען ענותו בסבלותם ויבן... את פתם ואת רעמסס**" (שמות א, יא), ולאחר מכן "**ויתנו עלינו עבודה קשה**", שהשלב הבא כבר לא נעשה כדי להרוויח משהו מעבודת ישראל אלא היה עבודה קשה לשמה, כאמצעי של ענישה ושל עינוי, **וכמה שנאמר**: "**ויעבידו מצרים את בני ישראל בפרך**" (שם א, יג). ש"עבודת פרך" אינה רק עבודה פיסית קשה, אלא גרוע מזה – עבודה שמטרתה לשבור, לפרך את רוחו של העובד בה.

ומכאן למדרש הפסוק הבא: "**ונצעק אל ה' אלהי אבותינו וישמע ה' את קולנו וירא את ענינו ואת עמלנו ואת לחצנו**" (דברים כו, ז). וכך הוא נדרש: "**ונצעק אל ה' אלהי אבותינו**" אמנם אינו מפורש בלשון זו בכתוב, אך מבואר כיצד צעקו ונאנחו ונשמעה צעקתם, כאמור: "**ויהי בימים הרבים ההם וימת מלך מצרים ויאנחו בני ישראל מן העבדה ויזעקו ותעל שועתם אל האלהים מן העבודה**" (שמות ב, כג). "**וישמע ה' את קולנו**" – אף כי לא היה זה קול של תפילה מפורשת ומבוארת, שכן לא השכילו ישראל

מחליפין מלאכת אנשים לנשים ומלאכת נשים לאנשים" (סוטה יא, ב); שלא דווקא הקושי הגופני, אלא הקושי הנפשי לעשות מלאכה שאין אדם רגיל בה ואינו נהנה ממנה, זה בעצמו הוא "עבודת פרך". וכן אמרו שכל מה שעשו "ראשון ראשון פי תהום בולעו". וכן עשו מחנות כפייה שונים, שכדי לשבור את רוחם של אנשים היו נותנים להם עבודה שהייתה חסרת תועלת בעליל, כדי למנוע מהם אף את הסיפוק שבמלאכה עצמה.

ותעל שוועתם והוא קורא כאן: ותעל שוועתם אל האלהים, כלומר: תפילתם לה' וזעקתם עלו אליו, וכך הוא מוכיח שאכן צעקו והתפללו אל ה'.

וַיִּשְׁמַע יהוה אֶת־קֹלֵנוּ

כְּמָה שֶׁנֶּאֱמַר

וַיִּשְׁמַע אֱלֹהִים אֶת־נַאֲקָתָם שמות ב

וַיִּזְכֹּר אֱלֹהִים אֶת־בְּרִיתוֹ

אֶת־אַבְרָהָם אֶת־יִצְחָק וְאֶת־יַעֲקֹב:

וַיַּרְא אֶת־עָנְיֵנוּ

זוֹ פְּרִישׁוּת דֶּרֶךְ אֶרֶץ

כְּמָה שֶׁנֶּאֱמַר

וַיַּרְא אֱלֹהִים אֶת־בְּנֵי יִשְׂרָאֵל, וַיֵּדַע אֱלֹהִים: שמות ב

וְאֶת־עֲמָלֵנוּ

אֵלּוּ הַבָּנִים

כְּמָה שֶׁנֶּאֱמַר

כָּל־הַבֵּן הַיִּלּוֹד, הַיְאֹרָה תַּשְׁלִיכֻהוּ שמות א

וְכָל־הַבַּת תְּחַיּוּן:

וְאֶת־לַחֲצֵנוּ

זֶה הַדְּחַק

כְּמָה שֶׁנֶּאֱמַר

וְגַם־רָאִיתִי אֶת־הַלַּחַץ אֲשֶׁר מִצְרַיִם לֹחֲצִים אֹתָם: שמות ג

ביאור

להגיע לידי כך – **כמה שנאמר "וישמע אלהים את נאקתם"** – קול אנחה וגניחה – **"ויזכור אלהים את בריתו את אברהם את יצחק ואת יעקב"** (שמות ב, כד). **"וירא את ענינו" – זו פרישות דרך ארץ**, הינזרות בעל כורחם מחיי מין עם נשיהם בשל עומס העבודה. וראיה לדבר שראייה זו של ה׳ מכוונת לכך היא באמור **"וירא אלהים את בני**

זה הדחק עיקרו הלחץ שהיו נלחצים ומאולצים להשלים את עבודתם, שלא עבדו בשלווה כשאר פועלים אלא היו נדחקים ונלחצים תמיד (מחזור ויטרי ועוד). ויש מפרשים "הדחק" כמשמעו, שמתחילה ניתנה להם רק אחוזת נחלה קטנה עבור השבט הקטן של בני יעקב,

דברים כו

וַיּוֹצִאֵנוּ יהוה מִמִּצְרַיִם
בְּיָד חֲזָקָה וּבִזְרֹעַ נְטוּיָה, וּבְמֹרָא גָּדֹל
וּבְאֹתוֹת וּבְמֹפְתִים:

וַיּוֹצִאֵנוּ יהוה מִמִּצְרַיִם
לֹא עַל יְדֵי מַלְאָךְ
וְלֹא עַל יְדֵי שָׂרָף
וְלֹא עַל יְדֵי שָׁלִיחַ
אֶלָּא הַקָּדוֹשׁ בָּרוּךְ הוּא בִּכְבוֹדוֹ וּבְעַצְמוֹ

ביאור

ישראל וידע אלהים" (שמות ב, כה) – כלומר, ה' הוא שראה את הנעשה להם, וגם ראה את הדברים שאין בני אדם יכולים לדעת עליהם כלל, דברים שבצנעא שעליהם נאמר רק **"וידע אלהים"**. **"ואת עמלנו"** – אלו הבנים, שמצד מסוים הם עיקר פרי עמלו של האדם בעולם. וכל העבודה הזו הפכה להיות ריקנית וחסרת תוכן ("עמל" במובן של עבודה חסרת משמעות) לאחר הגזרה להשמיד את הבנים, כאמור: **"כל הבן הילוד היאורה תשליכוהו וכל הבת תחיון"** (שמות א, כב). **"ואת לחצנו"** – זה הדחק, הלחץ וההכבדה המתמדת שאינה נפסקת כלל, לדחוק את ישראל מכל צד ומכל בחינה; וכאמור, **"וגם ראיתי את הלחץ אשר מצרים לוחצים אותם"** (שמות ג, ט), שהוא מעל ומעבר לעצם העבודה, הייסורים והעונשים.

וממשיך בדרשת וידוי הביכורים: **"ויוציאנו ה' ממצרים ביד חזקה ובזרוע נטויה ובמורא גדול ובאותות ובמופתים"** (דברים כו, ח). והוא דורשו: **"ויוציאנו ה' ממצרים"** – ההדגשה היא לא בהוצאה ממצרים, אלא בכך שה' עצמו הוא שהוציא את ישראל משם, **"לא על ידי מלאך"** ממלאכי השמים **"ולא על ידי שרף"**, שהוא מן המלאכים העליונים (ראה ישעיהו ו, ב, ועוד), **"ולא על ידי שליח"** בשר ודם או אחר; שכל שלוחיו של ה' לפרעה ולאנשיו היו פעילים במכות הקודמות, אבל בעצם הוצאת ישראל ממצרים עסק **הקדוש**

אך אחר כך, כשפרו ורבו כל כך, הוצרכו לחיות בדוחק עצום באותו שטח עצמו (רבנו חננאל).

לא על ידי מלאך כי בכתוב עצמו נאמר "וישלח מלאך ויוציאנו ממצרים" (במדבר כ, טז), וכן נזכר מלאך ה' ההולך לפני מחנה ישראל בצאתם ממצרים (שמות יד, יט). על כן הוצרך לומר כי המעשה העיקרי של מכות מצרים, מכת בכורות, לא עשה אותו הקב"ה על ידי מלאך או שליח, אלא הוא בעצמו, כפי שמובא בפסוק המדגיש כמה פעמים את לשון היחיד של מאמר ה' ("ועברתי... והכיתי... אעשה... אני ה'").

שֶׁנֶּאֱמַר

וְעָבַרְתִּי בְאֶרֶץ־מִצְרַיִם בַּלַּיְלָה הַזֶּה שמות יב
וְהִכֵּיתִי כָל־בְּכוֹר בְּאֶרֶץ מִצְרַיִם, מֵאָדָם וְעַד־בְּהֵמָה
וּבְכָל־אֱלֹהֵי מִצְרַיִם אֶעֱשֶׂה שְׁפָטִים
אֲנִי יהוה:

וְעָבַרְתִּי בְאֶרֶץ־מִצְרַיִם — אֲנִי וְלֹא מַלְאָךְ
וְהִכֵּיתִי כָל־בְּכוֹר — אֲנִי וְלֹא שָׂרָף
וּבְכָל־אֱלֹהֵי מִצְרַיִם אֶעֱשֶׂה שְׁפָטִים — אֲנִי וְלֹא הַשָּׁלִיחַ
אֲנִי יהוה — אֲנִי הוּא וְלֹא אַחֵר

ביאור

ברוך הוא בכבודו ובעצמו. וראיה לכך מלשון הכתוב **"ועברתי בארץ מצרים... אני ה'"** (שמות יב, יב). וכדי להבליט את הנקודה הזאת חוזרים ודורשים אף את הפסוק הזה, שאינו חלק מווידוי הביכורים, כדי להוכיח שהחזרה המתמדת על כינוי הגוף בו אינה מקרית אלא מכוונת. **"ועברתי בארץ מצרים בלילה הזה". "ועברתי..." – אני ולא מלאך, "והכיתי כל בכור בארץ מצרים" – "והכיתי" – אני ולא שרף, "ובכל אלהי מצרים אעשה שפטים אני ה'" – אני הוא ולא אחר,** אף כי במקרים אחרים מוצאים אנו שיש שליח של ה' לעשות דברים בעולם הזה.

מלאך, שרף, שליח מלאך האלקים נזכר במפורש בכתוב, יציאת מצרים, ועמוד האש הרי הוא מרמז לשרף – מלאך הבוער באש, ושליח מרמז כפי הנראה לשליח הידוע, הוא משה בעצמו (רי"ד). וזה אחד הטעמים לכך שאין משה רבנו נזכר למעשה (אלא פעם אחת, ובדרך אגב) בכל ההגדה – לפי שכל השבח והתהילה צריכים להיות מכוונים לגואל האמיתי הוא ה' בעצמו.

אני ולא מלאך ההדגשה כי מכת בכורות נעשתה בידי ה', ולא על-ידי שליח, מוסברת בגלל המורכבות הפנימית שיש במכה זו. כי שאר המכות הריהן בעיקר כמפגעי טבע, שלמרות הייחוד והזרות שבהם הם מוגבלים לשינוי במערך מסוים של הטבע (מים, או עפר) ובשינוי אחר (ריבוי, גידול, כניסה למקום בלתי רגיל). ואולם מכת בכורות אינה רק מגיפת מוות, אלא מגיפה שיש בה הבחנה שהיא לגמרי מעל לכל מערך של טבע: בין בכור למי שאינו בכור. ובאמת חכמים הדגישו נקודה זו של יכולת ה' וידיעתו כדי להסביר את הזכרת יציאת מצרים במצוות שונות שאינן שייכות לכך לכאורה: "אמר הקב"ה: אני הוא שהבחנתי במצרים בין טיפה של בכור לטיפה שאינה של בכור, אני הוא שעתיד להיפרע" (בבא מציעא סא, ב). ההבחנה הזו בין הבכורים ושאר המצרים אכן משמשת בתורה כהסבר למצוות קידוש הבכורים בישראל ובבהמות (שמות פרק יב).

בְּיָד חֲזָקָה

זוֹ הַדֶּבֶר
כְּמָה שֶׁנֶּאֱמַר
שמות ט הִנֵּה יַד־יהוה הוֹיָה בְּמִקְנְךָ אֲשֶׁר בַּשָּׂדֶה
בַּסּוּסִים בַּחֲמֹרִים בַּגְּמַלִּים, בַּבָּקָר וּבַצֹּאן, דֶּבֶר כָּבֵד מְאֹד:

וּבִזְרֹעַ נְטוּיָה

זוֹ הַחֶרֶב
כְּמָה שֶׁנֶּאֱמַר
דברי הימים א׳ כא וְחַרְבּוֹ שְׁלוּפָה בְּיָדוֹ, נְטוּיָה עַל־יְרוּשָׁלָיִם:

וּבְמֹרָא גָּדֹל

זֶה גִּלּוּי שְׁכִינָה
כְּמָה שֶׁנֶּאֱמַר
דברים ד אוֹ הֲנִסָּה אֱלֹהִים לָבוֹא לָקַחַת לוֹ גוֹי מִקֶּרֶב גּוֹי
בְּמַסֹּת בְּאֹתֹת וּבְמוֹפְתִים וּבְמִלְחָמָה
וּבְיָד חֲזָקָה, וּבִזְרוֹעַ נְטוּיָה, וּבְמוֹרָאִים גְּדֹלִים
כְּכֹל אֲשֶׁר־עָשָׂה לָכֶם יהוה אֱלֹהֵיכֶם בְּמִצְרַיִם לְעֵינֶיךָ:

ביאור

ובהמשך הדרשה: "**ביד חזקה**" הרי זה רמז למכה מסוימת, **זו הדבר**. וראיה שכן הוא, שנאמר במכה זו "**הנה יד ה' הויה** (תהיה) **במקנך... דבר כבד מאד**" (שמות ט, ג), הרי שמכת דבר היא הקרויה "**יד ה'**". "**ובזרוע נטויה**" – **זו החרב** של מכת בכורות, ורמז לכך ש"נטוי" משמעו בחרב הוא מן האמור בכתוב "**וחרבו שלופה בידו נטויה על ירושלים**" (דברי הימים א כא, טז). "**ובמורא גדול**" – **זה גילוי שכינה**, ש"מורא גדול" זה מתפרש

בזרוע נטויה מדרש זה, הנראה לכאורה רחוק, הוא למעשה פשוט ביותר. שהרי זרוע נטויה היא זרוע פשוטה ומורמת, ובזרוע כזו לכאורה אין מכים כלל (אלא לכל היותר מאיימים).

ואולם יש אופן שבו הזרוע הנטויה היא חלק מן התהליך של המכה: כאשר היד מחזיקה בחרב שלופה; שאז, לצורך תנופת החרב, חייבת להיות "זרוע נטויה". ומשום כך מוסבר כאן בפשטות

וּבְאֹתוֹת

זֶה הַמַּטֶּה
כְּמָה שֶׁנֶּאֱמַר
וְאֶת־הַמַּטֶּה הַזֶּה תִּקַּח בְּיָדֶךָ שמות ד
אֲשֶׁר תַּעֲשֶׂה־בּוֹ אֶת־הָאֹתֹת:

וּבְמֹפְתִים

זֶה הַדָּם
כְּמָה שֶׁנֶּאֱמַר
וְנָתַתִּי מוֹפְתִים בַּשָּׁמַיִם וּבָאָרֶץ יואל ג

ביאור

כמו "מראה גדול" – התגלות שיש עמה הרגשת האימה הגדולה (ראה בראשית טו, יב), וכעין זה נאמר גם בפסוק אחר: **"או הנסה אלהים לבוא לקחת לו גוי... ובמוראים גדולים ככל אשר עשה לכם ה' אלהיכם במצרים לעיניך"** (דברים ד, לד). שלאחר שמפרט את הנסים והאותות, מזכיר גם את "המוראים הגדולים" היראה והמראה של גילוי שכינה. **"ובאותות"** – זה המטה שהיה ביד משה, כמה שנאמר **"ואת המטה הזה תקח בידך אשר תעשה בו את האותות"** (שמות ו, יד). שלא זו בלבד שמשה השתמש במטה במצרים, ולאחר מכן, כדי לעשות בו אותות מכל המינים, אף המטה עצמו היה אות – שהרי הוא המטה שנהפך להיות לתנין לפני פרעה. **"ובמופתים"** – זה הדם ששימש מופת ראשון ביציאת מצרים, וכאמור **"ונתתי מופתים בשמים ובארץ דם ואש ותמרות עשן"** (יואל ג, ג) הרי שהדם משמש "מופת" לדורות.

ש"זרוע נטויה" היא זרוע פשוטה, אשר היד מחזיקה בידה כלי נשק.

מורא גדול גילוי שכינה, גם כאשר אינו מגיע בשלמות לתודעתו של אדם, גורם מכל מקום להרגשה של אימה, וכאמור בספר רזיאל המלאך. וכן נאמר גם במעמד הר סיני: "ויאמרו אל משה, דבר אתה עמנו ונשמעה, ואל ידבר עמנו אלהים פן נמות" (שמות כ, יז).

זה גילוי שכינה וכפי שמובא בהמשך ההגדה – "גילוי שכינה" של הקב"ה ביציאת מצרים הוא אחד האלמנטים החשובים בזיכרון היום, שיש בו לא רק זיכרון מכות מצרים אלא גם הכרת התגלות האלהים (אמנם כשהיא סתומה ורק "מורא גדול") לעם ישראל כולו.

כשמגיעים לכאן מטפטפים שלוש טיפות יין מתוך הכוס, טיפה אחת על כל אחד מן הדברים. ויש נוהגים להטיף את הטיפות באצבע קמיצה. ורבים נוהגים על פי קבלה שאין נוגעים כלל ביד ביין אלא שופכים מעט מן הכוס על כל מכה ומכה, ואת היין הזה מדקדקים לשפוך לתוך כלי מיוחד (כלי שבור, ואם אפשר דווקא כלי שבור במקצת) ולאחר שמסיימים את שפיכת היין (או טפטופו) מסלקים את הכלי שלתוכו נשפך היין, ושופכים את היין לחוץ.

דָּם וָאֵשׁ וְתִימְרוֹת עָשָׁן:

דָּבָר אַחֵר	בְּיָד חֲזָקָה	שְׁתַּיִם
	וּבִזְרֹעַ נְטוּיָה	שְׁתַּיִם
	וּבְמֹרָא גָּדֹל	שְׁתַּיִם
	וּבְאֹתוֹת	שְׁתַּיִם
	וּבְמֹפְתִים	שְׁתַּיִם

אֵלּוּ עֶשֶׂר מַכּוֹת

שֶׁהֵבִיא הַקָּדוֹשׁ בָּרוּךְ הוּא עַל הַמִּצְרִים בְּמִצְרַיִם וְאֵלּוּ הֵן

ביאור

עשר המכות מכאן ואילך בא מדרש על מכות מצרים, למן מקורותיהן ומניינן עד להרחבת מספרן בדרך המדרש. שפיכת מקצת היין בשעת הזכרת המכות היא מעשה סמלי. מתוך כוס היין של הגאולה נפרדת מידה מסוימת של "יין התרעלה" (והשווה לאמור בספר ישעיהו נא יז, כב), שהוא ביטוי לכוח ההרס והאובדן, והוא שמצא לו ביטוי בכל מכה ומכה.

דבר אחר לאחר שדרש פסוק זה לעניין חמישה דברים שונים שדיבר בהם קודם הוא חוזר ודורשם הפעם רק לעניין מספר המכות, להסביר שכל אחד מן הביטויים הללו יש לו שם תואר סמוך לו, ובא לרמז על מכה מיוחדת. ואם כן "**ביד חזקה**" – **שתיים**, "**ובזרוע נטויה**" – לפי אותו עקרון – **שתיים**, "**ובמורא גדול**" – **שתיים**, "**ובאותות**" **שתיים** שהרי זה לשון רבים, ומיעוט רבים שתיים, וכן "**ובמופתים**" – **שתיים**, הרי עשר. **אלו עשר מכות שהביא הקב"ה על המצרים במצרים, ואלו הן** כפי הסדר הכתוב בתורה,

ביד חזקה שתיים שכן היה יכול לומר גם בלשון אחרת: ביד ובזרוע ובמורא ובאות ובמופת, וכיוון שהכפיל או אמרן בלשון רבים בא לרמז שכל ביטוי כזה הוא כנגד שתי מכות (רשב"ם ועוד). ואם כן למד מפסוק אחד רמז לכל עשר המכות (מחזור ויטרי). את המשמעות הפנימית של כפילות זו היה מי שפירש כי בכל מכה נתגלה כוח ה' בשתי מידות: במידת הדין

דָּם צְפַרְדֵּעַ כִּנִּים
עָרוֹב דֶּבֶר שְׁחִין
בָּרָד אַרְבֶּה חֹשֶׁךְ
מַכַּת בְּכוֹרוֹת.

רַבִּי יְהוּדָה הָיָה נוֹתֵן בָּהֶם סִימָנִים
דְּצַ"ךְ עֲדַ"שׁ בְּאַחַ"ב

ולאחר שגמר הטפת היין מן הכוס חוזרים וממלאים את הכוס כבתחילה, וממשיכים בסדר ההגדה.

ביאור

ואלה השמות שנקבעו למכות אלה: **דם, צפרדע, כנים, ערוב, דבר, שחין, ברד, ארבה, חושך, מכת בכורות. ר' יהודה היה נותן בהם סימנים**, כדי לזכור את סדר המכות על ידי צירוף המכות ליחידות בנות שלוש שלוש, כאשר יש כביכול כעין משמעות בכל מלה, כך שהסימן אכן מועיל לזיכרון: **דצ"ך** (דץ, שמשמעו: נעץ), **עד"ש** (מלשון עדשה), **באח"ב** (אולי מזכיר את שמו של אחאב).

ובמידת הרחמים, שכן כנגד כל מכה ומכה שהיכה את המצרים נתגלו גם רחמיו במה שהגן על ישראל שהם לא ילקו במכה זו (ריטב"א).

הטפת טיפות היין בסך הכל מטיפים שש עשרה טיפות יין מן הכוס בשעת הזכרת המכות, וכבר הזכירו מנהג זה בשם בעל ה"רוקח", ומובא במהרי"ל ועוד. ואמרו כי שש עשרה פעמים אלה הן כנגד שש עשרה פנים של כל חיות המרכבה, וכנגד שישה עשר צדדים שיש לחרבו של הקב"ה, וכתבו כי "חרבו של הקב"ה הוא מלאך הנקרא בשם יוה"ך, ומרמז בשמו: שש עשרה הך (מט"מ ושועה"ר). ומצד שני יש כנגדם שש עשרה פעמים חיים במזמור קי"ט, וסימנו "עץ חיים הי"א".

שפיכת היין או הזייתו בכמה מנהגים היו מטפטפים מן היין באצבע (כנגד אצבע אלהים). ולדעת האר"י שופכים מן הכוס דווקא ולא באצבע, שהכוס היא סוד המלכות, ושופך ממנה טיפות שהן סוד האף והזעם הטמון בה, ושופך משם לתוך כלי שבור (שהוא רמז לקליפה הנקראת ארור) ואחר כך ממלאים מה שחסר באותה כוס עצמה, לפי שעל ידי הטפת היין ממנה הפך להיות מיין המשכר ל"יין המשמח", והוא סוד הגבורה בתיקונה.

דצ"ך עד"ש באח"ב כבר תהו הראשונים בדבר טיבו של סימן זה של ר' יהודה: וכי אין כל אדם יודע לקחת אות ראשונה מכל מכה ולעשות מהן ראשי תיבות? וניתנו הסברים רבים מאוד על דרך הפשט, הרמז והסוד להסביר את הדברים. היה מי שהסביר כי בספר תהלים (פרק קה, המספר על יציאת מצרים ונסיה) מסודרות המכות לפי סדר אחר, ולפיכך רצה ר' יהודה לתת סימן לזכור כי סדר זה הוא

רַבִּי יוֹסֵי הַגְּלִילִי אוֹמֵר

מִנַּיִן אַתָּה אוֹמֵר
שֶׁלָּקוּ הַמִּצְרִים בְּמִצְרַיִם עֶשֶׂר מַכּוֹת
וְעַל הַיָּם לָקוּ חֲמִשִּׁים מַכּוֹת

בְּמִצְרַיִם
מַה הוּא אוֹמֵר
וַיֹּאמְרוּ הַחַרְטֻמִּם אֶל־פַּרְעֹה אֶצְבַּע אֱלֹהִים הִוא: שמות ח

ביאור

ואחרי דיון במגוון המכות וסדרן בא קטע מדרשי נוסף בדבר המכות השונות שהוכו המצרים. וכיוון שסיפור יציאת מצרים נועד להוסיף ולהפליג בגודל הנס והמאורע, דורשים חכמים שונים ומוכיחים מן הכתובים כי המכות היו אפילו חמורות וקשות יותר מהמסופר בתורה. **ר׳ יוסי הגלילי אומר, מנין אתה אומר שלקו המצרים במצרים עשר מכות כמפורש ועל הים לקו חמישים מכות,** שרבות מהן לא נכתבו ולא תוארו במקומן בתורה, הרי אפשר להוכיח זאת מן התגובה למכות השונות: **במצרים מה הוא**

שהיה בשעתו במצרים (רש״י, רשב״ם ועוד רבים). ויש שהסבירו, על פי מדרש אגדה (שוחר טוב) שעל מטהו של משה היו חקוקים ראשי תיבות אלה, ולפיהם נהג משה בסדר המכות (האורה, ריטב״א). והיו אחרים שפירשו כי על ידי חלוקת המכות ליחידות אלה רצה רבי יהודה ללמדנו כמה דברים בסדר המכות: שתי מכות ראשונות בכל שלישיה כזו היו על ידי התראה תחלה לפרעה, ואילו מכה שלישית בלא התראה (האורה, הגהות מיימוני ועוד). או שדצ״ך באו על ידי אהרן במטה, עד״ש - על ידי משה ובלא מטה, ובא״ח - על ידי משה במטה (ראב״ן ועוד). או שדצ״ך באו להוכיח למצרים את מציאות ה׳, עד״ש באו להוכיח להם את השגחתו בעולם, שמבחין בין רעים לטובים, ובאח״ב - את יכולתו הבלתי מוגבלת (ריטב״א). והיה שפירש ברמז זה: דצ״ך=שמחתך (מלשון דיצה) תהיה עד״ש - בשתיקה (כמו אדש=שתק בארמית), עד בוא הגאולה השלמה, ובאח״ב - ובינתיים קבל הכל באהבה (בחילוף המצוי של ח-ה) (ריעב״ץ ותוי״ט). ובסידור האר״י לר׳ שבתי כתב שגימטרייה של סימנים אלה היא חמש מאות ואחת, כמניין ״אשר״, וכנגד מה שאמר פרעה ״מי ה׳ אשר אשמע בקולו״. ויש שפירש שגימטרייה זו היא כנגד צירוף כל מנייני המכות של ר׳ יוסי הגלילי, ר׳ אליעזר ור׳ עקיבא (רי״ד ועוד). ועוד פירושים ורמזים רבים.

ריבוי מספר המכות בשם הגר״א ביארו: משום מה השתדלו חכמים כל כך להרבות במספר מכות מצרים? שכן הכתוב אומר ״כל המחלה אשר שמתי במצרים לא אשים עליך״ (שמות טו, כו), ואם כן, ככל שמרבים במספר מכות מצרים ממילא ממעטים את המחלות שיכולות לבוא על ישראל.

וְעַל הַיָּם
מַה הוּא אוֹמֵר
וַיַּרְא יִשְׂרָאֵל אֶת־הַיָּד הַגְּדֹלָה (שמות יד)
אֲשֶׁר עָשָׂה יהוה בְּמִצְרַיִם
וַיִּירְאוּ הָעָם אֶת־יהוה
וַיַּאֲמִינוּ בַּיהוה וּבְמֹשֶׁה עַבְדּוֹ:

כַּמָּה לָקוּ בְּאֶצְבַּע
עֶשֶׂר מַכּוֹת.
אֱמֹר מֵעַתָּה

בְּמִצְרַיִם לָקוּ עֶשֶׂר מַכּוֹת
וְעַל הַיָּם לָקוּ חֲמִשִּׁים מַכּוֹת.

רַבִּי אֱלִיעֶזֶר אוֹמֵר מִנַּיִן שֶׁכָּל מַכָּה וּמַכָּה
שֶׁהֵבִיא הַקָּדוֹשׁ בָּרוּךְ הוּא עַל הַמִּצְרִים בְּמִצְרַיִם
הָיְתָה שֶׁל אַרְבַּע מַכּוֹת
שֶׁנֶּאֱמַר: יְשַׁלַּח־בָּם חֲרוֹן אַפּוֹ (תהלים עח)
עֶבְרָה וָזַעַם וְצָרָה, מִשְׁלַחַת מַלְאֲכֵי רָעִים:

ביאור

אומר "ויאמרו החרטומים אל פרעה אצבע אלהים היא" (שמות ח, טו), שאכן הודו שיש במכות אלה התגלות כוחו של ה' בבחינת "אצבע אלהים", **ועל הים מה הוא אומר "וירא ישראל את היד הגדולה אשר עשה ה' במצרים וייראו העם את ה' ויאמינו בה' ובמשה עברו"** (שמות יד, כא), ומעתה אם נשווה את ההתרשמות מן המכות השונות הרי עלינו לומר: **כמה לקו באצבע – עשר מכות**, ואילו על הים ראו בעליל "את היד הגדולה" שיש בה חמש אצבעות, **אמור מעתה: במצרים לקו עשר מכות... ועל הים לקו חמישים מכות**. מדרש אחר על המכות, המבוסס על אותו רעיון יסודי ובהוספה מרובה, דורש ר' אליעזר: **מנין שכל מכה ומכה שהביא הקב"ה על המצרים במצרים הייתה של ארבע מכות** – שכל אחת מן המכות הייתה מורכבת מחלקים אחדים – **שנאמר** בפרק תהלים המתאר את מכות מצרים וגאולת ישראל: **"ישלח בם חרון אפו עברה וזעם וצרה משלחת מלאכי רעים"** (תהלים עח, מט), וכיצד הגיע למצרים חרון אפו של ה' בכל

עֶבְרָה אַחַת
וָזַעַם שְׁתַּיִם
וְצָרָה שָׁלוֹשׁ
מִשְׁלַחַת מַלְאֲכֵי רָעִים אַרְבַּע
אֱמֹר מֵעַתָּה
בְּמִצְרַיִם לָקוּ אַרְבָּעִים מַכּוֹת
וְעַל הַיָּם לָקוּ מָאתַיִם מַכּוֹת.

רַבִּי עֲקִיבָא אוֹמֵר מִנַּיִן שֶׁכָּל מַכָּה וּמַכָּה
שֶׁהֵבִיא הַקָּדוֹשׁ בָּרוּךְ הוּא עַל הַמִּצְרִים בְּמִצְרַיִם
הָיְתָה שֶׁל חָמֵשׁ מַכּוֹת
תהלים עח שֶׁנֶּאֱמַר: יְשַׁלַּח־בָּם
חֲרוֹן אַפּוֹ, עֶבְרָה וָזַעַם וְצָרָה, מִשְׁלַחַת מַלְאֲכֵי רָעִים:
חֲרוֹן אַפּוֹ אַחַת
עֶבְרָה שְׁתַּיִם
וָזַעַם שָׁלוֹשׁ
וְצָרָה אַרְבַּע
מִשְׁלַחַת מַלְאֲכֵי רָעִים חָמֵשׁ
אֱמֹר מֵעַתָּה
בְּמִצְרַיִם לָקוּ חֲמִשִּׁים מַכּוֹת
וְעַל הַיָּם לָקוּ חֲמִשִּׁים וּמָאתַיִם מַכּוֹת.

ביאור

מכה ומכה? – "עברה" – **אחת**, "וזעם" – **שתיים**, "וצרה" **שלש**, "**משלחת מלאכי רעים**", מלאכי פורענות המוסיפים ומזיקים עוד – הרי **ארבע**, **אמור מעתה במצרים לקו** בסך הכל **ארבעים** (ארבע פעמים עשר) מכות, **ועל הים לקו מאתים מכות**, וגם זאת על פי מדרשו של ר' יוסי הגלילי שמכות הים יתירות פי חמישה על אלו של מצרים.

של ארבע מכות, חמש מכות מדרש תהלים מפרש כי לדעת ר' אליעזר מרומז הדבר בעובדה שיש לאצבע ארבעה צדדים, ועל כן כל מכה במצרים הייתה בת ארבע מכות. ואילו ר' עקיבא סבור כי יש לחשוב את ראש האצבע כצד חמישי, וממילא יש באצבע כנגד חמש מכות.

כַּמָּה מַעֲלוֹת טוֹבוֹת לַמָּקוֹם עָלֵינוּ

אִלּוּ הוֹצִיאָנוּ מִמִּצְרַיִם
וְלֹא עָשָׂה בָהֶם שְׁפָטִים — דַּיֵּנוּ

אִלּוּ עָשָׂה בָהֶם שְׁפָטִים
וְלֹא עָשָׂה בֵאלֹהֵיהֶם — דַּיֵּנוּ

אִלּוּ עָשָׂה בֵאלֹהֵיהֶם
וְלֹא הָרַג אֶת בְּכוֹרֵיהֶם — דַּיֵּנוּ

ביאור

ר׳ עקיבא מוסיף בדרשה אף על דברי רבו ר׳ אליעזר, ולדעתו אפשר לומר כי הפסוק בתהלים אינו מחשיב ״חרון אפו״ כביטוי כללי, אלא כדבר לעצמו, ולכן מונה בכל מכה חמישה סוגים: **חרון אפו – אחת, עברה – שתיים... אמור מעתה: במצרים לקו חמישים מכות ועל הים לקו חמישים ומאתיים מכות.**

שבחי הגאולה לאתר שמנה בהגדה צד אחד של פלאי יציאת מצרים – במכות שהוכו המצרים – באה כנגדם רשימה של צדדים של שבח ונס שהיו ביציאת מצרים, שעל כל אחד מהם עלינו להודות ולהלל. והרשימה נעשית כרשימה של מדרגות (מעלות) הנמצאות זו מעל לזו, שבכל אחת מהן יש צד של תודה ושבח, המצטרפים יחד לתהילה שלמה. **כמה מעלות טובות** וסיבות להכרת טובה **למקום** מוטלות **עלינו**, ומעתה נמנה אותן כפי סדר יציאת מצרים. **אילו הוציאנו ממצרים** וגאלנו משם בלא מכות מצרים, **ולא עשה בהם** במצרים שפטים כעונש על חטאיהם כלפינו – **דיינו** בכך כדי להודות על הגאולה. **אילו עשה בהם שפטים**, כפי שאכן היכם במכות מצרים, ונקם נקמתו בהם **ולא עשה באלהיהם** – שלא היו אלילי המצרים השונים נהרסים בשעת המכות – **דיינו**; **אילו עשה באלהיהם**, כאמור: ״ובכל אלהי מצרים אעשה שפטים״ (שמות יב, יב), שהראה למצרים את ביטול אמונתם, **ולא הרג את בכוריהם** באותו לילה – **דיינו**; **אילו הרג את בכוריהם**,

כמה מעלות טובות היו שהסבירו כי לאחר שמנו חכמים שונים והפליגו במספר מכות מצרים יש מקום, מצד אחר, לספר ולפרט את חסדי ה׳ לנו, אף הם לכל פרטיהם (שיבולי הלקט). ולשון ״מעלות טובות״ הסבירו כי כיוון שמונה בסך הכל חמש עשרה מעלות, הרי מספר זה מכוון כנגד חמש עשרה מעלות (מדרגות) שהיו במקדש בין עזרת נשים לעזרת ישראל, שעליהן עמדו הלוויים ושיבחו בשיר, וכנגד חמישה עשר שירי המעלות שבספר תהלים (ריטב״א ועוד).

ועשה באלהיהם שעל ידי עשיית שפטים באלוהיהם הראה שבאו עליהם מכות אלה מיד הבורא, ולא יתלו זאת בכך שאלוהיהם הם שגרמו להם (אורחות חיים ועוד).

אִלּוּ הָרַג אֶת בְּכוֹרֵיהֶם
וְלֹא נָתַן לָנוּ אֶת מָמוֹנָם דַּיֵּנוּ

אִלּוּ נָתַן לָנוּ אֶת מָמוֹנָם
וְלֹא קָרַע לָנוּ אֶת הַיָּם דַּיֵּנוּ

אִלּוּ קָרַע לָנוּ אֶת הַיָּם
וְלֹא הֶעֱבִירָנוּ בְתוֹכוֹ בֶּחָרָבָה דַּיֵּנוּ

אִלּוּ הֶעֱבִירָנוּ בְתוֹכוֹ בֶּחָרָבָה
וְלֹא שִׁקַּע צָרֵינוּ בְּתוֹכוֹ דַּיֵּנוּ

אִלּוּ שִׁקַּע צָרֵינוּ בְּתוֹכוֹ
וְלֹא סִפֵּק צָרְכֵּנוּ בַּמִּדְבָּר אַרְבָּעִים שָׁנָה דַּיֵּנוּ

אִלּוּ סִפֵּק צָרְכֵּנוּ בַּמִּדְבָּר אַרְבָּעִים שָׁנָה
וְלֹא הֶאֱכִילָנוּ אֶת הַמָּן דַּיֵּנוּ

ביאור

שבכך הראה ה׳ לא רק את גודל זרועו החזקה אלא אף את עניין ההבחנה המופלאה בין אנשים מסוגים שונים, **ולא נתן לנו את ממונם** (כספם) של המצרים – **דיינו; אילו נתן לנו את ממונם ולא קרע לנו את הים**, אלא היה מוציא אותנו ממצרים בדרך אחרת – **דיינו; אילו העבירנו בתוכו בחרבה ולא שיקע צרינו בתוכו**, אלא היה מבריחם מלרדפנו בדרך אחרת – **דיינו; אילו שיקע צרינו בתוכו ולא סיפק צרכנו במדבר ארבעים שנה**, והיינו צריכים אני עצמנו לדאוג למזונותינו במשך שנות הנדודים – **דיינו; אילו סיפק צרכנו במדבר ולא האכילנו את המן**, שהוא מאכל של פלא ונס, שיש בו כמה וכמה צדדים מופלאים והוא מראה את הקשר האבהי והישיר של ה׳ אל ישראל – **דיינו; אילו**

ושיקע צרינו בתוכו המעלה המיוחדת שבדבר היא שהיה בכך משום עונש מידה כנגד מידה על שהשליכו המצרים את ילדי ישראל למים (מחזור ויטרי). וכן אמר יתרו למשה, כאשר שמע על נסי יציאת מצרים: ״כי בדבר אשר זדו – עליהם״ (שמות יח, יא), וכדברי רש״י: במים דימו לאבדם, והם נאבדו במים.

אִלּוּ הֶאֱכִילָנוּ אֶת הַמָּן
וְלֹא נָתַן לָנוּ אֶת הַשַּׁבָּת דַּיֵּנוּ

אִלּוּ נָתַן לָנוּ אֶת הַשַּׁבָּת
וְלֹא קֵרְבָנוּ לִפְנֵי הַר סִינַי דַּיֵּנוּ

אִלּוּ קֵרְבָנוּ לִפְנֵי הַר סִינַי
וְלֹא נָתַן לָנוּ אֶת הַתּוֹרָה דַּיֵּנוּ

אִלּוּ נָתַן לָנוּ אֶת הַתּוֹרָה
וְלֹא הִכְנִיסָנוּ לְאֶרֶץ יִשְׂרָאֵל דַּיֵּנוּ

אִלּוּ הִכְנִיסָנוּ לְאֶרֶץ יִשְׂרָאֵל
וְלֹא בָנָה לָנוּ אֶת בֵּית הַבְּחִירָה דַּיֵּנוּ

ביאור

האכילנו את המן ולא נתן לנו את השבת, שכן מצוות השבת נאמרה עוד לפני מתן תורה (שמות טז, כג־ל), בקשר לאכילת המן – **דיינו; אילו נתן לנו את השבת**, שהיא מצווה מיוחדת וחביבה ביותר, **ולא קירבנו לפני הר סיני** לקבל את התורה כולה – **דיינו; אילו קירבנו לפני הר סיני**, וזיכה אותנו כמעמד העליון של חוויית הפגישה של כל העם, כקטן כגדול, עם המהות האלוהית, עם ראיית ה׳ פנים אל פנים, **ולא נתן לנו את התורה** כולה במעמד זה – **דיינו; אילו נתן לנו את התורה ולא הכניסנו לארץ ישראל**, שבה יוכל עם ישראל לבטא את מהותו בשלמות כעם החי בארצו, הרי גם ללא ארץ – **דיינו; אילו הכניסנו לארץ ישראל ולא בנה לנו את בית הבחירה**, הוא בית המקדש, שנבנה "במקום אשר יבחר ה׳" – דיינו; שהרי אף כך אנו מלאים תודה לה׳ שהביאנו עד לכל אלה. **על אחת כמה וכמה טובה כפולה ומכופלת**, שהרי היא כוללת כל אותן מעלות טובות שמנינו. ...**ובנה לנו את בית הבחירה לכפר על כל עוונותינו**, כך שאנו יכולים להמשיך ולחיות את חיינו בארץ ישראל, שגם אם אנו חוטאים ופוגמים – ניתנה לנו דרך של מחילה וכפרה.

והאכילנו את המן ונוסף על המעלות הטובות שנאמרו בתורה במפורש בשבחו של המן (שמות טז, לא; במדבר יא, ז, ט), דרשו חכמים עוד שהיה טעמו משתנה לכל טעמים שבעולם. ועוד דרשו בו שהוא מעין מזון של מעלה, כאמור: "וימטר עליהם מן לאכול ודגן שמים נתן למו, לחם אבירים אכל איש" (תהלים עח כד־כה), לפי שלא הייתה בו פסולת כלל.

עַל אַחַת
כַּמָּה וְכַמָּה
טוֹבָה כְּפוּלָה וּמְכֻפֶּלֶת
לַמָּקוֹם עָלֵינוּ

שֶׁהוֹצִיאָנוּ מִמִּצְרַיִם
וְעָשָׂה בָהֶם שְׁפָטִים
וְעָשָׂה בֵאלֹהֵיהֶם
וְהָרַג בְּכוֹרֵיהֶם
וְנָתַן לָנוּ אֶת מָמוֹנָם
וְקָרַע לָנוּ אֶת הַיָּם
וְהֶעֱבִירָנוּ בְתוֹכוֹ בֶּחָרָבָה
וְשִׁקַּע צָרֵינוּ בְּתוֹכוֹ
וְסִפֵּק צָרְכֵּנוּ בַּמִּדְבָּר אַרְבָּעִים שָׁנָה
וְהֶאֱכִילָנוּ אֶת הַמָּן
וְנָתַן לָנוּ אֶת הַשַּׁבָּת
וְקֵרְבָנוּ לִפְנֵי הַר סִינַי
וְנָתַן לָנוּ אֶת הַתּוֹרָה
וְהִכְנִיסָנוּ לְאֶרֶץ יִשְׂרָאֵל
וּבָנָה לָנוּ אֶת בֵּית הַבְּחִירָה
לְכַפֵּר עַל כָּל עֲוֹנוֹתֵינוּ.

לכפר על כל עוונותינו היה שפירש, בדרך הדרוש, שריבוי כל הנסים הללו יש בו (כפי שנאמרו דברים כגון אלה במדרש) להיות לנו לכפרה: לפי שהקב"ה הרבה כל כך נסים ונפלאות עמנו, כך יקשר את שמו ותהילתו עמנו, ולכן לא יעזבנו עוד לעולם; ולמען שמו יעשה, שאף שנהיה נדונים בייסורים, מכל מקום בחירתו אותנו לא תסתלק לעולם (ראה יריעות שלמה).

רַבָּן גַּמְלִיאֵל הָיָה אוֹמֵר
כָּל שֶׁלֹּא אָמַר שְׁלוֹשָׁה דְּבָרִים אֵלּוּ בַּפֶּסַח
לֹא יָצָא יְדֵי חוֹבָתוֹ, וְאֵלּוּ הֵן

פֶּסַח מַצָּה וּמָרוֹר

פֶּסַח

שֶׁהָיוּ אֲבוֹתֵינוּ אוֹכְלִים בִּזְמַן שֶׁבֵּית הַמִּקְדָּשׁ הָיָה קַיָּם
עַל שׁוּם מָה
עַל שׁוּם שֶׁפָּסַח הַקָּדוֹשׁ בָּרוּךְ הוּא
עַל בָּתֵּי אֲבוֹתֵינוּ בְּמִצְרַיִם

ביאור

פסח מצה ומרור קטע זה הוא עוד דרך של תשובה על ה"קושיות" הראשונות ועל שאלות הבנים על משמעותם של הדברים השונים שאוכלים בחג הפסח. **רבן גמליאל היה אומר** כלל הלכתי זה: **כל שלא אמר** והסביר טעמם של **שלושה דברים אלה בפסח לא יצא ידי חובתו** למסור לבניו את עיקרי ענייני החג; ולהפך: האומר ומסביר דברים אלה אמר, בעצם, את תמצית דברי ההגדה כולם, **ואלו הן: פסח** – קורבן הפסח, הבשר עצמו – **מצה ומרור**. ומפרטים את הדברים. והנה לעניין הפסח, בזמן שהיה המקדש קיים היו מרימים חתיכה מן הקורבן כדי להראות ולהסביר. נוסח הדברים הללו שונה לאחר החורבן. יתר על כן, כדי שלא להיכשל בעבירה של הקרבת קדשים בחוץ נזהרים מאוד בזמן הזה אף שלא להרים את התבשיל ("הזרוע") שנועד להיות כזיכרון לפסח, ורק אומרים:

פסח שהיו אבותינו אוכלים בזמן שבית המקדש קיים על שום מה – על שום שפסח (דילג) **הקב"ה על בתי אבותינו במצרים** בהכותו כל בכור בה, **שנאמר: "ואמרתם זבח פסח הוא לה' אשר פסח על בתי בני ישראל במצרים בנגפו את מצרים ואת בתינו הציל, ויקד העם וישתחוו"** (שמות יב, כז).

שלא אמר שלושה דברים שלא די לו לאדם שיקיים את מצוות הסדר באכילה ושתייה בלבד, אלא האמירה היא חלק מהותי של המצווה, שהרי מצאנו שהכתוב הקפיד ודיבר כמה פעמים על חובת ההגדה לבנינו בכל הדורות בסיפור יציאת מצרים (אבודרהם). והרי הכתוב מפרש לא רק את מצוות הגדת מצרים וסיפורה אלא אף: "ואמרתם זבח פסח הוא". אף מפרטי המצווה לומר על הקורבן שהוא זבח פסח, ולהסביר מה עניינו.

שֶׁנֶּאֱמַר
שמות יב וַאֲמַרְתֶּם זֶבַח־פֶּסַח הוּא לַיהוה
אֲשֶׁר פָּסַח עַל־בָּתֵּי בְנֵי־יִשְׂרָאֵל בְּמִצְרַיִם
בְּנָגְפּוֹ אֶת־מִצְרַיִם
וְאֶת־בָּתֵּינוּ הִצִּיל
וַיִּקֹּד הָעָם וַיִּשְׁתַּחֲווּ:

מגביה את המצות ואומר:

מַצָּה זוֹ

שֶׁאָנוּ אוֹכְלִים, עַל שׁוּם מָה
עַל שׁוּם שֶׁלֹּא הִסְפִּיק בְּצֵקָם שֶׁל אֲבוֹתֵינוּ לְהַחֲמִיץ
עַד שֶׁנִּגְלָה עֲלֵיהֶם מֶלֶךְ מַלְכֵי הַמְּלָכִים
הַקָּדוֹשׁ בָּרוּךְ הוּא, וּגְאָלָם

ביאור

מצה זו שאנו אוכלים על שום מה – לזכר הגאולה ממצרים, **על שום שלא הספיק בצקם של אבותינו להחמיץ עד שנגלה עליהם מלך מלכי המלכים הקב"ה וגאלם, שנאמר: "ויאפו את הבצק אשר הוציאו ממצרים עוגות מצות כי לא חמץ, כי גורשו ממצרים ולא יכלו להתמהמה וגם צדה לא עשו להם"** (שמות יב, לט).

אשר פסח הרבה ממפרשי המקרא מסבירים "פסח" כפי שרש"י מסביר: דילג. והוא מדמה פועל זה למלה "פוסח", הנראה בגלל מומו כמדלג. ואולם היו שהסבירו מלה זו במשמעות של חמל, ריחם.

מלך מלכי המלכים ביטוי זה הוא רמז לגודל גילוי שכינה שהיה שם, לפי ש"מלך" סתם כינוי לה' הוא במלכות, ומלך המלכים הוא באצילות ולמעלה, ואילו "מלך מלכי המלכים" כוונתו מלכות דא"ס, ומפני התגלות עליונה זו נאמר "מורא גדול".

מצה זו שאני אוכלים וכבר הקשו הראשונים: הלא המצווה לאכול את הפסח על מצות נאמרה לישראל עוד לפני שיצאו ממצרים, ומשמע שיש לה טעם אחר, וכיצד מוסבר בהגדה שטעמה משום שבצקם של ישראל לא הספיק להחמיץ? והיו שפירשו כי הקב"ה צפה מראש שכן יקרה להם, ולכן ציווה עליהם לאכול מצות (ר' יוסף קמחי), ורוב המפרשים הסבירו כי בעצם יש שתי מצוות במצה: מצווה אחת היא אכילת המצה עם קורבן הפסח, אבל מה שנצטווינו לאכול מצה כמצווה בפני עצמה הוא זכר לנסים שאירעו לאבותינו ביציאתם ממצרים (רי"ד ועוד רבים).

שֶׁנֶּאֱמַר
וַיֹּאפוּ אֶת־הַבָּצֵק אֲשֶׁר הוֹצִיאוּ מִמִּצְרַיִם שמות יב
עֻגֹת מַצּוֹת, כִּי לֹא חָמֵץ
כִּי־גֹרְשׁוּ מִמִּצְרַיִם, וְלֹא יָכְלוּ לְהִתְמַהְמֵהַּ
וְגַם־צֵדָה לֹא־עָשׂוּ לָהֶם:

מגביה את המרור ואומר:

מָרוֹר זֶה

שֶׁאָנוּ אוֹכְלִים עַל שׁוּם מָה
עַל שׁוּם שֶׁמֵּרְרוּ הַמִּצְרִים אֶת חַיֵּי אֲבוֹתֵינוּ בְּמִצְרַיִם
שֶׁנֶּאֱמַר
וַיְמָרְרוּ אֶת־חַיֵּיהֶם בַּעֲבֹדָה קָשָׁה שמות א
בְּחֹמֶר וּבִלְבֵנִים
וּבְכָל־עֲבֹדָה בַּשָּׂדֶה
אֵת כָּל־עֲבֹדָתָם אֲשֶׁר־עָבְדוּ בָהֶם בְּפָרֶךְ:

ביאור

מרור זה שאנו אוכלים על שום מה – על שום שמררו המצרים את חיי אבותינו במצרים, ואכילת מרור היא זיכרון לשעבוד, לסבלות ישראל במצרים, שנאמר **"וימררו את חייהם בעבודה קשה בחומר ובלבנים ובכל עבודה בשדה את כל עבודתם אשר עבדו בהם בפרך"** (שמות א, יד).

ונראה שיש בעניין מצה שני צדדים: צד זכר השעבוד וצד הגאולה. שמצה ראשונה שנצטוו עליה מקודם היא "לחם עוני", שדרכם של עבדים ועניים לאכול מצה, שאין להם פנאי ויכולת לאכול לחם כראוי. אבל יש גם מצוות מצה הבאה להזכיר את נסי הגאולה, ובבחינה זו מזכירים את הטעם של היציאה בחיפזון.

ועוד פירשו על דרך הרמז כי החמץ מורה על גאווה (שהרי הוא נפוח ועולה) והמצה מרמזת על ענווה ושפלות, לפי שנגלה עליהם מלך מלכי המלכים, ומפני כבוד ה' והדר גאונו אף הלחם לא יכול להחמיץ אלא נשאר בגדר מצה (וראה בליקוטי תורה לר' שניאור זלמן מליאדי).

וימררו את חייהם הרי"מ מגור היה מסביר כי "וימררו את חייהם" היא-היא תחילת הגאולה. כי לפני כן, כל עוד לא חשו את מרירות השעבוד, אף לא היו משתוקקים לגאולה. עצם ההכרה בכך שחייהם מרים ובלתי נסבלים היא הצעד הראשון, הפנימי, המביא לגאולה.

בְּכָל דּוֹר וָדוֹר

פסחים קטז: חַיָּב אָדָם לִרְאוֹת אֶת עַצְמוֹ כְּאִלּוּ הוּא יָצָא מִמִּצְרָיִם

שֶׁנֶּאֱמַר

שמות יג וְהִגַּדְתָּ לְבִנְךָ בַּיּוֹם הַהוּא

לֵאמֹר

בַּעֲבוּר זֶה עָשָׂה יהוה לִי בְּצֵאתִי מִמִּצְרָיִם:
לֹא אֶת אֲבוֹתֵינוּ בִּלְבָד גָּאַל הַקָּדוֹשׁ בָּרוּךְ הוּא
אֶלָּא אַף אוֹתָנוּ גָּאַל עִמָּהֶם

שֶׁנֶּאֱמַר

דברים ו וְאוֹתָנוּ הוֹצִיא מִשָּׁם
לְמַעַן הָבִיא אֹתָנוּ, לָתֶת לָנוּ אֶת־הָאָרֶץ
אֲשֶׁר נִשְׁבַּע לַאֲבֹתֵינוּ:

ביאור

התהילה והתשבחות **בכל דור ודור חייב אדם לראות את עצמו כאלו הוא** עצמו **יצא ממצרים**, ולא היה זה רק דבר שאירע לפני דורות רחוקים, אלא מאורע שמתחדש בחייו של האדם ושל האומה בכל פעם, **שנאמר**: **"והגדת לבנך ביום ההוא לאמור בעבור זה עשה ה' לי בצאתי ממצרים"** (שמות יג, ח). כלומר, כל אדם מספר על יציאת מצרים כחוויה פרטית משלו, שהרי **לא את אבותינו בלבד גאל הקב"ה אלא אף אותנו גאל עמהם**, שמאז נעשינו לאומה שלמה ועצמאית, **שנאמר "ואותנו הוציא משם למען הביא אותנו לתת לנו את הארץ אשר נשבע לאבותינו"** (דברים ו, כג), שהגאולה ממצרים והכניסה לארץ והישיבה בה הם תהליך מתמשך אחד.

בכל דור ודור ואפילו כאשר ישראל נמצאים בגלות קשה אחרת, מכל מקום ביציאת מצרים זיכה אותנו הקב"ה בשחרור פנימי, שאין אנו עוד משועבדים בנפשנו לפרעה ולשליטים שבכל דור, ולכן לא רק את אבותינו גאל ה' בגאולה זו, אלא אף אנו עצמנו מגיעים על ידי גאולת מצרים לגאולת הנפש, וחובה עלינו להודות על כך (ראה זבח פסח).

חייב אדם לראות את עצמו והיו שכתבו כי בכל שנה ושנה מתגלה בשעת ליל הסדר מעין אותו אור עליון שנתגלה בשעתו לישראל במצרים, והזוכה יכול באמת "לראות את עצמו" חוזר ונגאל באור עילאי זה (הפלאה).

להודות ולהלל וכו': רבו הנוסחאות כאן, שהיו נוסחאות שמנה בהן שבע לשונות שבח, ויש

כיוון שנהגו כאן להגביה את היין, הרי לפי הכלל הקבוע מכסים את המצות ואומרים:

לְפִיכָךְ אֲנַחְנוּ חַיָּבִים

לְהוֹדוֹת לְהַלֵּל לְשַׁבֵּחַ

לְפָאֵר לְרוֹמֵם לְהַדֵּר

לְבָרֵךְ לְעַלֵּה וּלְקַלֵּס

לְמִי שֶׁעָשָׂה לַאֲבוֹתֵינוּ וְלָנוּ אֶת כָּל הַנִּסִּים הָאֵלֶּה

הוֹצִיאָנוּ מֵעַבְדוּת לְחֵרוּת

מִיָּגוֹן לְשִׂמְחָה

מֵאֵבֶל לְיוֹם טוֹב

וּמֵאֲפֵלָה לְאוֹר גָּדוֹל

וּמִשִּׁעְבּוּד לִגְאֻלָּה

וְנֹאמַר לְפָנָיו שִׁירָה חֲדָשָׁה

הַלְלוּיָהּ.

מניח את הכוס מידו

ביאור

לפיכך, משום כל השבחים והטובות שמנינו, **אנחנו חייבים להודות להלל לשבח לפאר לרומם להדר** – לתת הדר – **לנצח** – לשיר שירים, כמו "למנצח" בתהלים – **לברך לעלה** – להעלות, להראות את עליונותו – **ולקלס** – לשבח – **למי שעשה לאבותינו ולנו את כל הניסים האלה**. וכנגד מיני התשבחות מונים את הצדדים השונים שהיו בנסי יציאת מצרים: **הוציאנו מעבדות לחרות**, **מיגון לשמחה**, **ומאבל** של עבודת פרך **ליום טוב** של גאולים, **ומאפלה** של עבדים יושבי כלא **לאור גדול**, **ומשעבוד לגאולה**, **ונאמר לפניו** משום כך **שירה חדשה**, שירה שמחדשים שוב לזכר השמחה והטובה והיא שירת הלל, **הללויה**.

שמנה שמונה לשונות. וכמנהגנו יש תשע לשונות כאן, ולשון עשירית להשלים למניין עשרה, שהוא מספר שלם, בסיום "ונאמר לפניו הללויה" – הרי עשר לשונות של שבח.

לקלס השורש הזה, במשמעות שבח ותהילה, אינו מקורי לעברית (כי לשורש העברי המקורי יש משמעות הפוכה), אלא הוא שאול מן היוונית (καλως, קאלוס=יפה); ומכאן יצרו שורש חדש שעניינו לומר על דבר שהוא יפה, לשבחו ולפארו.

מעבדות לחירות וכו׳ גם כאן מנה חמישה פרטים כפולים שהם עשרה, שכנגדם אותן עשר לשונות של שבח. והיה שפירש כל לשון כעניין לעצמו: מעבדות מצרים לחירות, משעבוד בבל

ראשית ההלל

השירה שאומרים בחג הפסח, לפי מקורות קדומים מאוד, היא חלק ממהותו של החג, וכאן, לפני שהתחילו בעיקרו של הטקס, רק פותחים בשירה החדשה, היינו שני הפרקים הראשונים (פרקים קיג וקיד בתהלים) מן ה"הלל" המקובל, הקרוי "הלל המצרי", שכן תוכנו קשור בדברי תשבחות על יציאת מצרים וניסיה. הפרק הראשון של ההלל הוא דברי תהילה כלליים על כבוד ה׳ בכל העולם כולו ועל השגחתו הפרטית על יצורי העולם, המוציאה את הנדכאים מאפלה לאורה.

תהלים קיג

הַלְלוּיָהּ

הַלְלוּ עַבְדֵי יהוה, הַלְלוּ אֶת־שֵׁם יהוה:
יְהִי שֵׁם יהוה מְבֹרָךְ, מֵעַתָּה וְעַד־עוֹלָם:
מִמִּזְרַח־שֶׁמֶשׁ עַד־מְבוֹאוֹ, מְהֻלָּל שֵׁם יהוה:
רָם עַל־כָּל־גּוֹיִם יהוה, עַל הַשָּׁמַיִם כְּבוֹדוֹ:
מִי כַּיהוה אֱלֹהֵינוּ, הַמַּגְבִּיהִי לָשָׁבֶת:
הַמַּשְׁפִּילִי לִרְאוֹת, בַּשָּׁמַיִם וּבָאָרֶץ:
מְקִימִי מֵעָפָר דָּל, מֵאַשְׁפֹּת יָרִים אֶבְיוֹן:
לְהוֹשִׁיבִי עִם־נְדִיבִים, עִם נְדִיבֵי עַמּוֹ:
מוֹשִׁיבִי עֲקֶרֶת הַבַּיִת, אֵם־הַבָּנִים שְׂמֵחָה

הַלְלוּיָהּ:

ביאור

הללויה היא מלה משולבת שמצד אחד כוללת בתוכה קריאה הללו יה, אך כפשוטה משמעה (כמו מרחביה, וכיוצא באלה): תהילה רבה. ויש כאן פנייה: **הללו את ה׳** אתם, **עבדי ה׳, הללו את שם ה׳**. ותהילתו היא: **יהי שם ה׳ מבורך מעתה ועד עולם**, כלומר: לנצח, וכן גם במרחב: **ממזרח שמש עד מבואו**, מקום שקיעת השמש, **מהולל שם ה׳**. **רם** ומתנשא **על כל גוים**, עמים, ה׳, **על השמים כבודו**, שאת כבודו של ה׳ מספרים השמים, אף כי אין הם "מקומו". **מי כה׳ אלהינו המגביהי** – המגביה (היו"ד הנוספת היא

לגאולה, ומיגון פרס לשמחה, ומאבל יוון ליום טוב, ומאפלה של גלות רומי, גלות אחרונה, לאור גדול של גאולה (זבח פסח)

רם על כל גויים הרבה מפרשים פירשו את עניינו של הפרק כאומר כי אמנם שם ה׳ ידוע ומכובד בכל העולם ("ממזרח שמש ועד מבואו") אלא שלגביהם הקדוש ברוך הוא הוא הסיבה הראשונה, הבורא מאין ליש, "רם על כל גויים ה׳, על השמים כבודו", שלפי היותו כה גדול וכה מרומם הרי כבודו והשראתו הם על "השמים", בעניינים גדולים, נעלים ושמימיים, ואילו בעולם הזה אין הוא מתגלה כלל, ואינו משגיח ואינו מתחשב בענייני העולם הזה. ואילו אנו, בני ישראל אומרים כי ה׳ הוא "מגביהי

תהלים קיד

בְּצֵאת יִשְׂרָאֵל מִמִּצְרָיִם, בֵּית יַעֲקֹב מֵעַם לֹעֵז:
הָיְתָה יְהוּדָה לְקָדְשׁוֹ, יִשְׂרָאֵל מַמְשְׁלוֹתָיו:
הַיָּם רָאָה וַיָּנֹס, הַיַּרְדֵּן יִסֹּב לְאָחוֹר:
הֶהָרִים רָקְדוּ כְאֵילִים, גְּבָעוֹת כִּבְנֵי־צֹאן:
מַה־לְּךָ הַיָּם כִּי תָנוּס, הַיַּרְדֵּן תִּסֹּב לְאָחוֹר:
הֶהָרִים תִּרְקְדוּ כְאֵילִים, גְּבָעוֹת כִּבְנֵי־צֹאן:
מִלִּפְנֵי אָדוֹן חוּלִי אָרֶץ, מִלִּפְנֵי אֱלוֹהַּ יַעֲקֹב:
הַהֹפְכִי הַצּוּר אֲגַם־מָיִם, חַלָּמִישׁ לְמַעְיְנוֹ־מָיִם:

ביאור

ארכאית, והיא תוספת פיוטית למלים שונות בפרקי ההלל ובמזמורים אחרים) – **לשבת** מעל לכל מושג ותפיסה. ועם היותו רם ומנושא מן העולם, הרי יחד עם זאת **המשפילי לראות** ממרומיו הבלתי מושגים גם **בשמים ובארץ**. **מקימי** – מקים – **מעפר** את הדל, ומאשפות **ירים אביון**, מרומם את העני והאביון **להושיבי** – להושיב אותו – **עם נדיבים**, אצילים ושרים, **עם נדיבי עמו**. ושם, עם הנדיבים, הוא **מושיבי עקרת הבית** – אישה עקרה, ללא ילדים, שאין לה מושיע אחר חוץ מה' – **אם הבנים שמחה** בישועה, **הללויה**.

הפרק השני של ההלל (פרק קיד בתהלים) מכיל את תיאור הניסים שהיו ביציאת מצרים. **בצאת ישראל ממצרים**, בצאת **בית יעקב מעם לועז** – עם זר, עם המדבר שפה אחרת – אז **הייתה יהודה**, שבט יהודה להתגלות של **קדשו**, **ישראל** היה ביטוי של **ממשלותיו**, כוח ממשלתו. וכיצד התבטא הדבר שיהודה וישראל היו אז גילוי של כוח עליון? כי כאשר באו בני ישראל לים סוף, **הים ראה וינס** – ברח, כביכול, נקרע, והירדן, בשעת מעבר הירדן בימי יהושע, **יסוב לאחור** שלא כדרכו, שהרי נעצרו מימיו עד שעבר עם ישראל את הנהר (יהושע ד, טז), **ההרים רקדו** ונזדעזעו ממקומם כמו **אילים**, כבשים זכרים, המקפצים תמיד, **גבעות** רקדו **כבני צאן** – כפי התיאור המצוי בספרי הנבואה והשירה במקרא (ראה שופטים ה ד-ה, חבקוק ג, תהלים סח) על שעת מתן תורה. ומעתה

לשבת" הרבה יותר מאותה תפיסה מצמצמת של האומות, ואנו אומרים שהוא כה גדול עד שאין סוף ליכולתו ואין משמעות להגבלת ידיעתו, ולכן – דווקא משום גדולתו הבלתי מוגבלת (וראה בהקדמת המהר"ל לגבורות ה') הוא מתבונן ומשגיח על כל פרטי ההוויה הקטנים ביותר; אין דבר נעלם ממנו, ואין דבר שאינו נכלל בדעתו המקפת-כל (ראה אברבנאל, ריעב"ץ, ליקו"ת).

מושיבי עקרת הבית על פי סוד, עקרת הבית היא בחינת רחל (שהיא "עקרה" וגם "עיקרו של בית") והיא בחינת המלכות, ו"אם הבנים", היא לאה, הרומזת לבינה, שהיא אם שש מידות ומלכות.

חולי ארץ יש מפרשים "חולי" כלשון ציווי: פחדי, רעדי הארץ מלפני כבוד ה'.

אוחז את הכוס ואומר:

בָּרוּךְ אַתָּה יהוה אֱלֹהֵינוּ מֶלֶךְ הָעוֹלָם
אֲשֶׁר גְּאָלָנוּ, וְגָאַל אֶת אֲבוֹתֵינוּ מִמִּצְרַיִם
וְהִגִּיעָנוּ הַלַּיְלָה הַזֶּה, לֶאֱכֹל בּוֹ מַצָּה וּמָרוֹר.
כֵּן יהוה אֱלֹהֵינוּ וֵאלֹהֵי אֲבוֹתֵינוּ
יַגִּיעֵנוּ לְמוֹעֲדִים וְלִרְגָלִים אֲחֵרִים
הַבָּאִים לִקְרָאתֵנוּ לְשָׁלוֹם
שְׂמֵחִים בְּבִנְיַן עִירֶךָ וְשָׂשִׂים בַּעֲבוֹדָתֶךָ
וְנֹאכַל שָׁם מִן הַזְּבָחִים וּמִן הַפְּסָחִים
אֲשֶׁר יַגִּיעַ דָּמָם עַל קִיר מִזְבַּחֲךָ לְרָצוֹן
וְנוֹדֶה לְךָ, שִׁיר חָדָשׁ, עַל גְּאֻלָּתֵנוּ וְעַל פְּדוּת נַפְשֵׁנוּ
בָּרוּךְ אַתָּה יהוה, גָּאַל יִשְׂרָאֵל.

ביאור

ממשיך המשורר בשאלה רטורית: **מה לך הים כי תנוס**, מה לך **הירדן כי תסוב לאחור**, מה לכם **ההרים** כי **תרקדו כאילים, גבעות כבני צאן**? והתשובה היא שכל אלה נעשו משום כבוד הי׳ השוכן בתוך בני ישראל: **מלפני אדון חולי** – המחולל, היוצר – את הארץ, **מלפני אלוה יעקב**. ומפניו כל היקום מלא יראה ואימה, שהרי הוא כל יכול, וכפי שעשה במדבר: **ההופכי הצור**, הסלע, להיות **אגם מים, חלמיש למעינו** – למעיין (הוא״ו אף היא פיוטית ונוספת) – **מים**.

ברכת ״אשר גאלנו״ ברכה מסכמת זו היא ברכה לסיום התשבחות, שיש בה דברי תורה ודברי בקשה כאחד. **ברוך... אשר גאלנו** מכל צרותינו, ובפרט שגאולת הפסח הריהי כגאולה פרטית של כל דור, **וגאל את אבותינו ממצרים, והגיענו**, הביאנו, עד **הלילה הזה לאכול בו** במצווה **מצה ומרור. כן ה׳ אלהינו... יגיענו למועדים ולרגלים אחרים** – שבועות, הימים הנוראים וחג הסוכות – **הבאים לקראתנו לשלום**, ואז נזכה

הגיענו למועדים ולרגלים יש מפרשים כי פסקה זו היא כדעת האומרים שהגאולה לעתיד תהיה בחודש תשרי, ועל כן יבואו אלינו קודם מועדים ורגלים אחרים, ואחריהם חג הפסח (ראה רי״ד ואבודרהם).

בספרי הקבלה והחסידות הרבו לכתוב על כך שיציאת מצרים אינה רק מאורע היסטורי של העם כולו, אלא גם מצב נפשי הקיים בכל אדם שבכל דור; לפי שגלות מצרים היא סמל ואב-טיפוס לעצם מצב הגלות, שעבוד הנפש העליונה לגוף ולחושי הגוף, ויציאת מצרים היא גאולת הנפש משעבוד פנימי זה. הגלות והגאולה מתרחשים אפוא בכל דור ודור במהלך חייו הכולל של אדם, במעבר ממצב קיום אחד למצב גבוה יותר, ואפילו בכל יום, בשינויים של נפילה ושל התעלות שיכולים להיות בכל עת.

במנהג הספרדים והחסידים אומר בשקט:

הנני מוכן ומזומן לקיים מצוות כוס שניה של ארבע כוסות.
לשם ייחוד קודשא בריך הוא ושכינתיה על ידי ההוא טמיר ונעלם בשם כל ישראל.

בָּרוּךְ אַתָּה יהוה אֱלֹהֵינוּ מֶלֶךְ הָעוֹלָם
בּוֹרֵא פְּרִי הַגָּפֶן.

הכל שותים את כוס היין, והחייבים בהסבה שותים אותה כשהם מסובים על צד שמאל.

ביאור

להיות לא רק חוגגים את המועדים הללו, אלא נוסף על כך **שמחים בבניין עירך** ירושלים, שתיבנה עד אז, **וששים בעבודתך** שתתחדש. ואף נזכה בפסח הבא לקיים את מצוות קורבן הפסח כהלכתה, **ונאכל שם מן הזבחים** – קורבנות חגיגה שהיו מביאים ואוכלים לפני אכילת קורבן הפסח עצמו – **ומן הפסחים** (במוצאי שבת משנים את הסדר, כי לפי ההלכה הקרבת קורבן הפסח בלבד דוחה את השבת, ואת הזבחים מקריבים לאחר מכן, במוצאי שבת, ולכן במוצאי שבת אומרים: **מן הפסחים ומן הזבחים**), **אשר יגיע דמם** הנזרק לקורבן **על קיר מזבחך** – ששם זורקים את דם הפסח – **לרצון. ונודה לך** – אז, כאשר תהיה גאולה שלמה, **על גאולתנו** מכל מציק ושונא **ועל פדות נפשנו. ברוך אתה ה' גאל** – כלומר, זה אשר גאל את **ישראל**, והוא גואלם גם לעתיד.

הזבחים והפסחים הזבחים הם קורבנות אחרים, בעיקר קורבן שלמים מיוחד (חגיגת ארבעה עשר) שהיו מקריבים באותו יום, ומביאים כקורבן בהמה גדולה יותר, כפי צורך סעודתם של בני החבורה, ואוכלים אותו קודם אכילת הפסח, כדי שאת קורבן הפסח - הקטן - אפשר יהא לאכול לתיאבון בסוף הסעודה (ובימינו האפיקומן הוא זכר לקורבן הפסח).

על קיר מזבחך לשון בלתי רגילה זו קשורה בהלכות קורבן הפסח, שאת דם הפסח אין מזים במקום מיוחד במזבח, כשאר קורבנות, אלא שופכים את הדם שבמזרק על כל אחד מקירות המזבח במקום שהיה בו יסוד. ועוד ייתכן שנאמרה לשון זו משום שיש סבורים כי אפשר בשעת הדחק להקריב קורבן פסח גם כאשר אין המזבח בנוי, ואז הדם נזרק על המקום שבו היה המזבח; וייתכן שבמשך השנים שבין חורבן הבית השני ומרד בר כוכבא היו שהקריבו כן. ולכן מתפללים שבעתיד יהיו המקדש והמזבח בנויים כהלכתם, והדם ייזרק כראוי על קיר המזבח השלם.

על קיר מזבחך ובזוהר הסביר בחינת קיר, שהיא רומזת למעלות עליונות, והיא בגימטרייה ש"י, וכנגד ש"י עולמות, וכעין האמור בחזקיהו "ויסב פניו אל הקיר", בכל המשמעויות הפנימיות שיש לדבר זה (ריעב"ץ).

שיר חדש כאן, לכל הדעות, מקפידים לומר "שיר" ולא "שירה". וכפי שמבואר במדרש על שירת הים: "עשר שירות הן... עשירית לעתיד לבוא, שנאמר 'שירו לה' שיר חדש'. כל תשועות שעברו נקראו על שם נקבה; כשם שהנקבה יולדת, כך תשועות שעברו יש אחריהן שיעבוד. אבל התשועה הבאה לעתיד לבוא נקראת על שם זכר; כשם שאין הזכר יולד... כך תשועה העתידה לבוא אין אחריה שעבוד, שנאמר: 'ישראל נושע בה' תשועת עולמים', 'ולא תבושו ולא תיכלמו עד עדי'" (מכילתא דר' ישמעאל, פרשת בשלח).

רחצה

הכל נוטלים שוב את ידיהם, ועושים כמו בנטילה הראשונה, אלא שבפעם זו יש לברך על הנטילה, ולכן אין להפסיק בדיבור בין נטילת הידיים ובין הברכה שמברכים עליה.

ובמנהג הספרדים (ועוד) מרימים את הידיים לפני הברכה ואומרים:

שאו ידיכם קודש וברכו את יהוה.

ומברכים על נטילת ידיים:

בָּרוּךְ אַתָּה יהוה אֱלֹהֵינוּ מֶלֶךְ הָעוֹלָם
אֲשֶׁר קִדְּשָׁנוּ בְּמִצְוֹתָיו, וְצִוָּנוּ עַל נְטִילַת יָדָיִם.

מוציא

לוקח את שלוש המצות, שתי המצות השלמות והפרוסה שביניהן,
ולמנהג הספרדים והמקובלים אומר בשקט:

הנני מוכן ומזומן לקיים מצוות אכילת מצה.
לשם ייחוד קודשא בריך הוא ושכינתיה על ידי ההוא טמיר ונעלם בשם כל ישראל

ומברך בקול רם:

בָּרוּךְ אַתָּה יהוה אֱלֹהֵינוּ מֶלֶךְ הָעוֹלָם
הַמּוֹצִיא לֶחֶם מִן הָאָרֶץ.

ביאור

רחצה   נטילת ידיים זו, שהיא לפני אכילת המצה והסעודה עצמה, היא נטילת ידיים גמורה, כתקנת חכמים לפני כל סעודה שיש בה לחם, ומשום כך גם מברכים עליה כדינה.

מוציא   ברכת "המוציא", שמברכים לפני אכילת כל לחם, מברכים בכל ימות השנה על פרוסה או על כיכר לחם אחת, ואילו בימות שבת וחג מברכים על "לחם משנה", שתי כיכרות לחם לפחות. ובליל הפסח, כיוון שהמצה האמצעית אינה שלמה, לוקחים את שלוש המצות יחד, שיש בהן שתיים שלמות, ומברכים עליהן, כדי לברך על "לחם משנה" כדין ברכת הלחם שבכל חג. "המוציא לחם מן הארץ" הוא שינוי קל מלשון הכתוב "להוציא לחם מן הארץ" (תהלים קד יד).

מצה   בברכת המצה, שהיא הברכה המיוחדת על אכילת המצה בליל הפסח, אין מחזיקים עוד בשתי המצות, כי אם להפך: מחזיקים במצה הפרוסה, לפי שהיא מדגישה ביתר

מצה

מניח מידו את המצה השלמה התחתונה, ומחזיק בידו את המצה השלמה ואת המצה הפרוסה ומברך

בָּרוּךְ אַתָּה יהוה אֱלֹהֵינוּ מֶלֶךְ הָעוֹלָם
אֲשֶׁר קִדְּשָׁנוּ בְּמִצְוֹתָיו, וְצִוָּנוּ עַל אֲכִילַת מַצָּה.

נוטל לעצמו ונותן לכל אחד מן המסובים כזית מן המצה העליונה וכזית מן האמצעית,
ואוכלים בהסבת שמאל.

מרור

לוקחים כזית מן המרור (ובמקום שיש חזרת [חסה] למרור מצווה מן המובחר להשתמש בחזרת) וטובלים מעט את קצה החזרת בתוך החרוסת, אבל משתדלים שלא תדבק החרוסת על החזרת, וכמנהגים שונים אומרים:

הנני מוכן ומזומן לקיים מצוות אכילת מרור. לשם ייחוד קודשא בריך הוא ושכינתיה על ידי ההוא טמיר ונעלם בשם כל ישראל.

ומברך בקול רם:

בָּרוּךְ אַתָּה יהוה אֱלֹהֵינוּ מֶלֶךְ הָעוֹלָם
אֲשֶׁר קִדְּשָׁנוּ בְּמִצְוֹתָיו, וְצִוָּנוּ עַל אֲכִילַת מָרוֹר.

ואוכלים את המרור, אבל אין מסבים בשעת אכילתו.

ביאור

שאת את היותה "לחם עוני", מאכל אביונים שלא תמיד יש בידם כיכר לחם שלמה. ואף באכילה אוכלים מן המצה הפרוסה – להדגשת מצוות מצה; ומן השלמה – כלחם החג.

ברכת המרור לכל הדעות אין בזמן הזה (כאשר אין קורבן פסח) מצווה מן התורה לאכול מרור, אבל חכמים תיקנו שיאכלו מרור – זכר לשעבוד מצרים, וזכר לקורבן הפסח, שביום זה היה נאכל על מצות ומרורים, ולפיכך אכילת המרור והברכה עליה הן תקנות חכמים. לפני אכילת המרור מברכים רק את ברכת המצווה ("אשר קידשנו" וכו'), ואין מברכים על הירק (כדרך שבירכו על הכרפס), משום שאכילה זו היא כבר בתוך הסעודה, וכל הנאכל בסעודה אין לברך עליו ברכה מיוחדת.

אכילת מרור אף אכילה זו שיעורה "כזית" (כשיעור המבואר בהקדמה), ופעמים שצריך לאכול יותר מקלח אחד כדי להשלים שיעור זה, ולאוכלו בתוך הזמן הראוי. באכילת מרור אין מסבין, משום שהסבה היא דרך גדולה וחירות, ואכילת המרור היא ההפך מכך: זכר לשעבוד ולצרות. לפני שאוכלים את המרור טובלים אותו בקצת חרוסת, ובטעם טיבול

מרור וכבר כתבו כי "מרור" הוא בגימטרייה "מות", וכיוון שהוא מרמז על תכלית הגבורות הקשות, ממתיקים אותו בחרוסת.

כורך

לוקחים כזית מן המצה השלישית שנשארה בקערה, וכורכים בתוכה מרור (ויש נוהגים בכריכה זו להשתמש דווקא ב"חריין" לצורך המרור של "כורך"), ואומרים: זכר למקדש כהלל... ואוכלים כזית זה בהסבה, אבל בלא ברכה מיוחדת.

זֵכֶר לַמִּקְדָּשׁ כְּהִלֵּל.
כֵּן עָשָׂה הִלֵּל בִּזְמַן שֶׁבֵּית הַמִּקְדָּשׁ הָיָה קַיָּם
הָיָה כּוֹרֵךְ פֶּסַח, מַצָּה וּמָרוֹר, וְאוֹכֵל בְּיַחַד
לְקַיֵּם מַה שֶּׁנֶּאֱמַר: עַל־מַצּוֹת וּמְרֹרִים יֹאכְלֻהוּ: במדבר ט

ביאור

זה נאמרו דברים בתלמוד, וגם שם נחלקו המפרשים במשמעותם, ויש סבורים שהטעם הוא כדי להוציא את החריפות היתרה והארסיות שיש במיני מרור שונים. ומכל מקום ידוע כי מנהג החרוסת עתיק הוא מאוד, והיה קיים עוד בימי הבית השני, והיו תנאים שסברו כי יש מצווה באכילת החרוסת עצמה. ומפרשים כי החרוסת היא זכר לטיט שבו נשתעבדו ישראל בעבודתם במצרים, וכבר נזכרו רמזים אלה בתלמוד. ומכל מקום אין משאירים את החרוסת על גבי המרור אלא מנערים אותה לאחר הטיבול, כדי שלא לבטל את טעם המרור במתיקותה של החרוסת.

כורך אכילת "כורך, כלומר, מצה ומרור כשהם כרוכים יחד, היא בימינו רק זכר למקדש, לפי שרק כשהיה בית המקדש קיים והיה בו קורבן פסח יש מקום בהלכה לשיטת הלל. שהלל היה מקפיד לקיים את הכתוב כלשונו: **כן עשה הלל בזמן שבית המקדש קיים, היה כורך פסח מצה ומרור ואוכל ביחד**, וכל זה לקיים **מה שנאמר** בקורבן הפסח **"על מצות ומרורים יאכלוהו"** (במדבר ט, יא), שחכמים אחרים באותו דור סברו כי אם אוכלים את אלה באותה סעודה יוצאים ידי חובה, ואילו הלל סבר שיש לקיים את הדברים כמשמעם.

הִלֵּל מגדולי התנאים, נשיא הסנהדרין בימי הורדוס. הלל (הקרוי גם הלל הזקן) היה יליד בבל, ומוצאו ממשפחה רמת יחס שייחוסה מגיע עד לדוד המלך. ואולם הלל עלה מבבל לארץ ישראל, ולמד תורה מתוך דחקות רבה אצל גדולי הדור שמעיה ואבטליון. לפי המסופר בתלמוד התגלתה גדולתו בתורה בערב פסח אחד, ואז תחליטו מנהיגי הדור למנותו נשיא עליהם. הצלחתו בנשיאות הייתה מופלגת כל כך עד שלמעשה הוריש את נשיאות הסנהדרין לבניו ולבני בניו, בשושלת שלא נפסקה במשך מאות שנים. הלל יצר וחידש שיטות לימוד מיוחדות (הוא זה שניסח שבע מידות שהתורה נדרשת בהן) והיה מייסדה של אסכולה שנקראה על שמו: "בית הלל", שבסופו של דבר הוכרה כדרך העיקרית של ההלכה לכל הדורות. הלל היה מפורסם הן בחכמתו והן בצדקותו, בענווה ובאהבת הבריות, ורבים המעשים המסופרים על מידותיו אלה. הוא העמיד תלמידים רבים בימי חייו הארוכים (מאה ועשרים שנה), שהיו אף הם מגדולי הדורות הבאים. אמרות החכמה והמוסר של הלל נזכרות בחלקן בפרקי אבות, ודברי תורתו מצויים בכל מקורות ההלכה, שרובה ככולה לפי שיטת "בית הלל". בנו שמעון מילא את מקומו אחריו ואף הוריש גדולה זו לבניו אחריו.

שלחן עורך

אוכלים את סעודת החג, בכל מקום ומקום ובכל בית כמנהגיו. מנהג בהרבה קהילות האשכנזים שפותחים סעודה זו באכילת ביצים שטובלים במי מלח. וברוב קהילות ישראל נהגו שלא לאכול בשר צלוי בלילי הפסח. ואוכל ושותה בהסבה או בלא הסבה, כפי רצונו, וכן מותר לשתות כוסות יין נוספות באמצע הסעודה אם רוצה בכך. וכבר יעצו חכמים שלא לאכול יותר מדי בסעודה זו כדי שיוכל לאכול את האפיקומן בתיאבון, ולא יצטרך להכריח את עצמו לאכול ממנו כבעל כורחו.

צפון

אכילת האפיקומן. בקהילות האשכנזים (ומנהג זה נהוג בימינו כמעט בכל מקום), אשר בהן נהגו התינוקות "לגנוב" את האפיקומן – לשמחה יתרה וכדי לעורר את התינוקות – הרי עתה מחפשים את האפיקומן, וכרגיל "פודים" אותו ממי ש"גנבו". ומשתדלים ככל האפשר לאכול את האפיקומן לפני חצות הלילה, שהרי הוא זכר לקורבן

ביאור

שלחן עורך בעיקרו של דבר מתחילה כאן סעודת חג שאין לה, מיסוד הדין, סדר קבוע, וכל בית נוהג בה כדרכו ולפי טעמו. עם זאת היו כמה נוהגים כלליים, המשתנים לפי המדינות, הקהילות והעדות. ויש מעלה בשמירת מנהגים ומסורת הבית בלילה זה, שכל־כולו נועד לשמור את מסורת ישראל מראשיתה. מנהג האשכנזים להתחיל את הסעודה באכילת ביצים קשות טבולות במי מלח. ויש מפרשים את טעם המנהג שהוא מעין רמז לאבלות (שאבל מאכילים אותו ביצה בסעודת הבראה), כדי להזכיר שאין השמחה שלמה כאשר אין המקדש בנוי, ויש עוד טעמים לדבר. כל האשכנזים מקפידים שלא לאכול כלל בשר צלוי בליל הסדר, שלא ייראה הדבר דומה כלל לאכילת קורבן הפסח (שהיה צלי), ויש בכך חשש של טעות באכילת קודשים מחוץ למקום הראוי. וכבר נשאו ונתנו להלכה בשאלה לגבי צלי שנתבשל. אכן, בכמה מקהילות הספרדים במקומות שונים לא רק התירו צלי, אלא היו מקומות שאף השתדלו לאכול צלי, ודווקא בשר כבש – זכר לפסח. אבל גם שם נזהרו שלא להביא כבש שלם, שאז בוודאי שיש חשש טעות. רוב החסידים נזהרו מאוד שלא לאכול מצה שרויה במים, מפני כמה חששות, בנגלה ובנסתר (ולכן גם אין אוכלים כופתאות – קניידלך – בפסח. אבל גם המחמירים נהגו לאכול "שרויה" בשמיני של פסח, שהוא יום טוב שני של גלויות ביום טוב האחרון של החג. בארץ, כמובן, אין הבדל בין ימי החג השונים). הרוצים לשתות יין נוסף בתוך הסעודה יכולים לשתות, ואין כוסות אלה נמנות עם ארבע כוסות של מצוות החג.

צפון לאחר שגמרו את הסעודה כולה, ואין אוכלים עוד דבר, מוציאים את המצה שהוצפנה לצורך אכילת "אפיקומן". וכפי הנהוג בהרבה קהילות, שילדים "גונבים" את

אפיקומן כבר הראשונים עסקו בשאלת אכילת מצה אחרונה שבסוף הסעודה, ואף תהו מפני מה עיקר הדין הוא ש"אין מפטירין אחר הפסח אפיקומן". ובעיקרם יש שני נימוקים לכך: האחד – שיש צורך להבליט את מצוות אכילת הפסח (וחתיכת המצה של האפיקומן, שהיא זכר לו) כי בה עיקר מצוות הפסח, ואם יבואו להמשיך לאכול ולשתות לאחר מכן (או להרבות במיני זמר, לפי פירוש אחר) יישכח העניין. ואילו חכמים אחרים סבורים כי עיקר

הפסח שגם הוא נאכל עד חצות. גם מן האפיקומן יש לאכול "כזית". ואם אין די בפרוסת המצה שהוטמנה לצורך זה, מוסיפים לה ממצה אחרת. ויש נוהגים לומר קודם האכילה::

הנני מוכן ומזומן לקיים מצוות אכילת אפיקומן. לשם ייחוד קודשא בריך הוא ושכינתיה על ידי ההוא טמיר ונעלם בשם כל ישראל.

ואוכלים את האפיקומן בהסבה.

ברך

ברכת המזון. מוזגים כוס שלישית מארבע כוסות, שהיא כוס של ברכת המזון.

והנוהגים בכך כל השנה אף נוטלים ידיהם ל"מים אחרונים" – שלוקחים מעט מים ורוחצים את הידיים והפה לאחר האכילה. ומים של רחיצה זו מסלקים מן השולחן מיד. ונוהגים לומר מזמור תהלים לפני הברכה, כדי שתהא סעודה זו סעודה שהיו בה דברי תורה. ואומרים: שיר המעלות וכו'. הנוהגים כן אומרים:

הנני מוכן ומזומן לקיים מצוות עשה של ברכת המזון, כמו שכתוב בתורה ואכלת ושבעת וברכת את יהוה אלהיך על הארץ הטובה אשר נתן לך. לשם ייחוד קודשא בריך הוא ושכינתיה על ידי ההוא טמיר ונעלם בשם כל ישראל.

ביאור

האפיקומן, נושאים ונותנים עמם כעת בדבר מה שהם רוצים לקבל תמורת האפיקומן עד ש"פודים" אותו מידם, וכל המסובין אוכלים ממנו. אכילת האפיקומן היא, כאמור, זכר לאכילת קורבן הפסח עצמו בימי המקדש, שהיו אוכלים ממנו לפחות כזית בסוף סעודת החג.

ברך ברכת המזון וכל המצטרף לה.

לפני ברכת המזון עצמה (ודבר זה נהוג בכל ימות השנה, לא רק בפסח) אומרים מזמור אחד או שניים מספר תהילים. דבר זה נועד להביא לכך שהשולחן שאכלו עליו ייחשב כמקום של אכילת מצווה, והסעודה תהיה סעודה בעלת תוכן, לפי שסעודה ללא דברי תורה היא, כדברי חכמים בפרקי אבות, "זבחי מתים". בימות החול אומרים כאן מזמורים

טעמה של הלכה זו הוא כדי שלא יבואו לידי מכשול באחת ההלכות הנוגעות לקורבן הפסח (כגון שבירת עצם מחמת חיפזון, ירושלמי, או אכילת הקורבן בשני מקומות. ר"ן). וכיוון שאכילת המצה של האפיקומן זכר היא לקורבן הפסח, נוהגים בה כדרך שנהגו בקורבן הפסח: שנזהרים לגמור את אכילתה לפני חצות הלילה, ואין אוכלים ושותים אחריה דבר (מלבד שתי כוסות היין, שהן ממצוות החג).

גניבת האפיקומן היו חכמים שערערו על מנהג זה של גניבת האפיקומן, וטענו כי יש בכך משום חינוך גרוע לילדים, שמלמדים אותם לגנוב, אף אם דבר זה נעשה מתוך ידיעה תחילה של הכל. אבל ברוב הקהילות המשיכו במנהג זה משום שהוא מוסיף צד של עליזות לחג, ובייחוד משום שעל ידי כך גורמים לילדים להישאר ערים, ומחזקים בתוכם את זיכרון ליל הסדר. וכיוון שיש גם טעם חינוכי בדבר, ושמירת הזיכרון

תהלים קכו

שִׁיר הַמַּעֲלוֹת
בְּשׁוּב יהוה אֶת־שִׁיבַת צִיּוֹן, הָיִינוּ כְּחֹלְמִים:
אָז יִמָּלֵא שְׂחוֹק פִּינוּ וּלְשׁוֹנֵנוּ רִנָּה
אָז יֹאמְרוּ בַגּוֹיִם הִגְדִּיל יהוה לַעֲשׂוֹת עִם־אֵלֶּה:
הִגְדִּיל יהוה לַעֲשׂוֹת עִמָּנוּ, הָיִינוּ שְׂמֵחִים:
שׁוּבָה יהוה אֶת־שְׁבִיתֵנוּ, כַּאֲפִיקִים בַּנֶּגֶב:
הַזֹּרְעִים בְּדִמְעָה, בְּרִנָּה יִקְצֹרוּ:
הָלוֹךְ יֵלֵךְ וּבָכֹה נֹשֵׂא מֶשֶׁךְ־הַזָּרַע
בֹּא־יָבֹא בְרִנָּה נֹשֵׂא אֲלֻמֹּתָיו:

ביאור

אחרים שיש בהם משום הזכרת אבלות ציון, ואילו בימי שבת ומועד אומרים את "שיר המעלות" הזה (מזמור קכו בתהלים) המדבר על שיבת ציון.

שיר המעלות הוא כנראה שיר שהיו שרים במיוחד על המדרגות ("מעלות") של המקדש, במקום שבו עמדה תזמורת המקדש. יש סבורים כי השירים קשורים לעלייה לרגל (בסך הכל יש חמישה עשר שירי מעלות, המכוונים כנגד חמש עשרה המדרגות במקדש העולות לעזרת ישראל).

שיר המעלות, בשוב ה' את שיבת ציון – כאשר נחזור למציאות אמיתית ובלתי מעוותת – נגלה שעד עכשיו **היינו כחולמים**, נבין שכל חיינו במציאות של הגלות לא היו אלא חלום. **אז ימלא שחוק** – צחוק – **פינו**: חכמים אמרו כי אין ראוי לאדם מישראל למלא פיו צחוק עד שאכן יגיעו לשיבת ציון, שרק אז יוכל יהודי לצחוק בלב שלם. **שובה ה' את שבותנו כאפיקים בנגב**: הדימוי לאפיקים בנגב מתייחס לפתאומיות ולעוצמה שבה מתמלאים לפתע אפיקי הנחלים בנגב בימות הגשמים. יתר על כן, במקומם של אפיקים אלה בדרך כלל אין הגשם ניכר (ולעתים אינו יורד כלל), כך שללא כל הכנה מוקדמת, ביום שבו הכל נראה יבש וצחיח, זורמים פתאום מים רבים באפיק ומחיים

לילדים היא עיקר חשוב בליל הסדר – אין לחשוש ל"גניבה" זו.

היינו כחולמים: הפירוש המקובל הוא כי בבוא שיבת ציון ייראה הדבר בעינינו כחלום – מופלא ובלתי מציאותי. אכן, נראה כי חז"ל הבינו להפך: ש"היינו כחולמים" הוא תיאור של תקופת הגלות, שבעצם אין הגלות אלא מעין שינה ארוכה של נשמת העם, כעין חלום רע, שממנו ישוב ויקיץ עם ישראל וימצא את עצמו. הסיפור המפורסם בחוני המעגל, שישן שבעים שנה, בא להמחיש את גלות בבל – שינה של שבעים שנה שבה "היינו כחולמים", וכן פירשו עוד כתובים רבים אחרים באותו אופן, כגון "אני ישנה ולבי ער": אני ישנה – בגלות.

יש מוסיפים:

תהלים קמה **תְּהִלַּת יהוה יְדַבֶּר פִּי**
וִיבָרֵךְ כָּל־בָּשָׂר שֵׁם קָדְשׁוֹ, לְעוֹלָם וָעֶד:
תהלים קטו **וַאֲנַחְנוּ נְבָרֵךְ יָהּ מֵעַתָּה וְעַד־עוֹלָם, הַלְלוּיָהּ:**
תהלים קלו **הוֹדוּ לַיהוה כִּי־טוֹב, כִּי לְעוֹלָם חַסְדּוֹ:**
תהלים קו **מִי יְמַלֵּל גְּבוּרוֹת יהוה, יַשְׁמִיעַ כָּל־תְּהִלָּתוֹ:**

זימון

אם יש שלושה גברים בסעודה מברכים ברכת המזון ב"זימון", היינו: כאשר מקדימים ואומרים כמה משפטים הבאים לצרף את האוכלים לחבורה אחת. ואם היו עשרה גברים במקום מוסיפים דברים אחדים בנוסח זימון זה. כרגיל מכבדים בזימון את המכובד שבאורחים, ואם יש אדם העורך את סדר ההגדה כולו, הוא כרגיל גם המזמן. המזמן מחזיק בידו את כוס היין (השייכת גם לברכת המזון) ואומר: רבותי נברך וכו׳. נוסח זה אינו נוסח קשוח לגמרי; פעמים שהמברך מוסיף: "ברשות מרנן ורבנן רבותיי", או "ברשות בעל הבית" או "ברשות הכהנים" – הכל לפי העניין ולפי המסובים.

ביאור

אותו. וכן הוא הדימוי לפתאומיות ולהפתעה שבגאולת ישראל. ובכללו של דבר נאמר לגבי המצפים והעמלים בשיבת ציון: **הזורעים בדמעה**, מתוך חששות כבדים שמא תהיה עבודתם לריק, **ברינה יקצורו. הלוך ילך ובכה נושא משך הזרע**, האיש המחזיק בידו את האמתחת המלאה גרעינים שאותם הוא זורע, **בא יבא ברנה** אותו איש כאשר הוא **נושא אלומותיו** בשעת הקציר, כאשר מתגלית הברכה הסמויה שצמחה כל אותה עת.

זימון כאשר מצויים שלושה אנשים שאכלו יחד (שלושה גברים או גם שלוש נשים, אבל נשים וגברים אינם מצטרפים לשלושה) עושים מעין ברכה קטנה כהכנה לברכת המזון שמברכים אותה במשותף. כאשר מצויים במקום עשרה גברים או יותר משנים קצת את נוסח הזימון, ומוסיפים במקומות המתאימים "אלהינו", משום שיש אז מניין שלם של אנשים האומרים יחד את הברכה. אחד המסובים (אורח חשוב, זקן החבורה, או עורך הסדר) הוא המזמן את בני החבורה שאכלו לברכה משותפת זו, והוא גם מחזיק בידו את כוס היין השייכת לברכת המזון ולזימון במשך כל הברכה או רוב זמנה. המזמן מסיים

משמעות הזימון בזוהר נאמר כי בשעת האכילה מצויים כביכול שני צדדים, צד השכינה וצד הסטרא אחרא, שהרי האכילה יכולה להיות מכוונת למצווה ולהיות עניין של קדושה, או שאינה מכוונת אלא להנאת הגוף, ואז היא שייכת לצד האחר. ומשום כך יש לזמן – כדי להזמין כביכול את השכינה לברכה, וממילא מסתלקים כוחות הרע.

המזמן: רַבּוֹתַי, נְבָרֵךְ.

המסובים: יְהִי שֵׁם יהוה מְבֹרָךְ מֵעַתָּה וְעַד־עוֹלָם: תהלים קיג

המזמן: יְהִי שֵׁם יהוה מְבֹרָךְ מֵעַתָּה וְעַד־עוֹלָם:

בִּרְשׁוּת (אָבִי מוֹרִי / אִמִּי מוֹרָתִי / כֹּהֲנִים / מוֹרֵנוּ הָרַב / בַּעַל הַבַּיִת הַזֶּה / בַּעֲלַת הַבַּיִת הַזֶּה)

מָרָנָן וְרַבָּנָן וְרַבּוֹתַי

נְבָרֵךְ (במניין: אֱלֹהֵינוּ) שֶׁאָכַלְנוּ מִשֶּׁלּוֹ.

המסובים: בָּרוּךְ (במניין: אֱלֹהֵינוּ) שֶׁאָכַלְנוּ מִשֶּׁלּוֹ וּבְטוּבוֹ חָיִינוּ.

המזמן: בָּרוּךְ (במניין: אֱלֹהֵינוּ) שֶׁאָכַלְנוּ מִשֶּׁלּוֹ וּבְטוּבוֹ חָיִינוּ.

בָּרוּךְ הוּא וּבָרוּךְ שְׁמוֹ.

ביאור

בקול רם כל ברכה כדי ששאר המסובים יוכלו לענות אמן על ברכתו. פתיחת הזימון היא בהודעה־הזמנה של המזמן לאורחים: רבותי נברך. והמסובים עונים, ובכך בעצם פותחים את הברכה המשותפת באמירת: יהי שם ה׳ מבורך מעתה ועד עולם (תהלים קיג ב).

שאכלנו משלו למעשה זה הוא עיקרה ושורשה של הברכה – ההודאה לקב״ה שבעצם הכל הוא שלו, וכעין דברי הכתוב: ״כי ממך הכל ומידך נתנו לך״ (דברי הימים א׳ כט, יד). **ובטובו חיינו** – כלומר, בטובו ובחסדיו מתנהלים חיינו.

יין בזימון את ברכת הזימון, ואף את ברכת המזון, מברכים גם כאשר אין כוס יין מצויה. ואולם הברכה על הכוס היא מנהג עתיק ויסודי, ונעשתה על מנת לתת לברכה את החגיגיות והממשות של ברכה הנעשית על דבר מוחשי. אכן, בליל הסדר הכוס של ברכת המזון היא חיוב גמור, לפי שהיא אחת מארבע כוסות של מצוות הלילה.

ברכת המזון ברכת המזון היא הברכה היחידה שחיובה הוא מן התורה עצמה, כאמור: ״ואכלת ושבעת וברכת את ה׳ אלהיך על הארץ הטובה אשר נתן לך״ (דברים ח, י). ברכה זו היא ברכת הודאה על מה שנהנינו ממנו מן העולם שנתן לנו הקב״ה. וככל ברכת הודאה היא מבטאת רגש בסיסי ביותר: את הכרת הטובה. הרגש היסודי הזה הוא כללי, ולא זו בלבד שאינו שייך רק לישראל, אלא הוא יוצא אף מעבר לתחום האנושי המובהק, שהרי אף בעלי חיים מכירים טובה למי שגומל להם טוב. וכיוצא בזה אמרו חכמינו, כי אברהם אבינו היה מקרב את אורחיו לעבודת ה׳ כאשר היו מודים לו על הסעודה שאכלו בביתו, והוא היה אומר להם שמן הדין הוא להודות גם למקור הראשון של כל הטובה. וכיוצא בזה אמרו שמעצם האכילה צריך אדם להכיר רגש תודה, שהוא תמציתה של ברכה זו, וכאמור: ״ידע שור קונהו וחמור אבוס בעליו״ (ישעיהו א ג). בברכת המזון יש בימינו חמש יחידות: ארבע ברכות, ששלוש מהן הן ברכות עתיקות

בָּרוּךְ אַתָּה יהוה אֱלֹהֵינוּ מֶלֶךְ הָעוֹלָם
הַזָּן אֶת הָעוֹלָם כֻּלּוֹ בְּטוּבוֹ

בְּחֵן בְּחֶסֶד וּבְרַחֲמִים
הוּא נוֹתֵן לֶחֶם לְכָל בָּשָׂר כִּי לְעוֹלָם חַסְדּוֹ.
וּבְטוּבוֹ הַגָּדוֹל, תָּמִיד לֹא חָסַר לָנוּ
וְאַל יֶחְסַר לָנוּ מָזוֹן לְעוֹלָם וָעֶד, בַּעֲבוּר שְׁמוֹ הַגָּדוֹל.
כִּי הוּא אֵל זָן וּמְפַרְנֵס לַכֹּל וּמֵטִיב לַכֹּל
וּמֵכִין מָזוֹן לְכָל בְּרִיּוֹתָיו אֲשֶׁר בָּרָא.
תהלים קמה כָּאָמוּר, פּוֹתֵחַ אֶת־יָדֶךָ וּמַשְׂבִּיעַ לְכָל־חַי רָצוֹן:
ברכות מח: בָּרוּךְ אַתָּה יהוה, הַזָּן אֶת הַכֹּל.

נוֹדֶה לְּךָ יהוה אֱלֹהֵינוּ
עַל שֶׁהִנְחַלְתָּ לַאֲבוֹתֵינוּ

ביאור

ויסודיות ("הזן", "על הארץ ועל המזון", "בונה ירושלים"), וברכה אחת שנוספה בזמן המשנה ("הטוב והמיטיב"). וחטיבה נוספת – "הרחמן" וכו', שיש בה כמה פרטי שבח שנוספו בזמן הגאונים ולאחר מכן.

ברכה ראשונה היא ברכה כללית מאוד, וחיבורה מיוחס (לא בפרטי מילותיה, אבל בעיקר עניינה) עוד למשה רבנו, ועיקרה שבח לה' שהוא נותן מזון לכל הברואים שבעולם, ואנו בתוכם. ויש בנוסח זה בעיקר הודאה על מזוננו, אך גם הזכרה ובקשה שלא יחסר לנו מזון גם לעתיד. **בחן בחסד וברחמים** שלוש מלים אלה באות לומר, שהמזון שלנו ניתן לנו מתוך טובו ורחמיו של ה', והיא משמעות "בחן" – מתוך חנינה, וכן בחסד וברחמים. **הוא נותן לחם לכל בשר** – לשון הכתוב (תהלים קלו כה) שכולל במשמעו מזון וסיפוק כל צרכיו של כל יצור. וכן פירשו הראשונים כי **זן** הוא באכילה, **מפרנס** – בשאר צרכים, **ומיטיב** – בכל שאר דרכי טובה וברכה. **כאמור "פותח את"** וכו' (תהלים קמה טז): מנהג הספרדים באמירת פסוק זה לפתוח את שתי כפות הידיים כסימן ברכה וקבלת מתנה.

ברכת הארץ הברכה השנייה כורכת את ההודאה על המזון עם ההודאה על מתנת הארץ לישראל, וכאמור בתורה לעניין הברכה **"על הארץ הטובה אשר נתן לך"**. ולפי מסורת חז"ל תיקן אותה (ביסודה, כאמור) יהושע לאחר כיבוש הארץ. ובסך הכל יש בה חמש הודאות: על הארץ, ברית ותורה חיים ומזון (ומנהג הספרדים אף לומר בנוסח זה ממש).

אֶרֶץ חֶמְדָּה טוֹבָה וּרְחָבָה
וְעַל שֶׁהוֹצֵאתָנוּ יהוה אֱלֹהֵינוּ מֵאֶרֶץ מִצְרַיִם
וּפְדִיתָנוּ מִבֵּית עֲבָדִים
וְעַל בְּרִיתְךָ שֶׁחָתַמְתָּ בִּבְשָׂרֵנוּ
וְעַל תּוֹרָתְךָ שֶׁלִּמַּדְתָּנוּ וְעַל חֻקֶּיךָ שֶׁהוֹדַעְתָּנוּ
וְעַל חַיִּים חֵן וָחֶסֶד שֶׁחוֹנַנְתָּנוּ
וְעַל אֲכִילַת מָזוֹן שָׁאַתָּה זָן וּמְפַרְנֵס אוֹתָנוּ תָּמִיד
בְּכָל יוֹם וּבְכָל עֵת וּבְכָל שָׁעָה.
וְעַל הַכֹּל, יהוה אֱלֹהֵינוּ
אֲנַחְנוּ מוֹדִים לָךְ וּמְבָרְכִים אוֹתָךְ
יִתְבָּרַךְ שִׁמְךָ בְּפִי כָּל חַי תָּמִיד לְעוֹלָם וָעֶד
כַּכָּתוּב: וְאָכַלְתָּ וְשָׂבָעְתָּ, וּבֵרַכְתָּ אֶת־יהוה אֱלֹהֶיךָ — דברים ח
עַל־הָאָרֶץ הַטֹּבָה אֲשֶׁר נָתַן־לָךְ:
בָּרוּךְ אַתָּה יהוה, עַל הָאָרֶץ וְעַל הַמָּזוֹן.

ביאור

ארץ חמדה הוא כינוי לארץ ישראל במקרא (כגון ירמיהו ג יט ועוד); **טובה** – כדברי הכתוב בתורה, האומרת שארצנו קרויה "ארץ טובה ורחבה" (שמות ג, ח). **יציאת מצרים** נזכרת בכל הודאה על כל מאורע, שהרי היא תחילתה ועיקרה של הוויית העם, **ועל בריתך שחתמת בבשרנו** היא אות ברית המילה, **על תורתך** הכתובה **ועל חוקיך** שבעל פה ושבמסורת. **שאתה זן ומפרנס אותנו תמיד בכל יום ובכל עת** ושינוי של זמן **ובכל שעה**, כשאנו זקוקים לכך. **ועל הכל**, כלומר: הרי אמרנו דברים מסוימים שאנו מודים עליהם, ואנו מוסיפים וכוללים כל שאר דברים שלא הזכרנו בברכה. **ככתוב: "ואכלת וכו'"** (דברים ח, י).

ברית תורה וארץ וכתבו על דרך הקבלה כי הברית והתורה, השפעת החיים והמזון, הם בעצם נושא אחד (הקשור לספירת "יסוד") והם נעשים לאחדים דווקא בארץ, המרמזת למידת המלכות (ברכי יוסף).

בכל עת ובכל שעה: על נוסח זה קמו מערערים, שטענו כי יש בכך משום כפילות. אבל הסבירו כי "עת" משמעו, בין השאר, שש שעות ביום, שבכל יום יש ארבע עתים, לפי שינויי היום והלילה (מטה משה). או שב"עת" הכוונה היא לכל אחת מעונות השנה (דרכי משה). ויש שהסבירו כי "עת" איננה מתייחס לפרק זמן מוגדר אלא למצב, לאופן חיים מסוים, כמו בקהלת: "עת ספוד ועת רקוד".

רַחֶם נָא יהוה אֱלֹהֵינוּ עַל יִשְׂרָאֵל עַמֶּךָ
וְעַל יְרוּשָׁלַיִם עִירֶךָ
וְעַל צִיּוֹן מִשְׁכַּן כְּבוֹדֶךָ וְעַל מַלְכוּת בֵּית דָּוִד מְשִׁיחֶךָ
וְעַל הַבַּיִת הַגָּדוֹל וְהַקָּדוֹשׁ שֶׁנִּקְרָא שִׁמְךָ עָלָיו.
אֱלֹהֵינוּ, אָבִינוּ, רְעֵנוּ, זוּנֵנוּ, פַּרְנְסֵנוּ וְכַלְכְּלֵנוּ
וְהַרְוִיחֵנוּ, וְהַרְוַח לָנוּ יהוה אֱלֹהֵינוּ מְהֵרָה מִכָּל צָרוֹתֵינוּ.
וְנָא אַל תַּצְרִיכֵנוּ, יהוה אֱלֹהֵינוּ
לֹא לִידֵי מַתְּנַת בָּשָׂר וָדָם וְלֹא לִידֵי הַלְוָאָתָם
כִּי אִם לְיָדְךָ הַמְּלֵאָה, הַפְּתוּחָה, הַקְּדוֹשָׁה וְהָרְחָבָה
שֶׁלֹּא נֵבוֹשׁ וְלֹא נִכָּלֵם לְעוֹלָם וָעֶד.

ביאור

ברכת בונה ירושלים ברכה זו כורכת את ההודאה על המזון עם ההודאה על ירושלים ובית המקדש, וייחסו את חיבורה לדוד המלך ושלמה בנו. ובלי ספק היא נוסחה בימים שלאחר חורבן הבית בצורה שונה במקצת משהייתה בזמן הבית, שכל עיקרה של ברכה זו היא בדברי תפילה ובקשה, הן תפילה על עיר הקודש והמקדש והן תפילה על מזונותיו של אדם, ועמה עוד שאר דברי תפילה והודאה, לפי הזמן.

רחם נא על ישראל עמך בכל ענייניהם ומצוקותיהם, **ועל ירושלים עירך** שתיבנה ותהיה בכל תפארתה, **ועל מלכות בית דוד משיחך** – היא התפילה להשבת מלכות בית דוד וביאת המשיח, **ועל הבית הגדול והקדוש** – הוא בית המקדש – **שנקרא שמך עליו**, שהרי בית המקדש נקרא "בית ה'". **אלהינו, אבינו** – בכל נוסח תפילת בקשה, באשר יש בה לשון תחנונים, מתייחסים אנו אל הקב"ה בבחינת אב המרחם על בניו. **רענו** הוא לשון הנהגה והספקת צורכי העם השונים. ומנהג ספרדים (וחב"ד בימות שבת וחג) לומר **רוענו**, לא כבקשה אלא בלשון תהילה ל"רועה ישראל" (תהלים פ ב). **והרויחנו** – כלומר, תן לנו רווחה, שגם מתנת המזונות והפרנסה תהא ביד רחבה. **והרוח לנו... מכל צרותינו**, כלומר: הצילנו ותן לנו מנוחה מכל צרה. **ונא אל תצריכנו ... לא לידי מתנת בשר ודם** – כלומר, לקבל את מזוננו בדרך צדקה ונדבה, ואף **לא לידי הלוואתם** של בשר ודם, **כי אם** לפרנסה אשר תבוא מיד ה', **לידך המלאה** וכו' שיש בה מתנה מרובה, ללא צמצום וללא מחסור כלל. היו שהעירו כי במלים הללו טמון פרדוקס, והוא מובא דווקא לשם הבלטת הייחוד של המתנה מאת ה'; שהרי יד מלאה של אדם אינה יכולה להיות באותה עת גם פתוחה, ויד גדושה (לפי נוסח זה, שהוא מתאים לעניין) אינה יכולה להיות באותה שעה גם רחבה ופשוטה. אלא שהגבלות אלה חלות רק על בשר ודם, ולא על ה', שיכול לעשות כל זה בעת ובעונה אחת. **שלא נבוש ולא ניכלם** – שלא נזדקק להתפרנס ממתנת בשר ודם, שאף שאדם אוכל אותה, מכל מקום הוא אוכלה בבושה ובכלימה.

בשבת מוסיפים:

רְצֵה וְהַחֲלִיצֵנוּ
יהוה אֱלֹהֵינוּ, בְּמִצְוֹתֶיךָ
וּבְמִצְוַת יוֹם הַשְּׁבִיעִי הַשַּׁבָּת הַגָּדוֹל וְהַקָּדוֹשׁ הַזֶּה
כִּי יוֹם זֶה גָּדוֹל וְקָדוֹשׁ הוּא לְפָנֶיךָ
לִשְׁבָּת בּוֹ, וְלָנוּחַ בּוֹ בְּאַהֲבָה כְּמִצְוַת רְצוֹנֶךָ
וּבִרְצוֹנְךָ הָנִיחַ לָנוּ, יהוה אֱלֹהֵינוּ
שֶׁלֹּא תְהֵא צָרָה וְיָגוֹן וַאֲנָחָה בְּיוֹם מְנוּחָתֵנוּ
וְהַרְאֵנוּ, יהוה אֱלֹהֵינוּ, בְּנֶחָמַת צִיּוֹן עִירֶךָ
וּבְבִנְיַן יְרוּשָׁלַיִם עִיר קָדְשֶׁךָ
כִּי אַתָּה הוּא בַּעַל הַיְשׁוּעוֹת וּבַעַל הַנֶּחָמוֹת.

אֱלֹהֵינוּ וֵאלֹהֵי אֲבוֹתֵינוּ ברכות מט.
יַעֲלֶה וְיָבוֹא וְיַגִּיעַ
וְיֵרָאֶה וְיֵרָצֶה וְיִשָּׁמַע

ביאור

(הוספה לשבת בלבד: **רצה והחליצנו**. ביום השבת מוסיפים בברכה זו עוד דברי בקשה, מעין עיקרה של הברכה, אלא בהדגשה יתירה של השבת. **רצה והחליצנו** – תן לנו רווחה וחופש (מלשון "חילוץ עצמות") **במצוותיך** בכלל, ובפרט **במצוות יום השביעי השבת הגדול והקדוש**, הזה שמפני היותו יום קדושה (**כי יום זה גדול וקדוש הוא לפניך**) נוכל להיות בו במנוחה ובהרווחה, **לשבות בו ולנוח בו באהבה** של ה׳ לנו ושלנו לה׳ **כמצוות רצונך** שנעשה בשבת. ועל כך **ברצונך**, כלומר: בגילוי רצונך ורחמיך, **הניח לנו ה׳ אלהינו שלא תהי צרה ויגון ואנחה ביום מנוחתנו** לגבי כל פרט ופרט, ומכאן להדגשה הכללית: שאין מנוחה ושמחה אלא כאשר תגיע הישועה השלמה ונראה **בנחמת ציון עירך ובבנין ירושלים** וכו׳).

יעלה ויבוא תפילה זו נאמרת בכל המועדים ובראשי חודשים, הן בתפילות והן בברכת המזון, אלא שבכל חג מזכירים "את יום..." ומפרטים את היום החגיגי המסוים שלכבודו נאמרת ברכה זו. ועיקר תוכנה של תפילה זו שיבוא זיכרון ישראל לפני ה׳ ויושיעם ביום זה; שלפי שהיום הזה הוא יום מיוחד לשמחה, והיו מקריבים בו קורבנות מוספים מיוחדים, ראוי להזכיר את תשועת ישראל ביתר שאת.

יעלה ויבא וכו׳: כל המלים הללו באות לבקש שזיכרון ישראל יבוא לפני ה׳, ויש בכך מעין התקדמות על פי סדר מדרגות: **יעלה** למרום, ולא יישאר רק בדיבור פה בלבד; **ויבא**

וְיִפָּקֵד וְיִזָּכֵר זִכְרוֹנֵנוּ וּפִקְדּוֹנֵנוּ, וְזִכְרוֹן אֲבוֹתֵינוּ
וְזִכְרוֹן מָשִׁיחַ בֶּן דָּוִד עַבְדֶּךָ
וְזִכְרוֹן יְרוּשָׁלַיִם עִיר קָדְשֶׁךָ
וְזִכְרוֹן כָּל עַמְּךָ בֵּית יִשְׂרָאֵל
לְפָנֶיךָ, לִפְלֵיטָה לְטוֹבָה, לְחֵן וּלְחֶסֶד וּלְרַחֲמִים
לְחַיִּים וּלְשָׁלוֹם בְּיוֹם חַג הַמַּצּוֹת הַזֶּה.
זָכְרֵנוּ יהוה אֱלֹהֵינוּ בּוֹ לְטוֹבָה
וּפָקְדֵנוּ בוֹ לִבְרָכָה, וְהוֹשִׁיעֵנוּ בוֹ לְחַיִּים טוֹבִים.
וּבִדְבַר יְשׁוּעָה וְרַחֲמִים, חוּס וְחָנֵּנוּ וְרַחֵם עָלֵינוּ, וְהוֹשִׁיעֵנוּ
כִּי אֵלֶיךָ עֵינֵינוּ, כִּי אֵל מֶלֶךְ חַנּוּן וְרַחוּם אָתָּה.

וּבְנֵה יְרוּשָׁלַיִם עִיר הַקֹּדֶשׁ בִּמְהֵרָה בְיָמֵינוּ.
בָּרוּךְ אַתָּה יהוה, בּוֹנֵה בְרַחֲמָיו יְרוּשָׁלָיִם, אָמֵן.

ביאור

למקום הראוי, **ויגיע** לפני ה׳, **ויראה** לפניו, **וירצה** – שירצה ה׳ בתפילה, שתהא לו לרצון וישמע תוכנה של בקשה זו, **ויפקד** – כלומר, יורגש ויוכל **וייזכר זיכרוננו ופקדוננו**, "פיקדון" הוא גם כן במשמעות זיכרון, אלא שיש בו רמז לכך שהוא כעין חוב הנפרע לאחר זמן, כמו פיקדון הנשמר עד שיגיע זמן הפירעון. ואנו מבקשים הן על זיכרוננו־שלנו והן על זיכרון אבותינו, שעל זכותם אנו נשענים, **וזיכרון משיח בן דוד עבדך** – שתבוא עת הגאולה שבה יתגלה המשיח, ובה תיגאל **ירושלים**, ועמה תבוא גאולת **כל עמך בית ישראל**: ראשונה – **לפליטה** מן הצרות והייסורים, ולטובה יתירה מזו, **לחן ולחסד ולרחמים** – שגם אם אין אנו ראויים לכך, תבוא גאולתנו בשלמותה. **זכרנו... בו לטובה, ופקדנו בו לברכה**, שמרובה ומוסיפה על הטובה, **והושיענו בו לחיים טובים**. ובכלל – **בדבר**, בעניין זה של **ישועה ורחמים חוס וחננו... כי אליך עינינו**, ואין אנו יכולים לצפות ולהישען על כל גורם אחר, ולרחמיך אנו מצפים גם אם אין אנו ראויים לכך **כי אל חנון ורחום אתה.**

סיום ברכת ירושלים **ובנה ירושלים עיר הקודש**, שהיא תמציתה של ברכה זו לפי שהיא מסמלת את כל מהות ישראל; **במהרה**, ודווקא **בימינו**־שלנו, שנזכה לראות בכך. **בונה ברחמיו ירושלים. אמן** – "אמן" זו עונה אפילו אדם המברך לבדו.

במהרה בימינו ביטוי נפוץ זה, המצוי כאן ובמקומות רבים אחרים, יש לו הסבר בשל מדרש חז"ל ש"מהרה" של הקדוש ברוך הוא הריהו (לפי חשבון מסוים) יותר משמונה מאות שנה; על כן באה תמיד לאחר הזכרת הבקשה "במהרה" ההדגשה כי יהא זה במהרה - אבל

בָּרוּךְ: אַתָּה יהוה אֱלֹהֵינוּ מֶלֶךְ הָעוֹלָם
הָאֵל אָבִינוּ, מַלְכֵּנוּ, אַדִּירֵנוּ
בּוֹרְאֵנוּ, גּוֹאֲלֵנוּ, יוֹצְרֵנוּ, קְדוֹשֵׁנוּ, קְדוֹשׁ יַעֲקֹב
רוֹעֵנוּ, רוֹעֵה יִשְׂרָאֵל, הַמֶּלֶךְ הַטּוֹב וְהַמֵּטִיב לַכֹּל
שֶׁבְּכָל יוֹם וָיוֹם הוּא הֵטִיב, הוּא מֵטִיב, הוּא יֵיטִיב לָנוּ

ברכות מו.

ביאור

ברכת **"הטוב והמיטיב"** ברכה זו נתקנה, לפי המסורת, כברכת הודאה רביעית לאחר חורבן הבית (ויש אומרים אפילו לאחר חורבן ביתר), ויש בה דברי תודה כלליים, וצירפוה לברכת המזון ולהודאה שמודים לה' על שאכלנו ושבענו. עיקר דברי הברכה הם חזרה, במילים נרדפות שונות, על עניין זה שהקב"ה מיטיב לנו, וכי עלינו להודות לו ולהתפלל לחסדו לעתיד. **אדירנו** הוא תואר לה' (כמו למשל תהלים צג ד); **בוראנו גואלנו** – לפי סדר א"ב; **קדושנו** – ראה ישעיה מג טו; שהוא **קדוש יעקב** (וראה "והקדישו את קדוש יעקב", ישעיה כט כג). **רוענו** – ראה תהלים כג א; **רועה ישראל** – שם פ ב; **המלך הטוב** כשלעצמו **והמיטיב** לבריותיו ...**הוא גמלנו**... וכאן באה רשימה של מיני גמול וטובה,

במהרה באופן שהדבר יהיה בימינו, ולא לפי חשבון "מהרה" של מעלה.

בונה ברחמיו ירושלים היו מן הראשונים (כלבו ועוד) שערערו על נוסח זה, ואמרו שבפירוש נאמר שירושלים לא תיבנה אלא במשפט (ככתוב "ציון במשפט תפדה" – ישעיה א כז). ואילו המהרש"ל אמר כי אנו מבקשים שלא זו בלבד שירושלים תיבנה, אלא שתגדל ותתייפה פי כמה מאשר בימי קדם, והגשמת תקווה זו תלויה רק ברחמי ה'. וכן מפרשים הכתוב "ושבתי לירושלים ברחמים ביתי יבנה בה" (זכריה א טז).

בונה ברחמיו וכן מדקדקים לומר על דרך הסוד, ולא כנוסח "בונה ברחמים"; כי יש מדרגות שונות במידת הרחמים, וכאן הכוונה היא למידת הרחמים העליונה (בבחינת עתיק), שהיא הקרויה "רחמים רבים", ולה נאה להיקרא "רחמיו" דווקא.

ירושלים על דרך סמלי הרמז והסוד מסמלת ירושלים את ספירת המלכות והשכינה בכללה, ומשום כך משמשת היא סיום הולם וכולל לכל הבקשות הנזכרות בברכה זו: הרמת כנסת ישראל מגלותה – והרי כנסת ישראל היא המלכות – הקמת מלכות בית דוד ובניין ארץ ישראל (ארץ = מלכות).

אמן לאחר "בונה ירושלים" אף שיש חילוקי דעות בהלכה (וחילוקי מנהגים בין העדות, עד ימינו) באילו מקרים עונה אדם אמן לאחר ברכה שלו-עצמו, שיש העונים אמן בסיום כל מחזור ברכות. מכל מקום "אמן" זה הכל מסכימים שיש לאומרו, כי הוא סימן לכך שכאן נגמרת ברכת המזון העיקרית, ומכאן ואילך אלו תוספות שלא תמיד הן מחייבות. ויש שאמרו כי תיקנו לומר "אמן" משום ההלכה שפועלים שכירים לא היו צריכים לברך על המזון אלא שלוש ברכות, ואמרו כאן "אמן" כדי להזכירם שזה סוף ברכתם.

ברכת הטוב והמיטיב בירושלמי אמרו כי בברכה זו אומרים שלוש מלכויות (שלוש פעמים מזכירים "המלך" בשבח ה'), שלוש הטבות ("היטיב, מיטיב, ייטיב") ושלוש גמולות

הוּא גְמָלָנוּ, הוּא גוֹמְלֵנוּ, הוּא יִגְמְלֵנוּ לָעַד
לְחֵן וּלְחֶסֶד וּלְרַחֲמִים, וּלְרֶוַח, הַצָּלָה וְהַצְלָחָה
בְּרָכָה וִישׁוּעָה, נֶחָמָה, פַּרְנָסָה וְכַלְכָּלָה
וְרַחֲמִים וְחַיִּים וְשָׁלוֹם וְכָל טוֹב
וּמִכָּל טוּב לְעוֹלָם אַל יְחַסְּרֵנוּ.

הָרַחֲמָן הוּא יִמְלֹךְ עָלֵינוּ לְעוֹלָם וָעֶד.

הָרַחֲמָן הוּא יִתְבָּרַךְ בַּשָּׁמַיִם וּבָאָרֶץ.

הָרַחֲמָן הוּא יִשְׁתַּבַּח לְדוֹר דּוֹרִים
וְיִתְפָּאַר בָּנוּ לָעַד וּלְנֵצַח נְצָחִים
וְיִתְהַדַּר בָּנוּ לָעַד וּלְעוֹלְמֵי עוֹלָמִים.

ביאור

כי גמול משמעו נתינה מתוך חסד, ולאו דווקא השבת דברים. ומסיים **וכל טוב** – משום לשון הכתוב "על כל אשר גמלנו ה' ורב טוב לבית ישראל" (ישעיה סג ז). **ומכל טוב לעולם אל יחסרנו** – מעין לשון הכתוב "ודורשי ה' לא יחסרו כל טוב" (תהלים לד יא).

הרחמן דברי הבקשות המתחילים ב"הרחמן" אינם מעיקר נוסח ברכת המזון, והוסיפו אותם מזמן התלמוד ותקופת הגאונים, ויש בהם שינויי נוסח לפי מקומות ועדות שונים, וכולם אינם מעכבים את הברכה, לפי שאינם אלא תוספות לפי העניין, הזמן והמקום. כאמור, נוסחי שבח ותפילה אלה אינם קבועים לגמרי, ויש מוסיפים עליהם וגורעים מהם. ומכל מקום המנהגים הנפוצים הם שמספר "הרחמן" שאומרים בדרך קבע יהא בדיוק עשרה, שהוא מספר שלם ומספר מקודש. **הרחמן הוא ישתבח לדור דורים** – ראה ישעיה נא ח; **ויתפאר בנו לעד** – לעולם; כלומר, מלבד תפארת ה' לעצמו מתפללים אנו שתהא תפארתו וכבודו עלינו ובשבילנו, כעין האמור "על ישראל גאוותו ועוזו בשחקים"

("גמלנו, גומלנו, יגמלנו"). ויש מסבירים כי חזרה זו היא כנגד שלושה עולמות: עולמנו שלנו, עולם הגלגלים (הכוכבים) ועולם המלאכים, שכולם צריכים לרחמי ה' וטובתו (מטה משה).

תקנת ברכת "הטוב והמיטיב" לפי מסורת אחת בדברי חז"ל תיקנו ברכה זו כאשר התירו השלטונות הרומיים, לאחר שנים רבות, לקבור את הרוגי ביתר, שעד אז נאסר איסור חמור לקבור אותם. וקשרו ברכת הודאה זו לכאן משום המסורת בירושלמי כי מחורבן ביתר לא תהא תקומה שלמה לישראל עד לזמן הגאולה, ולכן סמכו ברכה זו ל"בונה ירושלים" (הרא"ש).

הָרַחֲמָן הוּא יְפַרְנְסֵנוּ בְּכָבוֹד.

הָרַחֲמָן הוּא יִשְׁבֹּר עֻלֵּנוּ מֵעַל צַוָּארֵנוּ
וְהוּא יוֹלִיכֵנוּ קוֹמְמִיּוּת לְאַרְצֵנוּ.

הָרַחֲמָן הוּא יִשְׁלַח לָנוּ בְּרָכָה מְרֻבָּה בַּבַּיִת הַזֶּה
וְעַל שֻׁלְחָן זֶה שֶׁאָכַלְנוּ עָלָיו.

הָרַחֲמָן הוּא יִשְׁלַח לָנוּ אֶת אֵלִיָּהוּ הַנָּבִיא זָכוּר לַטּוֹב
וִיבַשֶּׂר לָנוּ בְּשׂוֹרוֹת טוֹבוֹת יְשׁוּעוֹת וְנֶחָמוֹת.

בעל הבית ובעלת הבית אומרים:

הָרַחֲמָן הוּא יְבָרֵךְ אוֹתִי (וְאֶת אִשְׁתִּי / וְאֶת בַּעְלִי / וְאֶת אָבִי מוֹרִי / וְאֶת אִמִּי מוֹרָתִי / וְאֶת זַרְעִי) וְאֶת כָּל אֲשֶׁר לִי

ביאור

(תהלים סח, לה). **הוא ישבור עולנו** – ובנוסחים אתרים: עול גויים. **קוממיות** משמעו בקומה זקופה, מתוך חופש ובגלוי.

ישלח ... את אליהו הנביא כאמור "הנה אנכי שולח לכם את אליהו הנביא לפני בוא יום ה' הגדול והנורא, והשיב לב אבות על בנים ולב בנים על אבותם..." (מלאכי ג, כג-כד). אליהו הנביא הוא השליח הבא לבשר את ביאת המשיח ואת יום ה' הגדול, והוא יבשר לנו בשורות טובות ישועות ונחמות על הגאולה המתקרבת.

ברכת בעל הבית לפי נוסחים עתיקים שונים ברכה זו היא ה"רחמן" היחידי הנאמר לאחר הברכה, ונזכר עניינו כבר בתלמוד; ויש נוסח רחב של ברכה זו (רחב אף מן הנוסח שבתלמוד) בסידור רב סעדיה גאון, וזה נוסחו: הרחמן יברך את בעל הבית הזה, ואת אחינו וחברינו המסובים כאן בתורה מרובה, בחכמה מופלאה בהון בעושר בבנים עושי תורה מקיימי מצוות בישראל, כמו שבירך ביתו של אברהם אבינו כן תתברכו בכל. וכן יהי רצון שלא תבושו ולא תיכלמו, לא תבושו בתורה ולא תיכלמו במצוות, לא תבושו בעולם הזה ולא תיכלמו לחיי העולם הבא. ותצליחו מאד בכל נכסיכם ויהיו נכסיכם מצליחים וקרובים לעיר, ואל ימשול שטן במעשי ידיכם ולא יזדקק לפנינו ולא לפניכם שום דבר רע הרהור עבירה ועוון מעתה ועד עולם.

ילדים האוכלים על שולחן הוריהם אומרים:

הָרַחֲמָן הוּא יְבָרֵךְ אֶת אָבִי מוֹרִי (בַּעַל הַבַּיִת הַזֶּה), וְאֶת אִמִּי מוֹרָתִי (בַּעֲלַת הַבַּיִת הַזֶּה), אוֹתָם וְאֶת בֵּיתָם וְאֶת זַרְעָם וְאֶת כָּל אֲשֶׁר לָהֶם

אורח אומר:

הָרַחֲמָן הוּא יְבָרֵךְ אֶת בַּעַל הַבַּיִת הַזֶּה, וְאֶת בַּעֲלַת הַבַּיִת הַזֶּה אוֹתָם וְאֶת בֵּיתָם וְאֶת זַרְעָם וְאֶת כָּל אֲשֶׁר לָהֶם

אם יש אורחים נוספים, מוסיפים:

וְאֶת כָּל הַמְּסֻבִּין כָּאן אוֹתָם וְאֶת בֵּיתָם וְאֶת זַרְעָם וְאֶת כָּל אֲשֶׁר לָהֶם

אוֹתָנוּ וְאֶת כָּל אֲשֶׁר לָנוּ כְּמוֹ שֶׁנִּתְבָּרְכוּ אֲבוֹתֵינוּ אַבְרָהָם יִצְחָק וְיַעֲקֹב, בַּכֹּל, מִכֹּל, כֹּל כֵּן יְבָרֵךְ אוֹתָנוּ כֻּלָּנוּ יַחַד בִּבְרָכָה שְׁלֵמָה, וְנֹאמַר אָמֵן.

ביאור

כמו שנתברכו אבותינו אברהם יצחק ויעקב, ואמרו עליהם שה׳ נתן להם כל טובה שבעולם, ובכלל זה שהרגישו בעולם הזה מעין חיי העולם הבא. והראיה היא שבכל אחד מהם נאמר ביטוי זה של "כל" – הכולל כל טוב שבעולם. וכך נאמר באברהם "וה׳ ברך את אברהם בכל" (בראשית כד, א), וביצחק נאמר "ויבא לי ואוכל מכל" (שם כז לג), וביעקב נאמר "כי חנני אלקים וכי יש לי כל" (שם לג, יא), והיא הברכה "בכל מכל כל". ברכת "כל" רומזת לברכה שלמה, הכוללת בתוכה את ההרגשה של מילוי כל הצרכים וכל הרצונות, שהרי היא כוללת הכל, כל מה שאדם יכול להשתוקק אליו. ומשום כך פירשוה כהרגשת חיי העולם הבא, שהיא הרגשה של שלמות ושלווה שאין עמה עוד כל חיסרון וכל שאיפה נוספת. **כולנו יחד** הוא בקשה נוספת: שנהיה כולנו מאוחדים, ושהברכה תבוא לכל. **בברכה שלמה** – הכוללת כל מיני טובה. **ונאמר אמן** על ברכה שלמה זו. **במרום וילמדו עליו ועלינו זכות**, שהרי יש בית דין של מעלה, ומתפללים על בעל הבית ושאר המסובים שבבית דין של מעלה ילמדו עליהם זכות **שתהא למשמרת שלום**, שהברכה והשלום יישמרו גם לעתיד לבוא (וראה בנוסח ברכת כוהנים צירוף זה

בַּמָּרוֹם יְלַמְּדוּ עֲלֵיהֶם וְעָלֵינוּ זְכוּת
שֶׁתְּהֵא לְמִשְׁמֶרֶת שָׁלוֹם
וְנִשָּׂא בְרָכָה מֵאֵת יהוה וּצְדָקָה מֵאֱלֹהֵי יִשְׁעֵנוּ
וְנִמְצָא חֵן וְשֵׂכֶל טוֹב בְּעֵינֵי אֱלֹהִים וְאָדָם.

בשבת: הָרַחֲמָן הוּא יַנְחִילֵנוּ יוֹם שֶׁכֻּלּוֹ שַׁבָּת וּמְנוּחָה לְחַיֵּי הָעוֹלָמִים.

הָרַחֲמָן הוּא יַנְחִילֵנוּ יוֹם שֶׁכֻּלּוֹ טוֹב.
יוֹם שֶׁכֻּלּוֹ אָרֹךְ
יוֹם שֶׁהַצַּדִּיקִים יוֹשְׁבִים וְעַטְרוֹתֵיהֶם בְּרָאשֵׁיהֶם
וְנֶהֱנִים מִזִּיו הַשְּׁכִינָה וִיהִיֶה חֶלְקֵנוּ עִמָּהֶם

הָרַחֲמָן הוּא יְזַכֵּנוּ לִימוֹת הַמָּשִׁיחַ וּלְחַיֵּי הָעוֹלָם הַבָּא

ביאור

של שמירה ושלום). **ונישא ברכה מאת ה'** – על פי לשון הכתוב בתהלים כד, ח בשינוי מגוף שלישי יחיד לגוף ראשון רבים. **ונמצא חן...** – לשון הכתוב במשלי ג, ד בשינוי לגוף ראשון רבים.

(לשבת) **הרחמן הוא ינחילנו יום שכולו שבת ומנוחה לחיי העולמים.** כי מבואר בתלמוד שמשך הזמן של העולם הזה הוא כנגד ששת ימי המעשה של בריאת העולם, ואילו חיי העולם הבא הם זמן של מנוחה, והוא "יום שכולו שבת". "יום" כאן אינו יום דווקא, אלא במשמעות כללית יותר: זמן, תקופה. והוא "לחיי העולמים" – חיי נצח. ואמרו חכמים כי שבת עצמה היא מעין עולם הבא, ולכן מתפללים בה לזכות גם ל"יום שכולו שבת".

יום שכולו טוב "רחמן" זה אומרים בכל יום טוב, ומדגישים כי בעולם הזה "יום טוב" הוא יום אחד מימות השנה, ואילו ימי העולם הבא הם **יום שכולו טוב**, ואין בו תערובת רע וצרה כלל, והוא **יום שכולו ארוך**, שהרי "יום" זה של ימות העולם הבא הוא, בעצם, מעבר לגבולות הזמן, ועל כן זהו תיאור העולם הבא אצל חכמי התלמוד, בלשון זו, שהיום הולך ונמשך עד אין קץ, ואז צדיקים יושבים ועטרותיהם בראשיהם (לפי ברכות יז, א), שהוא ביטוי מליצי ופיוטי על דרך דברי הנביאים לקבלת מתנת האור האלוקי: "נהנים מזיו השכינה".

ימות המשיח הם הזמן שבו יבוא המשיח והתקופה שלאחר מכן, שהיא מבחינות רבות המשך של מהלך החיים הרגיל – אך מתוך שלום ושפע רב, **ולחיי העולם הבא**, שהם שינוי מהותו של העולם הפיסי והפיכתו למערך אחר של מציאות.

שמואל ב׳ כב מִגְדּוֹל יְשׁוּעוֹת מַלְכּוֹ
וְעֹשֶׂה־חֶסֶד לִמְשִׁיחוֹ לְדָוִד וּלְזַרְעוֹ עַד־עוֹלָם:
עֹשֶׂה שָׁלוֹם בִּמְרוֹמָיו
הוּא יַעֲשֶׂה שָׁלוֹם עָלֵינוּ וְעַל כָּל יִשְׂרָאֵל וְאִמְרוּ אָמֵן.

תהלים לד **יְראוּ** אֶת־יהוה קְדֹשָׁיו כִּי־אֵין מַחְסוֹר לִירֵאָיו:
כְּפִירִים רָשׁוּ וְרָעֵבוּ
וְדֹרְשֵׁי יהוה לֹא־יַחְסְרוּ כָל־טוֹב:
תהלים קיח הוֹדוּ לַיהוה כִּי־טוֹב כִּי לְעוֹלָם חַסְדּוֹ:
תהלים קמה פּוֹתֵחַ אֶת־יָדֶךָ וּמַשְׂבִּיעַ לְכָל־חַי רָצוֹן:
ירמיה יז בָּרוּךְ הַגֶּבֶר אֲשֶׁר יִבְטַח בַּיהוה וְהָיָה יהוה מִבְטַחוֹ:
תהלים לז נַעַר הָיִיתִי גַּם־זָקַנְתִּי
וְלֹא־רָאִיתִי צַדִּיק נֶעֱזָב וְזַרְעוֹ מְבַקֶּשׁ־לָחֶם:
תהלים כט יהוה עֹז לְעַמּוֹ יִתֵּן יהוה יְבָרֵךְ אֶת־עַמּוֹ בַשָּׁלוֹם:

ביאור

מגדול ישועות מלכו... (שמואל ב כב, נא), הוא סיום תפילת דוד. ובשבתות וימי מועד אומרים פסוק זה (ולא את מקבילו בספר תהלים פרק יח, שבו נאמר "מגדיל ישועות מלכו"). הבחנה זו בין הפסוק הנאמר בשבת ומועד ובימות החול עתיקה היא, ונזכרת כבר בדברי אבודרהם. וטעמה הוא משום ש"מגדיל" הוא פועל, שעניינו הפעולה המתמדת של שינוי והגדלה, ואילו "מגדול" הוא שם עצם (כמו מגדל), ומרמז לגדולה קיימת. **עושה שלום במרומיו** (כלשון הכתוב באיוב כה, ב) **הוא יעשה שלום עלינו ועל כל ישראל**. בברכה זו מסתיימת ברכת המזון, כשם שבאותו משפט עצמו מסיימים גם את כל התפילות, שכן ברכת השלום היא הברכה המעולה מכל, הנותנת טעם ומשמעות לכל שאר הברכות.

ומכאן ואילך נהגו (לא בכל הנוסחים) לומר פסוקים המדברים בשבח ה׳ ובחסדו לכל הבריות. "**ייראו את ה׳...**" – תהלים לד, י; "**כפירים רשו...**" – שם, פסוק יא; "**הודו לה׳ כי...**"- תהלים קו, א ועוד; "**פותח את ידך...**" – שם קמה, טז; "**ברוך הגבר...**" ירמיה יז, ז; "**נער הייתי...**" – תהלים לז, כה; "**ה׳ עוז לעמו...**" שם כט, יא.

מגדול על דרך הסוד נראה כי "מגדיל" הוא עניין הגדלת המלכות, שהוא שייך לימות החול, ואילו "מגדול" הוא המלכות – השכינה בשלמותה ובגדלותה, שעל כן בימים שיש בהם עליית העולמות אומרים "מגדול".

הנני מוכן ומזומן לקיים מצוות כוס שלישית של ארבע כוסות.
לשם ייחוד קודשא בריך הוא ושכינתיה על ידי ההוא טמיר ונעלם בשם כל ישראל.

בָּרוּךְ אַתָּה יהוה אֱלֹהֵינוּ מֶלֶךְ הָעוֹלָם בּוֹרֵא פְּרִי הַגָּפֶן.

והכל שותים את הכוס שבידם, והחייבים בהסבה שותים אותה כשהם מסובים.

וכאן שותים את כוס היין, שהיא גם הכוס ששותים בסוף ברכת המזון
וגם כוס שלישית מכוסות המצווה של ליל הפסח.

כאן נוהגים למזוג יין לתוך כוס יין מיוחדת, "כוס של אליהו", שעד כה הושארה על השולחן ללא שימוש. ונהגו בכוס מהודרת. ויש שמוזגים כאן את הכוס הרביעית עבור כל המסובים, ונוהגים לשלוח שליח (ילד או מבוגר, כפי שרוצים) שיפתח את דלת הבית לרווחה. ויש שנוהגים לומר בשעת פתיחת הדלת "ברוך הבא" לאליהו הנביא. וכאשר הדלת פתוחה אומרים:

תהלים עט

שְׁפֹךְ חֲמָתְךָ אֶל־הַגּוֹיִם אֲשֶׁר לֹא־יְדָעוּךָ
וְעַל מַמְלָכוֹת אֲשֶׁר בְּשִׁמְךָ לֹא קָרָאוּ:
כִּי אָכַל אֶת־יַעֲקֹב וְאֶת־נָוֵהוּ הֵשַׁמּוּ:

ביאור

שפוך חמתך עם סיום הסעודה, ולפני אמירת ההלל שהוא דברי השבח והתהילה לה' על כל טובו, מוצאים כאן את המקום להזכיר את ייסורי עם ישראל וצרותיו שבכל הדורות, ומבקשים מן הקב"ה להיפרע מאויבי העם, אשר שנאתם לעם ישראל היא תוצאה מכך שהם רוצים למעשה להילחם בדברים שעם ישראל, בעצם קיומו, מייצג בעולם – קיומו של ה' והשגחתו בעולם, מושגי האמת, הצדק והאמונה. וכיון שבשורתו של אליהו הנביא קודמת לביאת הגואל, כאמור (במלאכי, סוף פרק ג) שאליהו הנביא יבוא "לפני בוא יום ה' הגדול והנורא", נוהגים בשעה זו למזוג "כוס של אליהו" לכבודו. ואף פותחים את הדלת,

כוס של אליהו נוהגים למזוג כוס של אליהו, ויש שהסבירו, בדרך רמז הקרוב לפשט, כי כוסו של אליהו – כמוה ככיסא של אליהו בשעת ברית המילה – היא עניין של הכנה לקבל את פניו של מלאך הברית, שהוא־הוא שליח הגאולה. והיו שנתנו גם טעם הלכתי למנהג, כי יש כמה פוסקים הסבורים שיש מצווה לשתות גם כוס חמישית (שכן בלשון הכתובים נזכרות חמש לשונות גאולה). וכעין פשרה בין השיטות עושים שאמנם שותים למצווה רק ארבע כוסות, אבל מוזגים כוס חמישית, וכוס חמישית זו היא כנגד הגאולה (כנגד "והבאתי"), וראוי לה שתיקרא כוסו של אליהו.

שפוך חמתך קטע זה בהגדה הוא יוצא דופן במידה מסוימת, שכן ההגדה מתייחסת ברובה אל העבר ומאורעותיו, ובאופן אחר היא גם מדברת על העתיד ועל הגאולה העתידה. אבל בין העבר הניסי לבין העתיד של הישועות ישנו ההווה, וכל כמה שננסה להתעלם מן הבעיות השונות שהוא מציב בפנינו, הבעיות הללו נמצאות ומציקות. חייבים להתייחס גם אל ההווה; וההווה היהודי,

תהלים סט שְׁפָךְ־עֲלֵיהֶם זַעְמֶךָ וַחֲרוֹן אַפְּךָ יַשִּׂיגֵם:

איכה ג תִּרְדֹּף בְּאַף וְתַשְׁמִידֵם מִתַּחַת שְׁמֵי יהוה:

סוגרים את הדלת.

ביאור

להראות שבלילה זה של גאולה אנו משוחררים מכל פחד, וכי אנו מוכנים בכל עת לצאת לקראת הגאולה ולקבל את פני הגואל. הדברים שבנוסח "שפוך חמתך" הם כולם מדברי המקרא, ויש בהם כמה נוסחאות, ועיקרם אחד: **שפוך חמתך אל הגויים** – העמים – **אשר לא ידעוך** ולא רצו בך, **ועל ממלכות אשר בשמך לא קראו**, אלא עבדו לאליליהם. **כי אכל** השונא והשמיד **את יעקב ואת נווהו**, ביתו, מולדתו, **השמו**, עשו לשממה (שני פסוקים אלה הם תהלים עט ו-ז). ועל כן **שפוך עליהם ועמך וחרון אפך ישיגם** (שם סט, כה), **תרדוף באף** – בחימה, בכעס – **ותשמידם מתחת שמי ה׳** (איכה ג, סו).

זה דורות רבים מאוד, אינוו הווה של חיי שלווה ומנוחה. כאבי ההווה אמנם אינם מרכיב מרכזי של ההגדה, אך גם הסבל מבקש להגיע לידי ביטוי ואי אפשר להתעלם ממנו.

קיימת נטייה לצטט את פסוקי "שפוך חמתך" באופן חלקי, אך אין זה נכון; לא מדובר כאן בעימות עם הגויים באשר הם או נקמה בהם אלא, במובהק, ב"גויים אשר לא ידעוך". הכאב והייסורים קיימים ונזכרים כאן, כשם שהם קיימים ונזכרים בכמה וכמה מזמורי תהילים שבהם, גם במזמורים המתארים אושר ושלווה, שלובים פסוקים של זעף ונקמה. בוודאי שיש בכך דיסוננס מסוים; אבל נוסף על החשיבות שבעצם יצירת הדיסוננס יש כאן גם השלמה של התמונה. אי אפשר לצייר תמונה שלמה של העולם תוך התעלמות ממגרעותיו; צריך לתת את הדעת גם לזה, כשם שצריך להתגונן מפני השונאים והאויבים.

משום כך "שפוך חמתך" ביחד עם פתיחת הדלת המתלווה אליה, ועם חלומו של הילד שנשלח לפתוח את הדלת ומצפה לראות את אליהו הנביא - כל אלה הם דבר אחד; אולי לא חשבון נפש גדול, אבל הכרה במציאותו של העולם, הבאה ביחד עם הבקשה שגם כאן ייעשו הדברים כראוי להם, בזמנם ובמקומם, מתוך תקווה ואמונה שאחרי זה יוכל העולם באמת להגיע למנוחה ולשלווה גמורה.

פתיחת הדלת מנהג פתיחת הדלת בשעת אמירת "שפוך חמתך" הוא מנהג עתיק ורווח, והיו פוסקים שהסבירו את טעמו בהיותו זכר למקדש, שמיד בחצות היו פותחים את שער המקדש בליל פסח לפני עולי הרגל שבאו אז להשתתף בקרבנות החג. והיו שאמרו כי מנהג זה היה אמצעי זהירות כנגד מלשינים ומומרים, לבדוק אם אין מי מהם עומד מאחורי הדלת להלשין, או שאולי מתכננים השונאים להביא דברים שיגרמו לעלילת דם (שהייתה מצויה בסמוך לחג הפסח). אבל המנהג הוא עתיק, ונראה שמקורו קודם לזמן עלילות הדם, ויש שהסבירו שהוא בא כדי לקיים במקצת את האמור בספרים, שאין נועלים את הדלתות בלילה זה שהוא "ליל שימורים" ומשומר מן המזיקים (רמ"א); או שפותחים את הדלת להראות חוזק אמונתנו בביאת המשיח, שבכל עת אנו מחכים לו ומצפים תמיד לגאולה (מטה משה).

אמירת "שפוך חמתך" טעם אמירת "שפוך חמתך", ודווקא במקום זה, איננו מוסכם על הכל, ובפרט שלא נמצא מנהג זה בהגדות העתיקות (של רב עמרם והרמב"ם), אבל הוא מנהג כל ישראל. והיו שהסבירו כי כשם שארבע כוסות מרמזות לארבע כוסות גאולה כן הן מרמזות לארבע כוסות תרעלה ופורענות, ולכן כשמגיעים לכוס רביעית, שהיא השלמת

הלל

מוזגים כוס רביעית וגומרים עליה את ההלל:

תהלים קטו

לֹא לָנוּ יהוה לֹא לָנוּ
כִּי־לְשִׁמְךָ תֵּן כָּבוֹד עַל־חַסְדְּךָ עַל־אֲמִתֶּךָ:
לָמָּה יֹאמְרוּ הַגּוֹיִם אַיֵּה־נָא אֱלֹהֵיהֶם:
וֵאלֹהֵינוּ בַשָּׁמָיִם, כֹּל אֲשֶׁר־חָפֵץ עָשָׂה:
עֲצַבֵּיהֶם כֶּסֶף וְזָהָב, מַעֲשֵׂה יְדֵי אָדָם:
פֶּה־לָהֶם וְלֹא יְדַבֵּרוּ, עֵינַיִם לָהֶם וְלֹא יִרְאוּ:
אָזְנַיִם לָהֶם וְלֹא יִשְׁמָעוּ, אַף לָהֶם וְלֹא יְרִיחוּן:
יְדֵיהֶם וְלֹא יְמִישׁוּן, רַגְלֵיהֶם וְלֹא יְהַלֵּכוּ, לֹא־יֶהְגּוּ בִּגְרוֹנָם:
כְּמוֹהֶם יִהְיוּ עֹשֵׂיהֶם, כֹּל אֲשֶׁר־בֹּטֵחַ בָּהֶם:
יִשְׂרָאֵל בְּטַח בַּיהוה, עֶזְרָם וּמָגִנָּם הוּא:
בֵּית אַהֲרֹן בִּטְחוּ בַיהוה, עֶזְרָם וּמָגִנָּם הוּא:
יִרְאֵי יהוה בִּטְחוּ בַיהוה, עֶזְרָם וּמָגִנָּם הוּא:

ביאור

הלל מכאן והלאה אומרים פרקי תהילה, ותחילה אומרים את רובו של ההלל (ששני פרקיו הראשונים נאמרו לפני הסעודה). פרק קטו בתהלים הוא מצד מסוים פרק של תהילת ישראל לה׳, שבו מגלה עם ישראל את אמונתו בה׳, בניגוד לעובדי האלילים, ומשום כך הוא מצפה לישועת ה׳. **לא לנו ה׳ לא לנו** – כלומר, לא בשבילנו ובעבורנו אנו מבקשים את עזרך, **כי לשמך תן כבוד**, שהרי עם ישראל ידוע כעמו של ה׳, וכל אסון לישראל הריהו כביכול חילול שם ה׳, וכבודם של ישראל הוא גילוי של כבוד ה׳. כי **למה יאמרו הגויים איה נא אלהיהם**, שהרי אין אלקי ישראל מופיע בדמות ובאופן שאפשר להראותו, ואם אינו ניכר במעשיו אפשר לכפור בו, והרי אנו יודעים להפך: כי **ואלהינו בשמים, כל אשר חפץ עשה**, והוא־הוא שליטו של העולם, אף כי אינו נראה. ולעומת זאת **עצביהם** – פסיליהם – של הגויים הלוא הם רק **כסף וזהב מעשה ידי אדם**. והמשורר מפליג בלגלוג עליהם: **פה להם – ולא ידברו, עיניים להם – ולא יראו,**

המצווה, אומרים גם דברים אלה (מאירי, א״ח). או משום שהזכרנו את המצרים פעמים רבות, וכאמור: ״שם רשעים ירקב״, ראוי להזכיר דבר קללה עליהם (א״ח). ויש מפרשים: לפי שעד כה עשינו כמה וכמה מצוות, ובמצוות ובברכות עליהן ידענו את ה׳ וקראנו בשמו, לפיכך אנו פותחים בגנות אלה שלא עשו כן, וסרו מה׳ (א״ח). והמאירי כתב: ״לפי שאחר אכילה אנו מודים ומברכים, ואלה שאוכלים אותנו בכל פה דורסים ואוכלים ואין בפיהם שבח לה׳... על זה נהגו לומר: ׳שפוך חמתך על הגויים אשר לא ידעוך... ובשמך לא קראו׳״.

יהוה זְכָרָנוּ יְבָרֵךְ
יְבָרֵךְ אֶת־בֵּית יִשְׂרָאֵל
יְבָרֵךְ אֶת־בֵּית אַהֲרֹן:
יְבָרֵךְ יִרְאֵי יהוה, הַקְּטַנִּים עִם־הַגְּדֹלִים:
יֹסֵף יהוה עֲלֵיכֶם, עֲלֵיכֶם וְעַל־בְּנֵיכֶם:
בְּרוּכִים אַתֶּם לַיהוה, עֹשֵׂה שָׁמַיִם וָאָרֶץ:
הַשָּׁמַיִם שָׁמַיִם לַיהוה, וְהָאָרֶץ נָתַן לִבְנֵי־אָדָם:
לֹא הַמֵּתִים יְהַלְלוּ־יָהּ, וְלֹא כָּל־יֹרְדֵי דוּמָה:
וַאֲנַחְנוּ נְבָרֵךְ יָהּ, מֵעַתָּה וְעַד־עוֹלָם

הַלְלוּיָהּ:

ביאור

אוזניים להם – ולא ישמעו, אף להם – ולא יריחון. ידיהם ולא ימישון, אינם יכולים להזיזן ולא למשש בהן, **רגליהם – ולא יהלכו, לא יהגו** וישמיעו קול **בגרונם**. ומסיים בדברי תוכחה וקללה: **כמוהם**, כמו האלילים, שאין בהם כל רוח חיים, **יהיו עושיהם, כל אשר בוטח בהם**. ולעומת זאת **ישראל בטח בה׳** כי **עזרם ומגינם הוא. וכן בית אהרן**, הכוהנים, **בטחו בה׳ – עזרם ומגינם הוא**. ובכלל, כל **יראי ה׳**, מישראל ושאינם מישראל, **בטחו בה׳ – עזרם ומגינם הוא.**

ומכאן לדברי הודאה לה׳ על גאולתנו ובקשת ברכה לכל עם ישראל: **ה׳ אשר זכרנו** ועזרנו הוא **יברך. יברך את בית ישראל, יברך את בית אהרן, יברך יראי ה׳**; ואת כל אלה יברך **הקטנים עם הגדולים**. והברכה תהיה: **יוסף ה׳ עליכם** וירבה אתכם, יוסיף **עליכם ועל בניכם. ברוכים אתם לה׳** יוצר העולם, **עושה שמים וארץ**. וכיון שבידי ה׳ גם השמים וגם הארץ, גם העולם הרוחני המופשט וגם העולם הזה, כיון שבידו השלטון

יברך את בית ישראל שירת ההלל היא שירה מובהקת של המקדש, וכיוון שהלוויים הם המשוררים בו, הריהם מברכים את כל המצויים במקדש - בית ישראל, בית אהרן, יראי ה׳. סיפרו על אחד מגדולי הרבנים במאה שעברה שכאשר נפרד מאורח מעיר אחרת אמר לו: מסור דרישת שלום מיוחדת לאלה שאין להם בית. השומע תמה, והסביר לו הרב: הלוא נאמר "בית ישראל", "בית אהרן", ואילו "יראי ה׳" נזכרים לבדם, בלי בית. דבר זה, שנאמר בבדיחות, שייך לפשטו של המקרא. שהרי "בית ישראל" או "בית אהרן" מוגדרים על פי השתייכותם המשפחתית ("בית"), ואילו יראי ה׳ הם הבוחרים מכוח עצמם להיות יראיו.

מעתה ועד עולם והיא ברכה ותהילה בלא הפסק, לפי שהצדיקים אף במיתתם קרויים חיים, והם מוסיפים ומשבחים לה׳ עד עולם (ריעב"ץ).

תהלים קטז

אָהַבְתִּי, כִּי־יִשְׁמַע יהוה, אֶת־קוֹלִי תַּחֲנוּנָי:
כִּי־הִטָּה אָזְנוֹ לִי, וּבְיָמַי אֶקְרָא:
אֲפָפוּנִי חֶבְלֵי־מָוֶת, וּמְצָרֵי שְׁאוֹל מְצָאוּנִי, צָרָה וְיָגוֹן אֶמְצָא:
וּבְשֵׁם־יהוה אֶקְרָא, אָנָּה יהוה מַלְּטָה נַפְשִׁי:
חַנּוּן יהוה וְצַדִּיק, וֵאלֹהֵינוּ מְרַחֵם:
שֹׁמֵר פְּתָאִים יהוה, דַּלּוֹתִי וְלִי יְהוֹשִׁיעַ:
שׁוּבִי נַפְשִׁי לִמְנוּחָיְכִי, כִּי־יהוה גָּמַל עָלָיְכִי:
כִּי חִלַּצְתָּ נַפְשִׁי מִמָּוֶת
אֶת־עֵינִי מִן־דִּמְעָה
אֶת־רַגְלִי מִדֶּחִי:

ביאור

על החיים ואף על המוות (כל זאת בניגוד לאלילי העמים, שכל אליל יש לו פונקציה מיוחדת לעצמו), הרי **השמים שמים לה׳**, והוא לבדו מצוי בעולמותיו העליונים והבלתי מושגים, **והארץ נתן לבני אדם**, והוא חפץ בהם ובטובתם ובחייהם בה. **לא המתים יהללו יה ולא כל יורדי דומה** – קבר, והרי ה׳ הוא היכול לעשות, כי **ואנחנו נברך יה מעתה ועד עולם, הללויה.**

בפרק קטז משתנה נימתו של ההלל. בפרק זה ההלל מבוטא כדברי תודתו של אדם יחיד אשר ניצל ממוות וממצוקה, והוא בא להודות לה׳ בבית המקדש ולהגיד את חסדו בפני כל העם.

אהבתי, כלומר: רציתי, השתוקקתי, **כי ישמע ה׳ קולי קול תחנוני. כי הטה אזנו לי** להקשיב לתחינתי, ועל כן **ובימי** כולם, בימי צרה כבימי ישועה, **אקרא** בשמו. **אפפוני**, הקיפוני, **חבלי** – ייסורי – **מוות, ומצרי** – צרות – **שאול** הקבר, המוות, **מצאוני**, ובכלל: **צרה ויגון אמצא.** ובעתות צרה אלה – **ובשם ה׳ אקרא: אנה, ה׳, מלטה נפשי.** ואכן, **חנון ה׳ וצדיק ואלהינו מרחם. שומר פתאים**, כלומר: תמימים, אנשים בלי ניסיון, **ה׳**, ואף כי **דלותי** – נעשיתי דל, מסכן – **ולי יהושיע**, יושיע. ודברי המשורר לעצמו: **שובי נפשי למנוחיכי** – למנוחתך (הצורה הזו היא צורה ארכאית ופיוטית), **כי ה׳ גמל טובו**

אהבתי כי ישמע ה׳ ובמדרש תהלים פירש את הכתוב כך: אהבתי, אוהב אני את ה׳, ולכן ישמע ה׳ את קולי.

חבלי מוות וברש״י נראה שפירש ואת כדרך חבלים ומלכודות שהמוות מקיף בהם את האדם, והם־הם מצרי שאול.

פתאים המילה מצויה הרבה בספר משלי, ומשם עולה כי אין משמעה טיפש, אלא בעיקר: תמים, נאיבי, חסר ניסיון, אשר משום כך הוא זה שקל לפתותו. חז״ל אף קירבו אותה למלה היוונית בעלת צליל דומה שמשמעה: ילד, והבינו כי פתי הוא אדם צעיר או ילדותי.

אֶתְהַלֵּךְ לִפְנֵי יהוה, בְּאַרְצוֹת הַחַיִּים:
הֶאֱמַנְתִּי כִּי אֲדַבֵּר, אֲנִי עָנִיתִי מְאֹד:
אֲנִי אָמַרְתִּי בְחָפְזִי, כָּל־הָאָדָם כֹּזֵב:

מָה־אָשִׁיב לַיהוה, כָּל־תַּגְמוּלוֹהִי עָלָי:
כּוֹס־יְשׁוּעוֹת אֶשָּׂא, וּבְשֵׁם יהוה אֶקְרָא:
נְדָרַי לַיהוה אֲשַׁלֵּם, נֶגְדָה־נָּא לְכָל־עַמּוֹ:
יָקָר בְּעֵינֵי יהוה, הַמָּוְתָה לַחֲסִידָיו:
אָנָּה יהוה כִּי־אֲנִי עַבְדֶּךָ
אֲנִי־עַבְדְּךָ בֶּן־אֲמָתֶךָ, פִּתַּחְתָּ לְמוֹסֵרָי:
לְךָ־אֶזְבַּח זֶבַח תּוֹדָה, וּבְשֵׁם יהוה אֶקְרָא:
נְדָרַי לַיהוה אֲשַׁלֵּם, נֶגְדָה־נָּא לְכָל־עַמּוֹ:
בְּחַצְרוֹת בֵּית יהוה, בְּתוֹכֵכִי יְרוּשָׁלָםִ

הַלְלוּיָהּ:

ביאור

וחסדו **עליכי**, עליך. **כי הצלת נפשי ממות, את עיני מן דמעה, את רגלי מדחי**, ממכשול ונפילה. ומעתה, לאחר ההצלה ממוות, **אתהלך לפני ה' בארצות החיים. האמנתי**, ואני מאמין בה', וזהו הטעם **כי אדבר** ואשמיע את תהילתו. **אני עניתי**, כלומר: אמרתי בקול רם, קול ענות, **מאוד. אני אמרתי בחפזי** באותן עתות צרה, כאשר נראה היה כי הכל בגדו בי, **כל האדם כוזב**, משקר ומרמה, ואין כל משען בעולם. ואולם גיליתי כי יש עוד ישועה, ויש עוד נאמנות בעולם, ומכוחן ניצלתי. **מה אשיב לה'** עבור **כל תגמולוהי** – תגמוליו, חסדיו, **עלי? כוס ישועות**, כוס יין של שמחה, **אשא** וארים, ועמה **בשם ה' אקרא**, להודיע לכל את ישועתו. **נדרי** שנדרתי לה' בשעת צרתי **אשלם**, ואעשה זאת

האמנתי כי אדבר מלים אלה נדרשו בהרבה פנים. ומהן: האמנתי, ומשום כך אדבר ואפרסם את אמונתי. וגם: האמנתי משום שאני מדבר ומשיח בענייני אמונה.

אני עניתי מאד ויש מפרשים "עניתי" כמו "עוניתי", עברתי ייסורים ועינויים רבים מאוד.

נדרי לה' אשלם מפסוק זה, כמו גם מפסוקים אחרים בפרק זה, נראה כי שיר זה נלווה להבאת קורבן לה' כתודה על ישועתו. ואולי נלווה במיוחד לזבח התודה (שהוא קורבן מיוחד שדיניו מפורשים בתורה, שאנשים מתנדבים להביאו כאות הודאה לה'). ובזה דומה הוא ל"מזמור לתודה" (תהלים ק), וכל המזמור מזכיר פסוקים אחרים: "זבח לאלהים תודה ושלם לעליון נדריך, וקראני ביום צרה אחלצך ותכבדני" (תהלים נ, יד-טו).

הַלְלוּ אֶת־יהוה כָּל־גּוֹיִם, שַׁבְּחוּהוּ כָּל־הָאֻמִּים: תהלים קיז
כִּי גָבַר עָלֵינוּ חַסְדּוֹ, וֶאֱמֶת־יהוה לְעוֹלָם

הַלְלוּיָהּ:

הוֹדוּ לַיהוה כִּי־טוֹב כִּי לְעוֹלָם חַסְדּוֹ: תהלים קיח
יֹאמַר־נָא יִשְׂרָאֵל כִּי לְעוֹלָם חַסְדּוֹ:
יֹאמְרוּ־נָא בֵית־אַהֲרֹן כִּי לְעוֹלָם חַסְדּוֹ:
יֹאמְרוּ־נָא יִרְאֵי יהוה כִּי לְעוֹלָם חַסְדּוֹ:

מִן־הַמֵּצַר קָרָאתִי יָּהּ, עָנָנִי בַמֶּרְחָב יָהּ:
יהוה לִי לֹא אִירָא, מַה־יַּעֲשֶׂה לִי אָדָם:

ביאור

בפרסום: **נגדה נא** – כלומר, ממול, בפני, **לכל עמו**, כדי שתהא זו הזדמנות להודיע לכל את חסדי ה׳. ואומר לכל: **יקר** – כבד, קשה (כמשמעות המילה הזו בארמית) **בעיני ה׳ המוותה** – המוות – **לחסידיו**, והוא חפץ בחייהם. ותפילתי הייתה: **אנה ה׳ כי אני עבדך, אני עבדך בן אמתך** המשועבד לך והנכנע תמיד לרצונך. ואכן, אתה **פיתחת למוסרי** – התרת את השלשלאות והחבלים האוסרים אותי, ועל כן **לך אזבח זבח תודה ובשם ה׳ אקרא**. ושוב, **נדרי אלה לה׳ אשלם נגדה נא לכל עמו**. והיכן? **בחצרות בית ה׳, בתוככי** – בתוך – **ירושלים, הללויה.**

פרק קיז הקצר הוא דברי תהילה כלליים של כלל ישראל, הקורא לכל העולם להשתתף בתודה לה׳ על חסדו. **הללו את ה׳ כל גויים**, כל העמים, **שבחוהו כל האומים** – האומות, הלאומים. ועוד יותר צריכים אנו להודות **כי גבר** וגדל **עלינו חסדו, ואמת ה׳** – שהבטיחנו כי ניוושע – **לעולם, הללויה.**

פרק קיח הוא מזמור תהילה שיש בו דברי הודאה כלליים ופרטיים, ונראה כי הושר במקדש על ידי כמה מקהלות, והוא כעין סיכום של פרקי התהילה הקודמים לו. **הודו לה׳ כי טוב** הוא! **כי לעולם חסדו. יאמר נא** עם **ישראל כי לעולם חסדו, יאמרו נא בית אהרן כי לעולם חסדו. יאמרו נא יראי ה׳** כולם **כי לעולם חסדו.**

אני עבדך בן אמתך הביטוי הזה מורה על קשר הדוק ביותר: לא כעבד קנוי מקנת כסף, שעיקר עבודתו מפני יראתו, אלא כיליד בית, שנוצר מלידה להיות לעבד לה׳ (וכעין האמור בירמיה: "בטרם אצורך בבטן ידעתיך").

במרחביה במלה זו, כמו במלה "הללויה" ואחרות, נחלקו דעות חכמי התלמוד. היו שחילקון (גם בכתיבה) לשתיים: מרחב יה, הללו יה, והיו שראו בהן מלה אחת, צורה מורחבת ופיוטית עבור מרחב או הלל.

יהוה לִי בְּעֹזְרָי, וַאֲנִי אֶרְאֶה בְשֹׂנְאָי:
טוב לַחֲסות בַּיהוה, מִבְּטֹחַ בָּאָדָם:
טוב לַחֲסות בַּיהוה, מִבְּטֹחַ בִּנְדִיבִים:
כָּל־גּוֹיִם סְבָבוּנִי, בְּשֵׁם יהוה כִּי אֲמִילַם:
סַבּוּנִי גַם־סְבָבוּנִי, בְּשֵׁם יהוה כִּי אֲמִילַם:
סַבּוּנִי כִדְבֹרִים, דֹּעֲכוּ כְּאֵשׁ קוֹצִים, בְּשֵׁם יהוה כִּי אֲמִילַם:
דָּחֹה דְחִיתַנִי לִנְפֹּל, וַיהוה עֲזָרָנִי:
עָזִּי וְזִמְרָת יָהּ, וַיְהִי־לִי לִישׁוּעָה:
קול רִנָּה וִישׁוּעָה בְּאָהֳלֵי צַדִּיקִים, יְמִין יהוה עֹשָׂה חָיִל:
יְמִין יהוה רוֹמֵמָה, יְמִין יהוה עֹשָׂה חָיִל:
לֹא־אָמוּת כִּי־אֶחְיֶה, וַאֲסַפֵּר מַעֲשֵׂי יָהּ:

ביאור

ומכאן לפירוטם של דברי התודה הנאמרים בפיו ובשמו של היחיד: **מן המצר**, הדוחק והכאב, **קראתי יה** לעזור לי, **ענני במרחביה**, כי הושיעני, ומענהו היה להוציאני מן המצר. ובכלל, אם ה' לי, אם הוא בעזרי, **לא אירא, מה יעשה לי אדם** כנגד כוח ה'? **ה' לי בעוזרי, ואני אראה** במפלת ובפורענות **שונאי. טוב לחסות בה' מבטוח באדם**, לפי שחסד ה' הוא נצחי ועזרתו קיימת תמיד, **טוב לחסות בה' מבטוח** אפילו **בנדיבים**, גדולי העם ותקיפיו. **כל גויים סבבוני** להילחם בי, ואני אמרתי: **בשם ה' כי אמילם** – אכריתם, אשמידם. **סבוני גם סבבוני** מכל צד, ואני אמרתי **בשם ה' כי אמילם. סבוני** אויבי **כדבורים** הבאות לעקוץ, אך **דועכו** כבר מהרה **כאש קוצים**, שהיא אמנם דולקת מהר ונראית מאיימת מאוד, אך גם כבה מהר, כי אמרתי: **בשם ה' כי אמילם.** ואתה האויב **דחה דחיתני**, דחפת אותי, **לנפול**, אבל **וה' עזרני. עזי** – עוז (היו"ד הנוספת היא לשם המשקל) **וזמרת** – שבח וזמרה ליה – **ויהי לי לישועה.** והזמרה היא **קול רינה וישועה באהלי צדיקים**, כי **ימין ה'** – כוחו וגבורתו – **עושה חיל. ימין ה' רוממה** על האויבים, **ימין ה' עושה חיל.** ובסיכומו של דבר, למרות הסכנה, למרות האויבים המקיפים מכל צד, **לא אמות כי אם אחיה, ואספר מעשי יה** אשר הצילני מרעה. אמנם **יסור יסרני יה**

סבוני גם סבבוני והיה שכתב כי יש כאן ארבע לשונות "סבוני" ו"סבבוני" המרמזים לארבע מלכויות שמהן ניצלו, ועתידים ישראל להיגאל.

סבוני כדבורים התיאור הפיוטי הזה צומח מתוך המציאות; כאשר מתקרב אויב מאיים לכוורת הדבורים, יוצא נחיל שלם של דבורים, מקיף את הבא מכל הצדדים ועוקץ אותו (לעתים עד מוות). וכן מתוארת התקפת אויב בתורה: "וירדפו אתכם כאשר תעשינה הדבורים" (דברים א, מד).

עזי וזמרת יה משפט קשה זה, הנזכר כמה פעמים במקרא (גם בשירת הים), פירשוהו בכמה דרכים. ומהן – כאילו היה כתוב :"עזי וזמרתי יה", או: "עזי וזמרתי - זמרת יה".

יַסֹּר יִסְּרַנִּי יָהּ, וְלַמָּוֶת לֹא נְתָנָנִי:
פִּתְחוּ־לִי שַׁעֲרֵי־צֶדֶק, אָבֹא־בָם אוֹדֶה יָהּ:
זֶה־הַשַּׁעַר לַיהוה, צַדִּיקִים יָבֹאוּ בוֹ:

אוֹדְךָ כִּי עֲנִיתָנִי, וַתְּהִי־לִי לִישׁוּעָה:
אוֹדְךָ כִּי עֲנִיתָנִי, וַתְּהִי־לִי לִישׁוּעָה:
אֶבֶן מָאֲסוּ הַבּוֹנִים, הָיְתָה לְרֹאשׁ פִּנָּה:
אֶבֶן מָאֲסוּ הַבּוֹנִים, הָיְתָה לְרֹאשׁ פִּנָּה:
מֵאֵת יהוה הָיְתָה זֹּאת, הִיא נִפְלָאת בְּעֵינֵינוּ:
מֵאֵת יהוה הָיְתָה זֹּאת, הִיא נִפְלָאת בְּעֵינֵינוּ:
זֶה־הַיּוֹם עָשָׂה יהוה, נָגִילָה וְנִשְׂמְחָה בוֹ:
זֶה־הַיּוֹם עָשָׂה יהוה, נָגִילָה וְנִשְׂמְחָה בוֹ:

אָנָּא יהוה הוֹשִׁיעָה נָּא: אָנָּא יהוה הוֹשִׁיעָה נָּא:
אָנָּא יהוה הַצְלִיחָה נָּא: אָנָּא יהוה הַצְלִיחָה נָּא:

ביאור

מתחילה, אך **ולמות לא נתנני**. ואומר המתפלל: **פתחו לי שערי צדק**, שערי המקדש, **אבוא בם** ושם **אודה יה** כאשר נדרתי. ועונים לו: אכן, **זה השער**, שער המקדש, הוא השער **לה׳**, **צדיקים יבואו בו**.

מפסוק זה ואילך מסורת עתיקה היא לחזור על כל פסוק עוד פעם אחת, עד לסוף הפרק. ונראה כי מכאן יש שירת מקהלה, שבה מתחלפים מדי פעם האישים המדברים. תחילה מדבר המשורר, האיש שניצל מצרתו: **אודך כי עניתני** בקראי אליך **ותהי** – היית – **לי לישועה**. **אבן מאסו הבונים**, שלא רצו להשתמש בה משום שלא נחשבה בעיניהם יפה וחזקה למדי, לבסוף היא **הייתה לראש פינה** – האבן הנמצאת בפינת הבית, שהיא בולטת ונראית מכל צד, ועליה הבניין עומד. והכל מסכמים: **מאת ה׳ היתה זאת**, שייקרו הדברים באופן זה, **היא** נפלאת – מופלאה, בלתי מובנת – **בעינינו**. וביום הישועה וההודאה אומרים: **זה היום עשה ה׳ נגילה ונשמחה בו**. וחוזר המתפלל ואומר את דברי תחינתו בעבר ובהווה: **אנא ה׳ הושיעה נא** מן הצרה והמיצר, **אנא ה׳ הצליחה נא** בעתיד. ושוב

פתחו לי שערי צדק כמה מפרשים (ובניהם רס"ג) פירשו זאת כביטוי אלגורי: קריאה שייפתחו לפניו אופני הביטוי והדיבור הראויים כדי שיוכל לשבח בהם את ה׳ כיאות. וכיוצא בזה אומרים בתחילת כל תפילה: "ה׳ שפתי תפתח ופי יגיד תהילתך" (תהלים נא, יז).

בָּרוּךְ הַבָּא בְּשֵׁם יהוה, בֵּרַכְנוּכֶם מִבֵּית יהוה:

בָּרוּךְ הַבָּא בְּשֵׁם יהוה, בֵּרַכְנוּכֶם מִבֵּית יהוה:

אֵל יהוה וַיָּאֶר לָנוּ, אִסְרוּ־חַג בַּעֲבֹתִים עַד־קַרְנוֹת הַמִּזְבֵּחַ:

אֵל יהוה וַיָּאֶר לָנוּ, אִסְרוּ־חַג בַּעֲבֹתִים עַד־קַרְנוֹת הַמִּזְבֵּחַ:

אֵלִי אַתָּה וְאוֹדֶךָּ, אֱלֹהַי אֲרוֹמְמֶךָּ:

אֵלִי אַתָּה וְאוֹדֶךָּ, אֱלֹהַי אֲרוֹמְמֶךָּ:

הוֹדוּ לַיהוה כִּי־טוֹב, כִּי לְעוֹלָם חַסְדּוֹ:

הוֹדוּ לַיהוה כִּי־טוֹב, כִּי לְעוֹלָם חַסְדּוֹ:

ביאור

עונים ואומרים הבאים והיושבים בבית ה': **ברוך הבא בשם ה', ברכנוכם מבית ה'. אל** לנו, הוא **ה', ויאר לנו** מאור פניו (השווה במדבר ו, כה), **אסרו חג** – כלומר, קשרו את קורבן החג **בעבותים**, בחבלים, **עד** שיביאו אותו אל **קרנות המזבח** ושם יקריבו אותו כקורבן תודה. וחוזר ואומר מביא הקורבן, האיש הבא להודות: **אלי אתה – ואודך, אלהי – ארוממך**. והכל מסיימים: **הודו לה' כי טוב** הוא, **כי לעולם חסדו**.

עד כאן נאמר שיר ההלל המפורסם ביותר, הקרוי "הלל" סתם, או לעתים "הלל המצרי" (בשל הזכרת יציאת מצרים בו). ומכאן באים לפרק תהלים אחר, שאף הוא כולו הלל, והוא פרק קלו בתהלים, הקרוי בפי חז"ל "הלל הגדול".

אסרו חג מצירוף המילים הזה נוצר הכינוי המקובל ליום שלאחר כל חג – "אסרו חג", שפירשו את המילים בדרך מליצה כאילו רוצים לקשור את ימי החג ולא להיפרד מהם. ומשום כך נוהגים ביום שלאחר החג מקצת מנהגי שמחה.

הכפלת פסוקים מנהג עתיק – שכבר היה קיים בראשית תקופת התלמוד – הוא להכפיל כמה וכמה מפסוקי ההלל, ובפרט את פסוקיו האחרונים. ואולי בא הדבר לזכור האופן שבו היו שרים את ההלל במקהלות הלוויים בבית המקדש, מקהלה כנגד מקהלה (וראה במדרש תהלים).

הוֹדוּ לַיהוה כִּי־טוֹב | כִּי לְעוֹלָם חַסְדּוֹ: פסחים קיח.
הוֹדוּ לֵאלֹהֵי הָאֱלֹהִים | כִּי לְעוֹלָם חַסְדּוֹ:
הוֹדוּ לַאֲדֹנֵי הָאֲדֹנִים | כִּי לְעוֹלָם חַסְדּוֹ:
לְעֹשֵׂה נִפְלָאוֹת גְּדֹלוֹת לְבַדּוֹ | כִּי לְעוֹלָם חַסְדּוֹ:
לְעֹשֵׂה הַשָּׁמַיִם בִּתְבוּנָה | כִּי לְעוֹלָם חַסְדּוֹ:
לְרֹקַע הָאָרֶץ עַל־הַמָּיִם | כִּי לְעוֹלָם חַסְדּוֹ:
לְעֹשֵׂה אוֹרִים גְּדֹלִים | כִּי לְעוֹלָם חַסְדּוֹ:
אֶת־הַשֶּׁמֶשׁ לְמֶמְשֶׁלֶת בַּיּוֹם | כִּי לְעוֹלָם חַסְדּוֹ:
אֶת־הַיָּרֵחַ וְכוֹכָבִים לְמֶמְשְׁלוֹת בַּלָּיְלָה | כִּי לְעוֹלָם חַסְדּוֹ:

ביאור

הלל זה הוא שיר מקהלה מובהק, כאשר חציו הראשון של כל פסוק יש בו שבחו של הקב"ה וחציו השני דברי תשובה "כי לעולם חסדו". לא תמיד מתאימה התשובה אל חלקו הראשון של הכתוב, לפי שתשובה זו היא פזמון חוזר של המקהלה, ואילו תוכן השיר בלבד מובן יפה אם קוראים רק את חלקם הראשון של הפסוקים (והשווה זאת למזמור הקודם, קלה, הדומה מאוד בסגנונו, אלא שהוא ללא צירוף הפזמון החוזר). הביטוי החוזר, שיש לשים אותו – לפחות במחשבה – בראש כל פסוק הוא "הודו לה'", שאחריו יש פירוט השבח שעליו יש להודות. **הודו לה' כי טוב כי לעולם חסדו** משתלב יפה עם סיומו של ההלל האחר, שהוא אותו פסוק עצמו. **הודו לאלהי האלהים**, שהרי ה' עליון על כל הכוחות העליונים, וגם אלה הקרויים לעתים (גם במקרא) "אלהים" (כמו המלאכים), וכן **הודו לאדוני האדונים**. אגב, בלשון המקרא משתמשים בלשון רבים כלשון כבוד, ולכן במקרים כגון אלה מדברים על "אדונים" כלשון יחיד. ומכאן לשבחו של ה' מתחילת בריאת העולם: **לעושה נפלאות גדולות לבדו** ואינו נזקק לא לכוחות אחרים ולא לגורמים אחרים שיעזרוהו – לא בבריאתו של עולם ולא בנסים שעושה. **לעושה השמים בתבונה** (בריאת היום השני), **לרוקע**, שוטח, **הארץ על המים** (בריאת היום השלישי), **לעושה אורים גדולים** (בריאת היום הרביעי), והוא מפרט: לבורא **את השמש לממשלת ביום, את הירח וכוכבים לממשלות בלילה**, כלשון התורה, ("את המאור הגדול לממשלת היום

הלל הגדול במזמור זה של תהילה יש עשרים ושישה פסוקים, וכבר דרשו בתלמוד (פסחים קיח, א) כמה דרשות על מספר זה. וכבר רמזו המקובלים על כך שהוא מספרו של השם המפורש, ובכמה סידורים אכן מסמנים את אותיות השם ליד כל פסוק מתאים. ובתלמוד הסבירו שהוא נקרא הלל הגדול משום שיש בו גם שבח ה' כיוצר העולם, גם דברי הודאה של עם ישראל על הנסים בזמן יציאת מצרים, וגם הפסוק המדבר על נתינת מזון לכל חי ("נותן לחם לכל בשר").

לעושה נפלאות גדולות לבדו כבר בגמרא דרשו כתוב זה שיש מעשי ניסים וישועות מרובים שה' עושה לבדו, במובן זה שהאדם שנעשה לו הנס כלל אינו יודע על הנס שנעשה לו, ורק ה' לבדו יודע כמה ניסים הוא עושה בכל עת.

לְמַכֵּה מִצְרַיִם בִּבְכוֹרֵיהֶם כִּי לְעוֹלָם חַסְדּוֹ:
וַיּוֹצֵא יִשְׂרָאֵל מִתּוֹכָם כִּי לְעוֹלָם חַסְדּוֹ:
בְּיָד חֲזָקָה וּבִזְרוֹעַ נְטוּיָה כִּי לְעוֹלָם חַסְדּוֹ:
לְגֹזֵר יַם־סוּף לִגְזָרִים כִּי לְעוֹלָם חַסְדּוֹ:
וְהֶעֱבִיר יִשְׂרָאֵל בְּתוֹכוֹ כִּי לְעוֹלָם חַסְדּוֹ:
וְנִעֵר פַּרְעֹה וְחֵילוֹ בְיַם־סוּף כִּי לְעוֹלָם חַסְדּוֹ:
לְמוֹלִיךְ עַמּוֹ בַּמִּדְבָּר כִּי לְעוֹלָם חַסְדּוֹ:
לְמַכֵּה מְלָכִים גְּדֹלִים כִּי לְעוֹלָם חַסְדּוֹ:
וַיַּהֲרֹג מְלָכִים אַדִּירִים כִּי לְעוֹלָם חַסְדּוֹ:
לְסִיחוֹן מֶלֶךְ הָאֱמֹרִי כִּי לְעוֹלָם חַסְדּוֹ:
וּלְעוֹג מֶלֶךְ הַבָּשָׁן כִּי לְעוֹלָם חַסְדּוֹ:
וְנָתַן אַרְצָם לְנַחֲלָה כִּי לְעוֹלָם חַסְדּוֹ:
נַחֲלָה לְיִשְׂרָאֵל עַבְדּוֹ כִּי לְעוֹלָם חַסְדּוֹ:
שֶׁבְּשִׁפְלֵנוּ זָכַר לָנוּ כִּי לְעוֹלָם חַסְדּוֹ:
וַיִּפְרְקֵנוּ מִצָּרֵינוּ כִּי לְעוֹלָם חַסְדּוֹ:
נֹתֵן לֶחֶם לְכָל־בָּשָׂר כִּי לְעוֹלָם חַסְדּוֹ:
הוֹדוּ לְאֵל הַשָּׁמָיִם כִּי לְעוֹלָם חַסְדּוֹ:

ביאור

ואת המאור הקטן לממשלת הלילה ואת הכוכבים" בראשית א, טז). ומסיפור הבריאה לסיפור נסי יציאת מצרים שהוא, במובן היהודי, הסיפור המקביל לו, שהרי הוא סיפור יצירת עם ישראל כעם: **למכה מצרים** בהכותו **בבכוריהם, ויוצא ישראל מתוכם, ביד חזקה ובזרוע נטויה,** כמפורש כמה פעמים, **לגוזר ים סוף לגזרים** בשעה שעברו בו ישראל. מלשון זו למדו במדרש כי ים סוף לא נבקע לשני חלקים בלבד אלא לגזרים רבים, וכל אחד מן השבטים הלך בנתיב מיוחד שנבקע לו בתוך הים. **והעביר ישראל בתוכו, וניער פרעה וחילו בים סוף. למוליך עמו במדבר** ומפרנסם בו בכל אותן השנים.

למכה מצרים בבכוריהם במדרשים קדומים פירשו כי לפני יציאת מצרים, כאשר הכריז משה על מכת בכורות, טענו הבכורים שהגיעה עת לשחרר את ישראל, וכיון שלא נענו שאר המצרים לכך, נלחמו בהם הבכורים והרגו בהם, והוא שנאמר "מכה מצרים (על ידי) בכוריהם".

ויפרקנו לשון זו משמעה, כמו בארמית, הצלה וישועה. וממנה גם (הן בשימוש העתיק והן בשימוש החדש) שם העצם המופשט "פורקן".

נִשְׁמַת

כָּל חַי תְּבָרֵךְ אֶת שִׁמְךָ, יהוה אֱלֹהֵינוּ
וְרוּחַ כָּל בָּשָׂר תְּפָאֵר וּתְרוֹמֵם זִכְרְךָ מַלְכֵּנוּ תָּמִיד
מִן הָעוֹלָם וְעַד הָעוֹלָם אַתָּה אֵל.
וּמִבַּלְעָדֶיךָ אֵין לָנוּ מֶלֶךְ גּוֹאֵל וּמוֹשִׁיעַ
פּוֹדֶה וּמַצִּיל וּמְפַרְנֵס וְעוֹנֶה וּמְרַחֵם
בְּכָל עֵת צָרָה וְצוּקָה אֵין לָנוּ מֶלֶךְ עוֹזֵר וְסוֹמֵךְ אֶלָּא אָתָּה.

ביאור

ומכאן לכניסה לארץ ישראל, ותחילה בימי משה: **למכה מלכים גדולים, ויהרוג מלכים אדירים**, שהרג **לסיחון** – היינו: את סיחון, וכך דרך כמה מקראות, כמו בארמית – **מלך האמורי ולעוג מלך הבשן.** ומכאן לירושת הארץ: **ונתן ארצם לנחלה, נחלה לישראל עבדו.** והלאה בדורות הבאים של ימי השופטים: **שבשפלנו** ובירידתנו **זכר לנו** את חסדי האבות **ויפרקנו** – הציל אותנו **מצרינו.** ובסיכום, יש חסד ה' הנראה בכל יום לכל היצורים בעולם: **נותן לחם לכל בשר.** ולכן **הודו לאל השמים כי לעולם חסדו.**

ברכת השיר – **"נשמת"** תפילת "נשמת" היא חלק קבוע מנוסח תפילת שחרית של ימי מועד ושבת (לפני "ישתבח"), והיא מן התפילות היותר עתיקות שבסידור התפילה, כי נוסחה המקורי קיים היה כנראה כבר בימי הבית השני, והאריכו המקובלים והחסידים בשבח תפילה זו, ומנו את מילותיה ואותיותיה. עיקרה של התפילה – דברי התודה של נשמתנו לקב"ה על העבר ועל העתיד.

נשמת כל חי מתייחס לא רק לנשמות בני אדם בכלל, ובני ישראל בפרט, אלא לכל ברואי העולם כולו, שהרי הקב"ה הוא המעניק מטובו לכל העולם, ולכן נשמת כל חי מפארת שמו **ורוח כל בשר תפאר ותרומם זכרך** – כלומר: הזכרתך, הזכרת שמך. שכן **מן העולם ועד העולם** – כלשון הכתוב בתהלים קו, מח, שמשמעו: לנצח, בכל זמן ועידן – **ומבלעדיך**, מלבדך, חוץ ממך אין לנו מקור של כוח ומשען אלא אתה. אתה הוא

נשמת כל חי הרעיון כי כל ברואי העולם משבחים את בוראם מצוי במזמורים רבים בספר תהלים, ובדרך מפורטת מצויים הדברים ב"פרק שירה", שבו מיוחסים ליצורים רבים (דומם וצומח, חיות ועופות וחרקים) פסוקים של שיר שהם שרים ליוצרם. ובעיקרם של דברים - שכל יצור, בדממה או בקול, אומר שירה. ואף שרובם אינם מבינים ומודעים לכך, מכל מקום עולה מכולם שירת העולם לבוראו. בזוהר (פ' תרומה) נאמרו דברים רבים בשבח תפילה זו, ואף מנו את מספר המלים בה, ואמרו שהן במניין מ"ה ומ"י הרומזות לחכמה ובינה. ועוד אמרו שם (פ' ויקהל) כי ביום הזה של התעלות, התשבחות לה' הן רק בדרגות הגבוהות של הנפש, בבחינת נשמה ובבחינת רוח, ואילו נפש וגוף אינם נזכרים בתהילה זו.

אֱלֹהֵי הָרִאשׁוֹנִים וְהָאַחֲרוֹנִים
אֱלוֹהַּ כָּל בְּרִיּוֹת
אֲדוֹן כָּל תּוֹלָדוֹת הַמְהֻלָּל בְּרֹב הַתִּשְׁבָּחוֹת
הַמְנַהֵג עוֹלָמוֹ בְּחֶסֶד וּבְרִיּוֹתָיו בְּרַחֲמִים.
וַיהוה עֵר, הִנֵּה לֹא יָנוּם וְלֹא יִישָׁן
הַמְעוֹרֵר יְשֵׁנִים וְהַמֵּקִיץ נִרְדָּמִים
וְהַמֵּשִׂיחַ אִלְּמִים וְהַמַּתִּיר אֲסוּרִים
וְהַסּוֹמֵךְ נוֹפְלִים וְהַזּוֹקֵף כְּפוּפִים וְהַמְפַעְנֵחַ נֶעְלָמִים
וּלְךָ לְבַדְּךָ אֲנַחְנוּ מוֹדִים
וְאִלּוּ פִינוּ מָלֵא שִׁירָה כַּיָּם
וּלְשׁוֹנֵנוּ רִנָּה כַּהֲמוֹן גַּלָּיו

ביאור

עונה ומרחם בכל עת צרה וצוקה – מצוקה, **אין לנו מלך אלא אתה.** אתה הוא **אלהי הראשונים והאחרונים**, שהרי אתה הוא ראשון ואחרון, **אלוה** עבור **כל בריות** – הברואים השונים בעולם, **אדון כל תולדות** – כל הדברים שבאו ונולדו ונוצרו גם בעקיפין מן הברואים הראשונים, שהרי הקב"ה אדון הוא על כולם, **המהולל בכל התשבחות** (ויש נוסח ברוב – בהרבה תשבחות). **המנהג** – מנהיג – את **עולמו בחסד** ואת **בריותיו ברחמים. וה' לא ינום ולא יישן** – על דרך לשון הכתוב בתהלים קכא, ד, לומר שה' פועל ומשגיח בעולמו תמיד וללא הפסק, שהרי במהלך החיים של העולם הוא מחיה את כל המצויים בו, והוא **המעורר ישנים** ונותן להם ערנות וכוח, **והמקיץ נרדמים, המשיח אילמים** – שנותן באדם את כוח הדיבור – **והמתיר אסורים**, לפי שהוא מעניק ליצוריו את יכולת התנועה, **והסומך נופלים והזוקף כפופים.** ועל כן, כיון שה' הוא מקור החיים ופעולות החיים של כל היצורים, **לך לבדך אנחנו מודים.** אכן, מוטלת עלינו, על כל העולם – ועל עם ישראל בייחוד – חובת ההודאה, אלא שבעצם אין אנו יכולים לצאת ידי חובה זו כראוי, שכן אין בנו, ביצורי אנוש, כוח לעשות זאת, כי **אילו פינו מלא שירה כים**, שגליו נעים תמיד והמשורר שומע בהם את שירתו המתמדת של הים, **ולשוננו**

המהולל בכל התשבחות יש נוסח רווח "ברוב התשבחות" ועניינו: בריבוי התשבחות. ולשון "בכל התשבחות" תמכו בה רבים מגדולי ישראל ואמרו שהיא עדיפה לפי שאינה משתמעת לשתי פנים. והרמ"ק כתב כי כוח ה' המאיר בעולם על ידי שכינתו הוא השוכן בכל היצורים, ולכן כל התשבחות הן בעצם רק לו ולשמו. שגם דברים אחרים שמשבחים בעולם בסופו של דבר נובעים כולם מן המקור הראשון, שממנו החיים וממנו כל המעלות, ונמצא שכל התשבחות אינן אלא תשבחות לה'.

אלהי הראשונים וכו': כאן מרמז לכל דרגות העולמות: אלהי הראשונים – הם העולמות העליונים, עולם הנקודים ועולם העקודים,

וְשִׂפְתוֹתֵינוּ שֶׁבַח כְּמֶרְחֲבֵי רָקִיעַ
וְעֵינֵינוּ מְאִירוֹת כַּשֶּׁמֶשׁ וְכַיָּרֵחַ
וְיָדֵינוּ פְרוּשׂוֹת כְּנִשְׁרֵי שָׁמָיִם
וְרַגְלֵינוּ קַלּוֹת כָּאַיָּלוֹת
אֵין אֲנַחְנוּ מַסְפִּיקִים לְהוֹדוֹת לְךָ
יהוה אֱלֹהֵינוּ וֵאלֹהֵי אֲבוֹתֵינוּ
וּלְבָרֵךְ אֶת שְׁמֶךָ, מַלְכֵּנוּ
עַל אַחַת מֵאָלֶף אֶלֶף אַלְפֵי אֲלָפִים וְרִבֵּי רְבָבוֹת פְּעָמִים
הַטּוֹבוֹת, נִסִּים וְנִפְלָאוֹת שֶׁעָשִׂיתָ עִם אֲבוֹתֵינוּ וְעִמָּנוּ
מִלְּפָנִים מִמִּצְרַיִם גְּאַלְתָּנוּ, יהוה אֱלֹהֵינוּ
וּמִבֵּית עֲבָדִים פְּדִיתָנוּ
בְּרָעָב זַנְתָּנוּ וּבְשָׂבָע כִּלְכַּלְתָּנוּ
מֵחֶרֶב הִצַּלְתָּנוּ וּמִדֶּבֶר מִלַּטְתָּנוּ
וּמֵחֳלָיִים רָעִים וְרַבִּים וְנֶאֱמָנִים דִּלִּיתָנוּ.

ביאור

הייתה מסוגלת להשמיע **רינה כהמון**, קול המיית **גליו** של הים, שאף קולו הוא קול שירה מתמיד, אילו היה בשפתותינו **שבח** כמו שיש במרחבי רקיע; שכן עבור המשורר מרחבי השמים כשלעצמם הם תהילה ושבח, הודאה ורוממות; ואילו היו עינינו **מאירות כשמש וכירח**, **וידינו פרושות** ומאפשרות לנו לעוף כנשרי שמים, או **רגלינו קלות כאיילות**, הלא גם אז **אין אנחנו מספיקים**, מסוגלים לספק את הצורך **להודות לך ה' אלהינו** אפילו **על אחת מאלף אלפי אלפים ורבי רבבות פעמים של הטובות שעשית עם אבותינו ועמנו**. והוא מונה מקצתם: **ממצרים גאלתנו... ומבית עבדים פדיתנו**, **ברעב** בכל דור **זנתנו ובשבע כלכלתנו** באופן שנוכל לחיות בדרך כבוד בזמנים אלה, **מחרב** מלחמה **הצלתנו ומדבר** ומגפות **מילטתנו**, **ומחוליים רעים ונאמנים** (כלשון הכתוב בדברים כח, נט) כלומר, מכאיבים ובלתי פוסקים, **דיליתנו** – הגבהת, הרמת והצלת אותנו.

והאחרונים – כנגד עולם האצילות, עולם התיקון. אלהי כל הבריות – בעולם הבריאה, אדון כל תולדות – בעולם היצירה, המנהג עולמו בחסד – בעולם העשייה.

ובשבע כלכלתנו יש שפירש כי לעתים, גם בעת שובע, נוצר מצב שאנשים מסוימים אינם יכולים להשיג כסף כדי לקנות מזון, ולכן יש להודות גם על "בשבע כלכלתנו" (ריעב"ץ), או שהוא הודאה על עצם העניין שאנו אוכלים ושבעים במזוננו (ראה בראב"ע).

עַד הֵנָּה עֲזָרוּנוּ רַחֲמֶיךָ וְלֹא עֲזָבוּנוּ חֲסָדֶיךָ, יהוה אֱלֹהֵינוּ
וְאַל תִּטְּשֵׁנוּ, יהוה אֱלֹהֵינוּ, לָנֶצַח.
עַל כֵּן אֵבָרִים שֶׁפִּלַּגְתָּ בָּנוּ, וְרוּחַ וּנְשָׁמָה שֶׁנָּפַחְתָּ בְּאַפֵּינוּ
וְלָשׁוֹן אֲשֶׁר שַׂמְתָּ בְּפִינוּ
הֵן הֵם יוֹדוּ וִיבָרְכוּ וִישַׁבְּחוּ וִיפָאֲרוּ וִישׁוֹרְרוּ
וִירוֹמְמוּ וְיַעֲרִיצוּ וְיַקְדִּישׁוּ וְיַמְלִיכוּ אֶת שִׁמְךָ מַלְכֵּנוּ תָּמִיד
כִּי כָל פֶּה לְךָ יוֹדֶה, וְכָל לָשׁוֹן לְךָ תִשָּׁבַע, וְכָל עַיִן לְךָ תְצַפֶּה
וְכָל בֶּרֶךְ לְךָ תִכְרַע, וְכָל קוֹמָה לְפָנֶיךָ תִשְׁתַּחֲוֶה
וְכָל הַלְּבָבוֹת יִירָאוּךָ, וְכָל קֶרֶב וּכְלָיוֹת יְזַמְּרוּ לִשְׁמֶךָ
תהלים לה כַּדָּבָר שֶׁכָּתוּב: כָּל עַצְמֹתַי תֹּאמַרְנָה יהוה מִי כָמוֹךָ
מַצִּיל עָנִי מֵחָזָק מִמֶּנּוּ, וְעָנִי וְאֶבְיוֹן מִגֹּזְלוֹ:
שַׁוְעַת עֲנִיִּים אַתָּה תִשְׁמַע, צַעֲקַת הַדַּל תַּקְשִׁיב וְתוֹשִׁיעַ.

ביאור

עד הנה עזרונו רחמיך ולא עזבונו חסדיך, שעליהם עלינו להודות לאין קץ, ואנו מבקשים עוד: וכשם שהיה עד כה – **ואל תיטשנו** (תעזבנו, תנטוש אותנו) **לנצח**. אולם אף כי אין בכוחנו לומר דברי תודה ותהילה כראוי, מכל מקום התודה פורצת מאתנו, כביכול גופנו עצמו פותח בדברי הודאה: **איברים שפילגת בנו**, אותם איברים שיצרת בנו וחילקת ("פילגת") אותם בשעת יצירתנו כל אחד לעצמו, **ורוח ונשמה שנפחת באפנו**, **ולשון אשר שמת בפינו הן** – הרי – הם עצמם, כביכול אפילו שלא מכוחנו ורצוננו, **יודו ויברכו... כי כל פה לך יודה, וכל לשון לך תשבע**; כלומר, תתיימר ותתפאר כך, **וכל עין לך תצפה** לראותך, וכל ברך לך תכרע וכל קומה לפניך תשתחווה מתוך הערצה (והשווה ללשון הכתוב בישעיה מה, כג), **וכל הלבבות ייראוך, וכל קרב וכליות** – שהם ביטוי סמלי לתוכו ופנימיותו של האדם – **יזמרו לשמך, כדבר שכתוב: "כל עצמותי תאמרנה ה' מי כמוך"** (תהלים לה, י), שכביכול עצמותיו של האדם הן עצמן אומרות שירה לה'. והמשך הפסוק: **"מציל עני מחזק ממנו ועני ואביון מגוזלו"**. ומוסיף: **שוועת** – צעקת – **עניים אתה תשמע, צעקת הדל תקשיב ותושיע**.

כל לשון לך תשבע כלומר, שלא יזכירו עוד בשם אלהים אחרים, אלא יבואו כל בני האדם להודות בה', ורק לשמו ואליו יתפללו (רד"ק), שהרי אנשים נשבעים בדבר שהוא החשוב והיקר להם מכל.

מִי יִדְמֶה לָּךְ וּמִי יִשְׁוֶה לָּךְ וּמִי יַעֲרָךְ לָךְ
הָאֵל הַגָּדוֹל, הַגִּבּוֹר וְהַנּוֹרָא, אֵל עֶלְיוֹן, קוֹנֵה שָׁמַיִם וָאָרֶץ.
נְהַלֶּלְךָ וּנְשַׁבֵּחֲךָ וּנְפָאֶרְךָ וּנְבָרֵךְ אֶת שֵׁם קָדְשֶׁךָ
כָּאָמוּר: לְדָוִד, בָּרְכִי נַפְשִׁי אֶת־יהוה, וְכָל־קְרָבַי אֶת־שֵׁם קָדְשׁוֹ: תהלים קג
הָאֵל בְּתַעֲצוּמוֹת עֻזֶּךָ
הַגָּדוֹל בִּכְבוֹד שְׁמֶךָ
הַגִּבּוֹר לָנֶצַח וְהַנּוֹרָא בְּנוֹרְאוֹתֶיךָ
הַמֶּלֶךְ הַיּוֹשֵׁב עַל כִּסֵּא. רָם וְנִשָּׂא
שׁוֹכֵן עַד מָרוֹם וְקָדוֹשׁ שְׁמוֹ
וְכָתוּב: רַנְּנוּ צַדִּיקִים בַּיהוה, לַיְשָׁרִים נָאוָה תְהִלָּה: תהלים לג

ביאור

ומכאן דברי סיום (שאינם מצויים בכל הנוסחים העתיקים, ואולי הם תוספת של הראשונים): **מי ידמה לך ומי ישווה** – יהיה שווה – **לך, ומי יערוך** – יהיה ניתן להערכה לך; שאתה הוא, כנוסח דברי תפילת שמונה עשרה המבוססים על הכתובים, **האל הגדול הגיבור והנורא, אל עליון, קונה** – כלומר, אדונם ובעליהם של – **שמים וארץ**. ועל כן **נהללך ונשבחך**... **כאמור** בתהלים, והוא סיום לתפילה "נשמת", שהיא שירת הנשמה לה׳: "**לדוד** – מזמור שחיבר דוד – **ברכי נפשי את ה׳, וכל קרבי ברכו את שם קדשו**" (תהלים קג, א).

לתפילת "נשמת" נוספו, ונעשו עמה ביחידה אחת, עוד חלקים מפיוטים שונים, הממשיכים את הרעיונות העיקריים של תפילה זו. ותחילה – דברי תפילה המרחיבים קטע שכבר נזכר, "האל הגדול הגיבור והנורא": **האל בתעצומות** בעצמת **עוזך, הגדול** שגדולתו היא **בכבוד שמך, הגיבור לנצח והנורא בנוראותיך** שאתה מראה לעולם, **המלך היושב על כיסא רם ונישא** (כפי שמתואר בספר ישעיה ו, א). ובהמשך – קריאה לכל ישראל להודות לה׳, שהוא **שוכן עד**, כלומר: קיים לנצח, **מרום וקדוש** הוא אפילו **שמו** לבדו, **וכתוב**: "**רננו צדיקים בה׳ לישרים נאוה** – יפה לומר לו – **תהילה**" (תהלים לג, א).

מי ידמה ומי ישווה בתפילת שבת יש מעין ביאור לחזרות אלה בפיוט אחר, וכך נאמר שם: "אין ערוך לך ה׳ אלהינו בעולם הזה, ואין זולתך מלכנו לחיי העולם הבא, אפס בלתך גואלנו לימות המשיח, ואין דומה לך מושיענו לתחיית המתים".

קונה שמים וארץ "קונה" כאן, כבמקומות רבים אחרים, אין משמעו הצד האחר של מוכר, אלא זה שיש לו בעלות, יחס קניין לדבר, שהדבר מתייחס אליו ושייך לו.

מרום וקדוש שמו הרעיון נובע מן הכתוב "כי נשגב שמו לבדו הודו ,על ארץ ושמים" (תהלים קמח, יג) ומבואר בהרחבה בספרי חסידות כי לא זו בלבד שאין לנו הבנה ותפיסה במהות האלוקית העליונה, אלא אף התגלותו הראשונה ("שמו") היא מקודשת ומרוממת מאתנו.

בְּפִי יְשָׁרִים תִּתְרוֹמָם
וּבְשִׂפְתֵי צַדִּיקִים תִּתְבָּרַךְ
וּבִלְשׁוֹן חֲסִידִים תִּתְקַדָּשׁ
וּבְקֶרֶב קְדוֹשִׁים תִּתְהַלָּל

וּבְמַקְהֲלוֹת רִבְבוֹת עַמְּךָ בֵּית יִשְׂרָאֵל
בְּרִנָּה יִתְפָּאַר שִׁמְךָ מַלְכֵּנוּ בְּכָל דּוֹר וָדוֹר
שֶׁכֵּן חוֹבַת כָּל הַיְצוּרִים לְפָנֶיךָ יהוה אֱלֹהֵינוּ וֵאלֹהֵי אֲבוֹתֵינוּ
לְהוֹדוֹת, לְהַלֵּל, לְשַׁבֵּחַ, לְפָאֵר, לְרוֹמֵם
לְהַדֵּר וּלְנַצֵּחַ, לְבָרֵךְ לְעַלֵּה וּלְקַלֵּס
עַל כָּל דִּבְרֵי שִׁירוֹת וְתִשְׁבְּחוֹת
דָּוִד בֶּן יִשַׁי עַבְדְּךָ מְשִׁיחֶךָ.

וּבְכֵן יִשְׁתַּבַּח שִׁמְךָ לָעַד מַלְכֵּנוּ
הָאֵל, הַמֶּלֶךְ, הַגָּדוֹל וְהַקָּדוֹשׁ בַּשָּׁמַיִם וּבָאָרֶץ
כִּי לְךָ נָאֶה, יהוה אֱלֹהֵינוּ וֵאלֹהֵי אֲבוֹתֵינוּ

ביאור

ולכן **בפי ישרים תתרומם, ובשפתי צדיקים תתברך** וכו', זו היא חובת ההודאה של הצדיקים והחסידים. אך לא הם לבדם מודים: **ובמקהלות**, קהילות, התאספו **רבבות עמך בית ישראל** בכל דרגה שהם **ברינה יתפאר שמך מלכנו בכל דור ודור**, לפי **שכן** היא **חובת כל היצורים** בכל דרגה ומהות: **להודות להלל... להדר** – לתת הדר, **ולנצח** – להשמיע שירה בנגינה, **לעלה** – להודיע את כבודו ועליונותו **ולקלס**, לשבח, **על** – כלומר, נוסף **על כל דברי שירות ותשבחות** שאמר כבר **דוד בן ישי עבדך משיחך**, שאותם אמרנו קודם כאשר אמרנו כמה פרקי תהלים (ההלל, ומזמור קלו).

בפי ישרים וכו' בכמה סידורים מדגישים את הצירוף הזה, כי ישרים, צדיקים, חסידים, קדושים הוא ראשי תיבות יצחק. ואילו ראשי התיבות המקבילים של שורשי הברכות הן תתרומם, תתברך, תתקדש, תתהלל – ראשי תיבות רבקה. והיה שהסביר כי מחבר פיוט זה היה שמו יצחק ושם אשתו רבקה, ועשה צירוף זה להזכיר את אבותינו יצחק ורבקה (אבודרהם).

ובמקהלות סיפרו על הצדיק ר' מני'לה (כינוי חיבה של מנחם), אחיינו של ר' אהרן מקרלין, שהיה נוהג לומר: כאשר מדובר "בפי ישרים" – אין מני'לה ביניהם, "בשפתי צדיקים" – אין מני'לה ביניהם, "בלשון חסידים" – אין מני'לה ביניהם, "בקרב קדושים" – ודאי אין מני'לה ביניהם. אבל "במקהלות רבבות עמך בית ישראל" – אף מני'לה ביניהם.

להודות להלל ויש כאן במכוון עשר לשונות של שבח, שהוא מניין חשוב ומקודש.

שִׁיר וּשְׁבָחָה, הַלֵּל וְזִמְרָה
עֹז וּמֶמְשָׁלָה, נֶצַח, גְּדֻלָּה וּגְבוּרָה
תְּהִלָּה וְתִפְאֶרֶת, קְדֻשָּׁה וּמַלְכוּת
בְּרָכוֹת וְהוֹדָאוֹת לְשִׁמְךָ הַגָּדוֹל וְהַקָּדוֹשׁ
וּמֵעוֹלָם וְעַד עוֹלָם אַתָּה אֵל.

יְהַלְלוּךָ יהוה אֱלֹהֵינוּ כָּל מַעֲשֶׂיךָ
וַחֲסִידֶיךָ צַדִּיקִים עוֹשֵׂי רְצוֹנֶךָ, וְכָל עַמְּךָ בֵּית יִשְׂרָאֵל
בְּרִנָּה יוֹדוּ וִיבָרְכוּ וִישַׁבְּחוּ וִיפָאֲרוּ וִירוֹמְמוּ וְיַעֲרִיצוּ
וְיַקְדִּישׁוּ וְיַמְלִיכוּ אֶת שִׁמְךָ מַלְכֵּנוּ
כִּי לְךָ טוֹב לְהוֹדוֹת וּלְשִׁמְךָ נָאֶה לְזַמֵּר
כִּי מֵעוֹלָם וְעַד עוֹלָם אַתָּה אֵל.

בָּרוּךְ אַתָּה יהוה, מֶלֶךְ מְהֻלָּל בַּתִּשְׁבָּחוֹת.

ביאור

ומכאן ממשיכים לומר את רוב דברי שירת "ישתבח" החותמת את מזמורי הבוקר בכל תפילת שחרית: **ובכן ישתבח שמך לעד... הגדול והקדוש**, המצוי **בשמים ובארץ, כי לך נאה... שיר ושבחה** – שבח – לומר לך **הלל וזימרה**, לשבח אותך שבידך **עוז וממשלה, נצח גדולה וגבורה ... קדושה ומלכות**. ועל כן יש לתת **ברכות והוראות לשמך הגדול והקדוש, ומעולם ועד עולם** – לנצח – **אתה אל**.

הקטע הבא, "יהללוך", אף הוא קטע קדום מאוד, וכבר הוזכר בתלמוד שיש לאומרו כנוסח אחר של "ברכת השיר", כלומר, ברכה הבאה לסיים את דברי השיר לה' שנאמרו עד כאן.

יהללוך ה' אלהינו כל מעשיך – כלומר, כל יצורך שעשית, **וחסידיך** שהם **צדיקים עושי רצונך** בשלמות, **וכל עמך בית ישראל, ברנה יודו... את שמך מלכנו. כי לך טוב להודות**, שהרי ההודאה לה' אינה כהודאה לבשר ודם, שיש עמה לעתים ביזוי עצמי, ויתר על כן, **ולשמך נאה לזמר, כי מעולם ועד עולם אתה אל**. ומסיימים בברכה: **ברוך אתה ה' מלך מהולל בתשבחות**.

שיר ושבחה וכו' יש כאן שלושה עשר שבחים שהם כנגד י"ג תיקוני דיקנא וכנגד י"ג מידות הרחמים, ולכן יש להקפיד שלא להפסיק בשבחים אלה. ויש המוסיפים ומצרפים להם כאחד עוד "ברכות והודאות" ונמצאו חמש עשרה לשונות שבח, כנגד חמישה עשר שירי המעלות, וכנגד י"ה של שם הוי"ה.

יהללוך במשנה נאמר כי לאחר ההלל אומרים את "ברכת השיר". בזיהויה של ברכה זו היו כבר חילוקי דעות בין האמוראים הראשונים (פסחים קיח, א), ואנו נוהגים כשתי השיטות ואומרים גם "נשמת" וגם "יהללוך"

מעולם ועד עולם במקרא המילה "עולם" יש לה תמיד משמעות של זמן, במובן נצח, כל

לפני שמברכים על הכוס אומרים הנוהגים כן:

הנני מוכן ומזומן לקיים מצוות כוס רביעית של ארבע כוסות.
לשם ייחוד קודשא בריך הוא ושכינתיה על ידי ההוא טמיר ונעלם בשם כל ישראל.

בָּרוּךְ אַתָּה יהוה אֱלֹהֵינוּ מֶלֶךְ הָעוֹלָם
בּוֹרֵא פְּרִי הַגָּפֶן.

שותים כוס רביעית בהסבת שמאל.

לאחר גמר השתייה מברכים ברכה אחרונה על היין:

בָּרוּךְ אַתָּה יהוה אֱלֹהֵינוּ מֶלֶךְ הָעוֹלָם
עַל הַגֶּפֶן וְעַל פְּרִי הַגֶּפֶן
וְעַל תְּנוּבַת הַשָּׂדֶה
וְעַל אֶרֶץ חֶמְדָּה טוֹבָה וּרְחָבָה
שֶׁרָצִיתָ וְהִנְחַלְתָּ לַאֲבוֹתֵינוּ לֶאֱכֹל מִפִּרְיָהּ וְלִשְׂבֹּעַ מִטּוּבָהּ.
רַחֶם נָא יהוה אֱלֹהֵינוּ עַל יִשְׂרָאֵל עַמֶּךָ
וְעַל יְרוּשָׁלַיִם עִירֶךָ וְעַל צִיּוֹן מִשְׁכַּן כְּבוֹדֶךָ
וְעַל מִזְבְּחֶךָ וְעַל הֵיכָלֶךָ.

ביאור

כוס רביעית וברכה אחרונה לאחר גמר מזמורי ההלל וברכת השיר של חכמים שותים את הכוס האחרונה מארבע כוסות של פסח, ולאחר השתייה מברכים, כיוון שזה הוא גמר הסעודה, ברכה אחרונה על היין, כדרך שמברכים בכל ימות השנה כאשר שותים יין שלא בתוך סעודה. ברכה זו קרויה "ברכה מעין שלוש" משום שהיא נוסח מקוצר של ברכת המזון, על שלוש ברכותיה הארוכות (ברכה מעין זו נאמרת גם על מיני מזונות וגם על פירות הארץ משבעת המינים).

ברוך אתה... על הגפן ועל פרי הגפן, שהרי בברכת היין אין מברכים במישרין על הגפן אלא על המוצר, היין, היוצא מפרי הגפן, **ועל תנובת השדה** בכלל, **ועל ארץ חמדה טובה ורחבה שרצית והנחלת לאבותינו**. ומכאן לנוסח ברכה שלישית: **רחם נא ה' אלהינו**

מרחב הזמן. רק בעברית של המשנה הורחבה משמעותה להגדרת מרחב המקום, ונעשתה המובן הרגיל של המילה (אף כי נשאר השימוש "לעולם" וכיוצא בו). במקרא נאמר לעתים רק "עד העולם", ואולם גם "מעולם ועד עולם" הוא ביטוי מקראי מצוי, וחכמינו הקפידו להשתמש

וּבְנֵה יְרוּשָׁלַיִם עִיר הַקֹּדֶשׁ בִּמְהֵרָה בְיָמֵינוּ
וְהַעֲלֵנוּ לְתוֹכָהּ וְשַׂמְּחֵנוּ בְּבִנְיָנָהּ
וְנֹאכַל מִפִּרְיָהּ וְנִשְׂבַּע מִטּוּבָהּ
וּנְבָרֶכְךָ עָלֶיהָ בִּקְדֻשָּׁה וּבְטָהֳרָה.
(בשבת: **וּרְצֵה וְהַחֲלִיצֵנוּ בְּיוֹם הַשַּׁבָּת הַזֶּה**)
וְשַׂמְּחֵנוּ בְּיוֹם חַג הַמַּצּוֹת הַזֶּה
כִּי אַתָּה יהוה טוֹב וּמֵטִיב לַכֹּל, וְנוֹדֶה לְּךָ
עַל הָאָרֶץ וְעַל פְּרִי הַגָּפֶן/ אם היין מארץ ישראל: **גַּפְנָהּ**/.
בָּרוּךְ אַתָּה יהוה
עַל הָאָרֶץ וְעַל פְּרִי הַגָּפֶן/ אם היין מארץ ישראל: **גַּפְנָהּ**/.

ביאור

על ישראל... ועל מזבחך ועל היכלך, ואותם מזכירים ביתר שאת משום שאותם מינים שמברכים עליהם ברכה זו הם במיוחד המינים שהיו מקריבים במקדש על גבי המזבח. **ובנה ירושלים... והעלנו לתוכה** בשעת הגאולה, **ושמחנו** לראות **בבניינה**, ואז נוכל לאכול ולשתות באווירה המקודש **ונאכל מפריה ונשבע מטובה ונברכך עליה** – על העיר ועל תנובת הארץ – **בקדושה ובטהרה** בשעת אכילת מעשרות ושאר דברים מקודשים. **ושמחנו ביום חג המצות הזה**. וכאן רמז לברכה רביעית: **כי אתה ה׳ טוב ומיטיב לכל, ונודה לך** בברכה זו **על הארץ ועל פרי גפנה**. וזה הנוסח המיוחד ליין של ארץ ישראל, שמודים לא על פרי הגפן סתם אלא על "פרי גפנה" המיוחד של ארץ ישראל.

בו לפי שראו בו הדגשה כנגד האומרים שאין עולם אלא אחד (העולם הזה), ולכן היה מן הצורך להדגיש "מעולם עד עולם", כדי לכלול את העולם הזה ואת העולם הבא.

ברכת מעין שלוש וכבר העירו ראשונים (המנהיג) שזהו הכינוי הקדום של הברכה, כאשר בברכת המזון הגדולה היו רק שלוש ברכות. אבל לאחר שהוסיפו בברכת המזון את "הטוב והמיטיב" הוסיפו זכר לה גם בברכה הקצרה. ברכת מעין שלוש היא "ברכה אחרונה" שלאחר אכילה ושתייה, ומברכים אותה על שלושה סוגים: על היין, על מיני מזונות (בעיקר מאכלים שאינם לחם הנעשים ממיני הדגן), ועל הפירות שנשתבחה בהם הארץ (ענבים, רימונים, תאנים, תמרים, זיתים). סיום "ברכה מעין שלוש" משתנה בהתאם לסוג המזון שעליו מברכים ברכה זו.

נרצה

חֲסַל סִדּוּר פֶּסַח כְּהִלְכָתוֹ, כְּכָל מִשְׁפָּטוֹ וְחֻקָּתוֹ
כַּאֲשֶׁר זָכִינוּ לְסַדֵּר אוֹתוֹ, כֵּן נִזְכֶּה לַעֲשׂוֹתוֹ
זָךְ שׁוֹכֵן מְעוֹנָה, קוֹמֵם קְהַל עֲדַת מִי מָנָה
קָרֵב נַהֵל נִטְעֵי כַנָּה, פְּדוּיִים לְצִיּוֹן בְּרִנָּה.

לַשָּׁנָה הַבָּאָה בִּירוּשָׁלַיִם הַבְּנוּיָה.

ביאור

נרצה סימן של תקווה כי הסדר נרצה – נתקבל ברצון. ולשון זו מקורה בדיני הקורבנות, שקורבן שהוקרב כדינו נרצה.

חסל סידור פסח פיוט זה שנוסף לסדר פסח היה בעצם סיום של פיוט לתפילה (וליתר דיוק: של "קרובה" לשבת הגדול) שחיבר החכם והפייטן ר' יוסף בר' שמואל טוב־עלם, שחי בצרפת במאה העשירית. הפיוט במקורו מספר על קורבן פסח ועל דרכי הקרבתו, ונמצא נאה גם לסיום סדר ההגדה, לפי שיש בו גם דברי סיום נאים וגם הבעת תקווה לבניין המקדש ולחידוש העבודה בו. **חסל** – כלומר: נגמר **סידור פסח כהלכתו**. במקור הכוונה לתיאור הסדר, וכאן – לסדר ההגדה. **ככל משפטו וחוקתו, כאשר זכינו לסדר אותו** – בפיוט, וכן באמירת סדר ההגדה – כן נזכה לעשותו בהקרבת קורבן פסח ובאכילתו כראוי. **זך** – כינוי לה', שהוא טהור – **שוכן מעונה:** "מעונה" כאן מתפרש כמו שמים, וראה "מעונה אלהי קדם" (דברים לג, כז). **קומם את עדת** ישראל המכונה כאן "**עדת מי מנה**" על שם דברי המליצה "מי מנה עפר יעקב" (במדבר כג, י). **בקרוב נהל**, הנהג והובל, **נטעי כנה** שהוא כינוי לעם ישראל, אשר המשורר בתהלים מדמה אותם לגפן ואומר עליה: "וכנה אשר נטעה ימינך" (תהלים פ, טז), הובל אותם **פדויים לציון ברינה**.

לשנה הבאה בירושלים את סדר הפסח מסיימים בהכרזה של תקווה, כי **לשנה הבאה בירושלים**, שהוא המקום הראוי להיות בו בשעת עשיית סדר הפסח, באשר ייבנה בית המקדש, ובזמננו, בפרט בארץ ישראל, וכמובן בעיר ירושלים, נוהגים להוסיף **בירושלים הבנויה**.

חסל סדר פסח היו שפירשו כי פסוק זה בא לומר שיש סדר מיוחד לניסים כשם שיש סדר לטבע הרגיל (מהר"ל. ראה ב"שפת אמת"). ובנוסח חב"ד לא נהגו לומר זאת, מאותו טעם – שמבקשים שלא ייגמר לעולם סדר מופלא זה של פסח.

וּבְכֵן וַיְהִי בַּחֲצִי הַלַּיְלָה

אָז רֹב נִסִּים הִפְלֵאתָ בַּלַּיְלָה
בְּרֹאשׁ אַשְׁמוּרוֹת זֶה הַלַּיְלָה
גֵּר צֶדֶק נִצַּחְתּוֹ, כְּנֶחֱלַק לוֹ לַיְלָה
וַיְהִי בַּחֲצִי הַלַּיְלָה

דַּנְתָּ מֶלֶךְ גְּרָר בַּחֲלוֹם הַלַּיְלָה
הִפְחַדְתָּ אֲרַמִּי בְּאֶמֶשׁ לַיְלָה
וַיָּשַׂר יִשְׂרָאֵל לָאֵל, וַיּוּכַל לוֹ לַיְלָה
וַיְהִי בַּחֲצִי הַלַּיְלָה

ביאור

הפיוטים שבסוף ההגדה

כאן מסתיים נוסח ההגדה הבסיסי. ברוב נוסחי ההגדה יש, לאחר גמר ליל הסדר, כמה פיוטים, ואכן, מה שנאמר מכאן ואילך הוא תוספת, לקט של פיוטים ושירים שבהם מסיימים את סדר הלילה הזה מתוך חדווה. פיוטים אלה הם הפיוטים המקובלים בין האשכנזים, אבל לא הכל אומרים (או שרים) את כולם, ובחוץ לארץ אומרים פיוטים שונים בלילה שני של פסח, ויש שלא נהגו באמירת פיוטים אלה כלל.

בעיקרו של דבר פיוטים אלה אינם מורכבים או מסובכים במיוחד. גם אם מתחילה היו אלה טקסטים ללא מנגינה, הרי במשך הדורות חוברו להם מנגינות רבות. יש ביניהם כמה שהם היסטוריים ורציניים ואחרים שהם מבודחים לגמרי. אך מה היא תכליתם של פיוטים אלה?

ליל הסדר, אפילו בשעת הסעודה וכל שכן בשעה שקוראים ואומרים בו דברים, הוא טקס כבד, מלא הוד קדומים ויראת כבוד. אבל אחריו צריכים האנשים גם ללכת לישון, צריכים לשוב לחיים בעלי משמעות, לא כאלה שיהיו כבדים מאוד. כדי להקל קצת על הכובד שבליל הסדר, ולאזן במידת מה את הטקסיות והחגיגיות שבו, הוסיפו להגדה בסופה כמה קטעים קלים ומשעשעים יותר, שאותם אפשר לשיר ביחד ואפילו קצת להשתולל בהם.

זאת ועוד: סדר הפסח מיועד בעיקרו לילדים. עם תום הסדר יש מהם שישנים כבר שינה עמוקה; אבל תמיד יש ילדים בגיל הבינוני – כאלה שאינם עוד פעוטות אבל עדיין אינם מבוגרים קטנים – המשתתפים בסדר בשלמותו ואשר להם נועדה, בעיקרה, ההגדה. הפיוטים האלה באים לעזור להם להסיר קצת את חבלי השינה מעליהם ולהצטרף לשירה ולשמחה. בין שהם עוסקים במספרים ("אחד מי יודע") או בגדיים ובכלבים ("חד גדיא"), בסופו של דבר הם זוכרים שהסדר החשוב הזה, שבו בעצם נעשית הפעולה החשובה של מסירה לדורות – מראשית ההיסטוריה עד ימינו־אנו – הוא לא רק עניין של רצינות גדולה, אלא גם מהלך שיש בו שמחת חיים פשוטה.

זָרַע בְּכוֹרֵי פַתְרוֹס מָחַצְתָּ בַּחֲצִי הַלַּיְלָה
חֵילָם לֹא מָצְאוּ בְּקוּמָם בַּלַּיְלָה
טִיסַת נְגִיד חֲרֹשֶׁת סִלִּיתָ בְכוֹכְבֵי לַיְלָה
וַיְהִי בַּחֲצִי הַלַּיְלָה

יָעַץ מְחָרֵף לְנוֹפֵף אִוּוּי, הוֹבַשְׁתָּ פְגָרָיו בַּלַּיְלָה
כָּרַע בֵּל וּמַצָּבוֹ בְּאִישׁוֹן לַיְלָה
לְאִישׁ חֲמוּדוֹת נִגְלָה רָז חֲזוֹת לַיְלָה
וַיְהִי בַּחֲצִי הַלַּיְלָה

מִשְׁתַּכֵּר בִּכְלֵי קֹדֶשׁ נֶהֱרַג בּוֹ בַּלַּיְלָה
נוֹשַׁע מִבּוֹר אֲרָיוֹת, פּוֹתֵר בִּעֲתוּתֵי לַיְלָה
שִׂנְאָה נָטַר אֲגָגִי, וְכָתַב סְפָרִים בַּלַּיְלָה
וַיְהִי בַּחֲצִי הַלַּיְלָה

עוֹרַרְתָּ נִצְחֲךָ עָלָיו בְּנֶדֶד שְׁנַת לַיְלָה
פּוּרָה תִדְרוֹךְ לְשׁוֹמֵר מַה מִּלַּיְלָה
צָרַח כַּשּׁוֹמֵר, וְשָׂח אָתָא בֹקֶר וְגַם לַיְלָה
וַיְהִי בַּחֲצִי הַלַּיְלָה

קָרֵב יוֹם אֲשֶׁר הוּא לֹא יוֹם וְלֹא לַיְלָה
רָם הוֹדַע כִּי לְךָ הַיּוֹם אַף לְךָ הַלַּיְלָה
שׁוֹמְרִים הַפְקֵד לְעִירְךָ כָּל הַיּוֹם וְכָל הַלַּיְלָה
תָּאִיר כְּאוֹר יוֹם חֶשְׁכַת לַיְלָה
וַיְהִי בַּחֲצִי הַלַּיְלָה

ביאור

אז רוב נסים פזמון זה הוא חלק מפיוט ("קרובה") שחיבר יניי, אחד מגדולי הפייטנים והמשוררים של ארץ ישראל, שחי כנראה במאה הרביעית-החמישית לספירה. הפזמון מסודר לפי סדר הא"ב, והוא מזכיר נסים וישועות שאירעו לעם ישראל ולגדולי ישראל בלילה, לפי סדר הדורות, ועל העתיד לקרות עוד בניסי לילה. **אז**, כמו ובכן, **רוב** הרבה **נסים הפלאת** לעשות בלילה, בראש אשמורות – מתחילתו, תחילת האשמורות (או "המשמרות"), שהם חלקיו השונים של הלילה, זמני חילוף המשמרות. וכעת הוא מונה והולך לפי סדר הדורות: **גר צדק** – הוא אברהם אבינו, הראשון לגרים – **ניצחתו**, הנחלת

ביאור

לו ניצחון, **כנחלק**, כאשר נחלק, **לו לילה** ("ויחלק עליהם לילה... ויכם וירדפם.." בראשית יד, טו). **דנת** את אבימלך **מלך גרר** שלקח את שרה אשת אברהם בעל כורחה **בחלום הלילה** ("ויבא אלהים אל אבימלך בחלום הלילה..." בראשית כ, ג). **הפחדת ארמי**, הוא לבן הארמי, **באמש בחשכת לילה** ("ואלהי אביכם אמש אמר אלי לאמר השמר לך..." בראשית לא, כט). **וישראל ישר לאל**, למלאך, **ויוכל לו לילה** – זו מלחמת יעקב־ישראל עם המלאך במעבר יבוק (בראשית לא, כח-כט). **זרע בכורי פתרוס** – כינוי מליצי עתיק למצרים כולה (ראה יחזקאל ל, יד) – **מחצת בחצי הלילה** – מכת בכורות. **חילם** כוחם וגבורתם של המצרים **לא מצאו בקומם בלילה** כאשר רדפו אחרי ישראל, ובאשמורת הבוקר "ויאמר מצרים אנוסה מפני ישראל..." (שמות יד, כה). **טיסת** – התקפת – **נגיד חרושת** – הוא סיסרא שישב בחרושת הגויים – **סלית** – שברת, מחצת על ידי **בכוכבי לילה**, כדבר הכתוב "הכוכבים ממסילותם נלחמו עם סיסרא" (שופטים ה, כ). **יעץ מחרף**, הוא סנחריב, ששלח שליחים לחזקיה מלך יהודה ובהם דברי חירוף על ה׳, והוא קרוי "מנופף" על פי לשון הכתוב המדבר בו "עוד היום בנוב לעמוד ינופף ידו הר בת ציון גבעת ירושלים" (ישעיה י, לב), **לנופף איווי** – כלומר, לנופף ידו להביע את בוזו לעיר ואת רצונו ("איווי") לכבשה. **הובשת פגריו בלילה**, כמסופר שהיכה מלאך ה׳ במחנה אשור בלילה (מלכים ב׳ יט, לה). **כרע פסל בל ומצבו**, בסיסו, **באישון לילה** – הוא חלום נבוכדנצר מלך בבל על מפלת הפסל, המבטא את מלכויות העולם (דניאל פרק ב, א ושם בהמשך) **לאיש חמודות** הוא דניאל (דניאל י, יא) **נגלה** בחלומו **רז חזות לילה** של חלום נבוכדנצר (דניאל ב, יח). **משתכר בכלי קדש** – המלך בלשאצר, שהוציא את כלי המקדש ושתה בהם (דניאל פרק ה) **נהרג בו בלילה** (שם פסוק ל). **נושע מבור אריות** – הוא דניאל שניצל מגוב האריות שהושלך אליו (שם ו, יח-כו) – **פותר בעתותי לילה** של החלומות הסתומים של מלכי בבל (שם ג, כה), **שנאה נטר**, שמר, המן בן המדתא האגגי **וכתב ספרים בלילה** (מגילת אסתר פרק ג). **עוררת נצחך**, כוחך וגבורתך, עליו, **בנדד שנת לילה** של אחשורוש, שהיא הייתה תחילת מפלת המן (שם פרק ו). ומכאן לנבואות הנחמה לעתיד: **פורה תדרוך** – על בסיס הכתוב "פורה דרכתי לבדי ומעמים אין איש אתי ואדרכם באפי וארמסם בחמתי" (ישעיהו סג, ג), שבו מדומה הקב"ה לדורך בגת ("פורה") את האויבים, **לשומר מה מלילה**. הפייטן מפרש "שומר" זה כביטוי של שעיר ("אלי קורא משעיר שומר מה מלילה..." ישעיה כא, יא). **צרח** ה׳ **כשומר ושח**, אמר, **אתא** – בא – **בוקר וגם לילה**, ואז תבוא הגאולה ("אמר שומר אתא בוקר וגם לילה..." שם, יב). ודברי תפילה: **קרב** ה׳ את **יום** הגאולה, שעליו נאמר **אשר הוא לא יום ולא לילה**, שנאמר: "והיה יום אחד הוא יודע לה׳ לא יום ולא לילה..." (זכריה יד, ז) כאמור בדברי הנבואה שם, הרי זה יום שבו "לעת ערב יהיה אור" (זכריה יד, ז) ומהותו -זמן שאינו שייך לסדר הזמנים הרגיל, יום היוצא מגדרי הזמן המקובלים. **רם** – כינוי לה׳ – **הודע** לכל העולם "**כי לך יום אף לך לילה**" (תהלים עד, טז) **תאיר כאור יום חשכת לילה** הן במובן סמלי של הבאת אור הגאולה, והן בתיאור יום הישועה ("והיה לעת ערב יהיה אור" זכריה יד, ז) וכביטוי של יכולת ה׳ ("ולילה כיום יאיר בחשיכה כאורה" תהלים קלט, יב), והן כחזרה אל ליל קריעת ים סוף – "ויאר את הלילה" (שמות יד, כ).

וּבְכֵן וַאֲמַרְתֶּם זֶבַח פֶּסַח

אֹמֶץ גְּבוּרוֹתֶיךָ הִפְלֵאתָ — בַּפֶּסַח
בְּרֹאשׁ כָּל מוֹעֲדוֹת נִשֵּׂאתָ — פֶּסַח
גִּלִּיתָ לְאֶזְרָחִי חֲצוֹת לֵיל — פֶּסַח
וַאֲמַרְתֶּם זֶבַח פֶּסַח

דְּלָתָיו דָּפַקְתָּ כְּחֹם הַיּוֹם — בַּפֶּסַח
הִסְעִיד נוֹצְצִים עֻגוֹת מַצּוֹת — בַּפֶּסַח
וְאֶל הַבָּקָר, רָץ זֵכֶר לְשׁוֹר עֵרֶךְ — פֶּסַח
וַאֲמַרְתֶּם זֶבַח פֶּסַח

זֹעֲמוּ סְדוֹמִים, וְלֹהֲטוּ בָּאֵשׁ — בַּפֶּסַח
חֻלַּץ לוֹט מֵהֶם, וּמַצּוֹת אָפָה בְּקֵץ — פֶּסַח
טִאטֵאתָ אַדְמַת מֹף וְנֹף בְּעָבְרְךָ — בַּפֶּסַח
וַאֲמַרְתֶּם זֶבַח פֶּסַח

ביאור

אומץ גבורותיך הפלאת פזמון זה אף הוא חלק מפיוט ("קרובה") לכבוד חג הפסח שחיבר גדול הפייטנים הארץ־ישראליים, ר' אלעזר הקליר, שחי בארץ במאה החמישית־שישית לספירה, ואשר פיוטיו הם הנפוצים והמקובלים בפיוטי השבתות ("יוצרות") והימים הנוראים בנוסח האשכנזי.

החרוזים מסודרים לפי אלף בית, ומבחינת תוכנם הם הולכים לפי סדר הזמנים ומספרים על מאורעות שאירעו – אם לפי המפורש במקרא או לפי המדרשים – בפסח.

אומץ גבורותיך הפלאת בפסח בניסי יציאת מצרים, **בראש כל מועדות נשאת פסח**, שהרי הוא הראשון לרגלים ונמנה תמיד ראשון ביניהם. ומעתה למאורעות שאירעו בפסח: **גלית לאזרחי** שהוא, לפי המדרש, כינוי לאברהם אבינו **חצות ליל פסח**; שלפי המדרש ברית בין הבתרים הייתה בליל פסח. ועוד: **דלתיו דפקת כחם היום** – לפי המדרש המספר על בוא המלאכים לבקר את אברהם כחום היום לאחר שנימול (בראשית יח, א והלאה). **הסעיד**, נתן לסעוד, **לנוצצים** – כינוי למלאכים (ראה יחזקאל א, ו), שלהם נתן **עוגות מצות** (בראשית יח, ו) **בפסח**, **ואל הבקר רץ** (שם ז) **זכר לשור**, שהוא הסמל והמזל של מצרים, ולכן הוא **ערך פסח**. **זועמו** – נענשו בזעם – **סדומים ולוהטו באש**, כאמור: "וה' המטיר על סדום... גפרית ואש" (בראשית יט, כד) **בפסח**, שכן מסופר שהמלאכים, לאחר שעזבו את אברהם, באו לסדום והפכוה, הרי שהיה בתוך ימי הפסח. **חולץ לוט מהם**, מבין אנשי סדום, **ומצות אפה בקץ פסח**, כמפורש שנתן לאורחיו מצות דווקא

יָהּ, רֹאשׁ כָּל אוֹן מָחַצְתָּ בְּלֵיל שִׁמּוּר פֶּסַח
כַּבִּיר, עַל בֵּן בְּכוֹר פָּסַחְתָּ בְּדַם פֶּסַח
לְבִלְתִּי תֵּת מַשְׁחִית לָבֹא בִּפְתָחַי בַּפֶּסַח
וַאֲמַרְתֶּם זֶבַח פֶּסַח

מְסֻגֶּרֶת סֻגָּרָה בְּעִתּוֹתֵי פֶּסַח
נִשְׁמְדָה מִדְיָן בִּצְלִיל שְׂעוֹרֵי עֹמֶר פֶּסַח
שׂוֹרְפוּ מִשְׁמַנֵּי פּוּל וְלוּד, בִּיקַד יְקוֹד פֶּסַח
וַאֲמַרְתֶּם זֶבַח פֶּסַח

עוֹד הַיּוֹם בְּנֹב לַעֲמֹד, עַד גָּעָה עוֹנַת פֶּסַח
פַּס יָד כָּתְבָה לְקַעֲקֵעַ צוּל בַּפֶּסַח
צָפֹה הַצָּפִית עָרוֹךְ הַשֻּׁלְחָן בַּפֶּסַח
וַאֲמַרְתֶּם זֶבַח פֶּסַח

ביאור

(בראשית יט, ג). ובמצרים: **טאטאת אדמת מוף ונוף** – ערים גדולות במצרים שהפכו להיות לסמל לכל הארץ כולה **בעברך בפסח**. **יה** – ה׳ – **ראש כל און**, כלומר, כל בכור (הקרוי ״ראשית און״. כאן יש גם משחק מלים בגלל ״און״ שהיא מקום במצרים) **מחצת בליל שמור פסח**, הוא ליל יציאת מצרים. **כביר**, כינוי לה׳, **על בן בכור** של בני ישראל **פסחת** מלהכות בגלל **דם פסח** ששחטו ישראל במצרים; ודם זה, שניתן לאות על המזוזות (שמות יב, ז), היה **לבלתי תת משחית לבוא בפתח**, פתחי ישראל, **בפסח**. **מסוגרת**, העיר יריחו שהייתה ״סוגרת ומסוגרת״ (יהושע ד, א), **סוגרה** – הוכנעה לישראל **בעתותי פסח**, כפי הנאמר שם שישראל עברו את הירדן וחנו ליד יריחו סמוך לפסח (שם פרק ה). **נשמדה מדין** בימי גדעון, כפי שסיפר איש מדין על חלומו (״חלום חלמתי והנה צליל לחם שעורים מתהפך במחנה מדין...״, שופטים ז, יג), וכיכר זו של לחם שעורים היא רמז לקורבן העומר שמקריבים משעורים דווקא ביום השני של פסח. **שורפו משמני פול ולוד**, הם אנשי מחנה סנחריב, שהיכה המלאך בלילה אחד לפני שערי ירושלים (מלכים ב, יט, לה) שלפי המדרש אירע הדבר ״בליל התקדש חג״. וכן מה שנאמר בסנחריב: ״**עוד היום בנוב לעמוד**״ (ישעיה י, לא) היה זמן גדולתו עד לאותה מפלה, **עד געה** – הגיעה – **עונת פסח**. וכן **פס יד כתבה** על הקיר בזמן שהוציא בלשאצר את כלי המקדש להשתמש בהם, ונאמר בה על איבוד בבל המכונה ״מצולה״ היא **צול**, ולפי המדרש אירע הדבר **בפסח**, ועל מאורע זה אף דרשו את דברי הנבואה בישעיהו (״**ערוך השולחן צפה הצפית** אכול שתה קומו השרים משחו מגן״, ישעיה כא, ה) כמכוונים למאורע זה

קָהָל כִּנְּסָה הֲדַסָּה, צוֹם לְשַׁלֵּשׁ בַּפֶּסַח
רֹאשׁ מִבֵּית רָשָׁע מָחַצְתָּ בְּעֵץ חֲמִשִּׁים בַּפֶּסַח
שְׁתֵּי אֵלֶּה, רֶגַע תָּבִיא לְעוּצִית בַּפֶּסַח
תָּעֹז יָדְךָ, תָּרוּם יְמִינְךָ, כְּלֵיל הִתְקַדֵּשׁ חַג פֶּסַח
וַאֲמַרְתֶּם זֶבַח פֶּסַח

כִּי לוֹ נָאֶה, כִּי לוֹ יָאֶה
אַדִּיר בִּמְלוּכָה בָּחוּר כַּהֲלָכָה גְּדוּדָיו יֹאמְרוּ לוֹ
לְךָ וּלְךָ, לְךָ כִּי לְךָ, לְךָ אַף לְךָ, לְךָ יהוה הַמַּמְלָכָה
כִּי לוֹ נָאֶה, כִּי לוֹ יָאֶה

דָּגוּל בִּמְלוּכָה הָדוּר כַּהֲלָכָה וָתִיקָיו יֹאמְרוּ לוֹ
לְךָ וּלְךָ, לְךָ כִּי לְךָ, לְךָ אַף לְךָ, לְךָ יהוה הַמַּמְלָכָה
כִּי לוֹ נָאֶה, כִּי לוֹ יָאֶה

ביאור

שאירע, כאמור, בפסח. וכן **קהל כינסה הדסה**, היא אסתר, כאשר אמרה למרדכי "לך כנוס את כל היהודים הנמצאים בשושן הבירה וצומו עלי... שלושת ימים..." (אסתר ד, טז) – **צום לשלש בפסח**, כי, כאמור במגילה (שם ג, יב), נכתבו פקודות המן בשלושה עשר בניסן, כך שלאסתר נודע הדבר רק ביום הפסח, ואז ביקשה לצום. וכן **ראש מבית רשע**, את ראשו של המן הרשע, **מחצת בעץ** גבוה **חמישים** אמה **בפסח**, שכן היה הדבר לאחר שלושה־ארבעה ימים, שאז שמעה אסתר את הידיעה – משמע, בתוך ימי הפסח. ומכאן בקשה לעתיד לבוא: שתי אלה רמז לאמור בכתוב: "ותבאנה לך שתי אלה רגע ביום אחד שכול ואלמון כתומם..." (ישעיה מז, ט). **רגע תביא לעוצית** – כינוי מליצי לארם, ואולי גם לאדום – וכוונתו, כמובן, לכל שונאי ישראל לדורותיהם **בפסח**, לפי מאמר חז"ל שבפסח עתידים ישראל להיגאל גם בגאולה העתידה, **תעז ידך תרום ימינך** כליל התקדש חג פסח בגאולה שלמה.

כי לו נאה כי לו יאה פזמון עתיק זה נמצא כבר בנוסחי הגדה מאמצע ימי הביניים, ולא נודע שם מחברו. הפזמון ערוך לפי סדר האלף בית, כאשר שני הביטויים הראשונים הם בשבח הבורא והשלישי מזכיר את משבחיו ומשרתיו השונים, העונים ואומרים את הפסוק החוזר (הפזמון).

אדיר (תואר לה', למשל תהלים צג, ד) **במלוכה**, **בחור** (כינוי לה', ומשמעו נבחר, מיוחד) **כהלכה**, כלומר, באמת בוודאי. **גדודיו** (משרתיו, מלאכיו; ראה איוב כה, ג) **יאמרו לו: לך**

זַכַּאי בִּמְלוּכָה חָסִין כַּהֲלָכָה טַפְסְרָיו יֹאמְרוּ לוֹ
לְךָ וּלְךָ, לְךָ כִּי לְךָ, לְךָ אַף לְךָ, לְךָ יהוה הַמַּמְלָכָה
כִּי לוֹ נָאֶה, כִּי לוֹ יָאֶה

יָחִיד בִּמְלוּכָה כַּבִּיר כַּהֲלָכָה לִמּוּדָיו יֹאמְרוּ לוֹ
לְךָ וּלְךָ, לְךָ כִּי לְךָ, לְךָ אַף לְךָ, לְךָ יהוה הַמַּמְלָכָה
כִּי לוֹ נָאֶה, כִּי לוֹ יָאֶה

מֶלֶךְ בִּמְלוּכָה נוֹרָא כַּהֲלָכָה סְבִיבָיו יֹאמְרוּ לוֹ
לְךָ וּלְךָ, לְךָ כִּי לְךָ, לְךָ אַף לְךָ, לְךָ יהוה הַמַּמְלָכָה
כִּי לוֹ נָאֶה, כִּי לוֹ יָאֶה

ביאור

ולך – לך ורק לך – **לך כי** רק **לך, לך אף לך** נאה לומר ולשבח ולומר: **לך ה' הממלכה** (דברי הימים א' כט, יא). **דגול** – מדברי השבח על הדוד, הוא סמל לה' כשיר השירים, שם ה, י) **במלוכה, הדור** (כינוי לה', ישעיה סג, א) **כהלכה, ותיקיו** (נאמניו) **יאמרו לו וכו'**.

זכאי במלוכה, חסין (חזק, כינוי לה' תהלים פט, ט) **כהלכה טפסריו** (שריו, ראה ירמיה נא,כז) **יאמרו לו וכו'**.

יחיד במלוכה, כביר (גדול, עצום, כינוי לה', איוב לו, ה) **כהלכה, לימודיו** (וראה "וכל בניך למודי ה'" ישעיה נד, יג) **יאמרו לו וכו'**.

מרום (ככינוי לה', ראה תהלים צב, ט) **במלוכה, נורא** (ראה תהלים מז, ג) **כהלכה, סביביו** (משרתיו הקרובים לו, וראה למשל "ונורא על כל סביביו", תהלים פט, ח) **יאמרו לו וכו'**.

לך ולך כבר העירו כי יש כאן שבע פעמים "לך" כנגד שבעה רקיעים, וכנגד המספר המקודש שבע בכללו. ולגבי צירוף המלים שבקטע זה היו שפירשו כי הפייטן רומז כאן לקטעי פסוקים המתחילים במלה "לך" או "כי לך". וכך מפרשים "לך ולך" – הוא קיצור הכתוב "לך דומיה תהלה אלהים בציון ולך ישולם נדר" (תהלים סה, ב), "לך כי לך" "לך זרוע עם גבורה" (תהלים פט, יד), "כי לך יאתה כי בכל חכמי הגויים... מאין כמוך" (ירמיה י, ז), "לך אף לך" – "לך שמים אף לך ארץ" (תהלים פט, יב), "לך ה' הממלכה" (דברי הימים א' כט, יא). או פסוקים דומים לאלה. והדברים נראים, שכן דרך הפייטנים להשתמש בשיבוצים ורמזים כאלה.

ותיקיו המלה "ותיק" נמצאת בלשון חכמים, ומשמעה (ואף מקורה) אינו ברור לגמרי. ומכל מקום ברור שמובנה העיקרי הוא: איש ירא שמים, מהדר במצוות. המשמעות הרווחת היא משום צירוף ותיק־עתיק.

עָנָו בִּמְלוּכָה פּוֹדֶה כַּהֲלָכָה צַדִּיקָיו יֹאמְרוּ לוֹ
לְךָ וּלְךָ, לְךָ כִּי לְךָ, לְךָ אַף לְךָ, לְךָ יהוה הַמַּמְלָכָה
כִּי לוֹ נָאֶה, כִּי לוֹ יָאֶה

קָדוֹשׁ בִּמְלוּכָה רַחוּם כַּהֲלָכָה שִׁנְאַנָּיו יֹאמְרוּ לוֹ
לְךָ וּלְךָ, לְךָ כִּי לְךָ, לְךָ אַף לְךָ, לְךָ יהוה הַמַּמְלָכָה
כִּי לוֹ נָאֶה, כִּי לוֹ יָאֶה

תַּקִּיף בִּמְלוּכָה תּוֹמֵךְ כַּהֲלָכָה תְּמִימָיו יֹאמְרוּ לוֹ
לְךָ וּלְךָ, לְךָ כִּי לְךָ, לְךָ אַף לְךָ, לְךָ יהוה הַמַּמְלָכָה
כִּי לוֹ נָאֶה, כִּי לוֹ יָאֶה

אַדִּיר הוּא

יִבְנֶה בֵיתוֹ בְּקָרוֹב
בִּמְהֵרָה בִּמְהֵרָה, בְּיָמֵינוּ בְּקָרוֹב
אֵל בְּנֵה אֵל בְּנֵה
בְּנֵה בֵיתְךָ בְּקָרוֹב

ביאור

ענו במלוכה (בהתאם למאמר חז"ל: "במקום שאתה מוצא גדולתו של הקב"ה שם אתה מוצא את ענוותנותו") **פודה** (כמו "פודה ה' נפש עבדיו" תהלים לד, כג) **כהלכה, צדיקיו יאמרו**...

קדוש במלוכה, רחום (מכינויי ה', שמות לד, ו) **כהלכה, שנאניו** (מלאכיו, על פי לשון הכתוב "רכב אלהים רבותים אלפי שנאן" תהלים סח, יח) **יאמרו לו** וכו'.

תקיף (חזק, ראה גם קהלת ו, י) **במלוכה, תומך** (ראה למשל "אתה תומיך גורלי", תהלים טז, ה) **כהלכה, תמימיו** (צדיקיו, חסידיו, כמו "ותמימים ינחלו טוב", משלי כח, י) **יאמרו לו** וכו'.

אדיר הוא יבנה ביתו שיר עתיק זה נהוג היה מדורות קדומים, ובכמה הגדות של פסח יש נוסח יהודי־גרמני שלו, שאולי נתחבר על ידי בעל השל"ה. ואין הפיוט שייך דווקא לליל הסדר, אבל כיוון שמזכירים את המקדש פעמים הרבה ומתפללים לבניינו צירפו דברי

בָּחוּר הוּא גָּדוֹל הוּא דָּגוּל הוּא
יִבְנֶה בֵּיתוֹ בְּקָרוֹב
בִּמְהֵרָה בִּמְהֵרָה בְּיָמֵינוּ בְּקָרוֹב
אֵל בְּנֵה אֵל בְּנֵה
בְּנֵה בֵּיתְךָ בְּקָרוֹב

הָדוּר הוּא וָתִיק הוּא זַכַּאי הוּא חָסִיד הוּא
יִבְנֶה בֵּיתוֹ בְּקָרוֹב
בִּמְהֵרָה בִּמְהֵרָה בְּיָמֵינוּ בְּקָרוֹב
אֵל בְּנֵה אֵל בְּנֵה
בְּנֵה בֵּיתְךָ בְּקָרוֹב

טָהוֹר הוּא יָחִיד הוּא
כַּבִּיר הוּא לָמוּד הוּא מֶלֶךְ הוּא
נוֹרָא הוּא סַגִּיב הוּא עִזּוּז הוּא פּוֹדֶה הוּא צַדִּיק הוּא
יִבְנֶה בֵּיתוֹ בְּקָרוֹב
בִּמְהֵרָה בִּמְהֵרָה בְּיָמֵינוּ בְּקָרוֹב
אֵל בְּנֵה אֵל בְּנֵה
בְּנֵה בֵּיתְךָ בְּקָרוֹב

קָדוֹשׁ הוּא
רַחוּם הוּא שַׁדַּי הוּא תַּקִּיף הוּא
יִבְנֶה בֵּיתוֹ בְּקָרוֹב
בִּמְהֵרָה בִּמְהֵרָה בְּיָמֵינוּ בְּקָרוֹב
אֵל בְּנֵה אֵל בְּנֵה
בְּנֵה בֵּיתְךָ בְּקָרוֹב

ביאור

שיר זה להגדה. ושיר זה גם כן לפי סדר האלף בית, כאשר בכל חרוז (חוץ מן הראשון) שלוש אותיות. ובכל החרוזים כינויים שונים לקדוש ברוך הוא, וראה בשיר הקודם הסבר של מקצתם. **ותיק** משמעו כאמור: חסיד ונאמן. **סגיב** כמו נשגב (ראה למשל תהלים קמח, יא), בחילוף המצוי של שין שמאלית וסמך. **שדי הוא** שדי אינו רק שמו של ה׳ אלא גם מתפרש על פי כמה שיטות בתור: בעל הכוח, זה שמשנה את סדרי העולם.

אֶחָד מִי יוֹדֵעַ
אֶחָד אֲנִי יוֹדֵעַ
אֶחָד אֱלֹהֵינוּ שֶׁבַּשָּׁמַיִם וּבָאָרֶץ

שְׁנַיִם מִי יוֹדֵעַ
שְׁנַיִם אֲנִי יוֹדֵעַ
שְׁנֵי לוּחוֹת הַבְּרִית
אֶחָד אֱלֹהֵינוּ שֶׁבַּשָּׁמַיִם וּבָאָרֶץ

שְׁלוֹשָׁה מִי יוֹדֵעַ
שְׁלוֹשָׁה אֲנִי יוֹדֵעַ
שְׁלוֹשָׁה אָבוֹת
שְׁנֵי לוּחוֹת הַבְּרִית
אֶחָד אֱלֹהֵינוּ שֶׁבַּשָּׁמַיִם וּבָאָרֶץ

אַרְבַּע מִי יוֹדֵעַ
אַרְבַּע אֲנִי יוֹדֵעַ
אַרְבַּע אִמָּהוֹת
שְׁלוֹשָׁה אָבוֹת   שְׁנֵי לוּחוֹת הַבְּרִית
אֶחָד אֱלֹהֵינוּ שֶׁבַּשָּׁמַיִם וּבָאָרֶץ

ביאור

אחד מי יודע   פזמון עתיק זה מוצאו מימי הביניים ולא נודע שם מחברו (אף כי יוחס בכתבי יד לבית מדרשו של ר׳ אליעזר רוקח). פזמוני שעשועים וחידות במספרים אינם מיוחדים כמובן לליל הפסח, ואף לא לעם ישראל, וכאלה מצויים באופנים ובצורות רבים. ונראה כי אחד הטעמים לקביעתו כאן היא כדי לערור את הנרדמים, בפרט הילדים הקטנים, בשיר חידה שהכל יודעים את תשובותיו, ויש בכך מעין מקבילה יפה ל״ארבע הקושיות״ של תחילת הסדר.

חֲמִשָּׁה מִי יוֹדֵעַ
חֲמִשָּׁה אֲנִי יוֹדֵעַ
חֲמִשָּׁה חֻמְשֵׁי תוֹרָה
אַרְבַּע אִמָּהוֹת שְׁלוֹשָׁה אָבוֹת שְׁנֵי לוּחוֹת הַבְּרִית
אֶחָד אֱלֹהֵינוּ שֶׁבַּשָּׁמַיִם וּבָאָרֶץ

שִׁשָּׁה מִי יוֹדֵעַ
שִׁשָּׁה אֲנִי יוֹדֵעַ
שִׁשָּׁה סִדְרֵי מִשְׁנָה
חֲמִשָּׁה חֻמְשֵׁי תוֹרָה אַרְבַּע אִמָּהוֹת שְׁלוֹשָׁה אָבוֹת
שְׁנֵי לוּחוֹת הַבְּרִית
אֶחָד אֱלֹהֵינוּ שֶׁבַּשָּׁמַיִם וּבָאָרֶץ

שִׁבְעָה מִי יוֹדֵעַ
שִׁבְעָה אֲנִי יוֹדֵעַ
שִׁבְעָה יְמֵי שַׁבַּתָּא
שִׁשָּׁה סִדְרֵי מִשְׁנָה חֲמִשָּׁה חֻמְשֵׁי תוֹרָה
אַרְבַּע אִמָּהוֹת שְׁלוֹשָׁה אָבוֹת שְׁנֵי לוּחוֹת הַבְּרִית
אֶחָד אֱלֹהֵינוּ שֶׁבַּשָּׁמַיִם וּבָאָרֶץ

ביאור

שלושה אבות בתלמוד אמרו "אין קוראים אבות אלא לשלושה ואין קוראים אמהות אלא לארבע" (ברכות טז, א). שגם מי שיודע שהוא מתייחס לאנשים מסוימים מראשית ימי האומה (כגון הכוהנים בני אהרן) אינו קורא לאלה "אבות", כי רק שלושת האבות, אברהם יצחק ויעקב, הם חשובים מספיק להיקרא כך. וכן לגבי האימהות.

ארבע אימהות האימהות הן, כמפורש בתלמוד, שרה, רבקה, רחל ולאה. אכן, לעתים רחוקות אנו מוצאים כי מונים את ארבע נשיו של יעקב (רחל, לאה, בלהה וזלפה) כאימהות של כלל ישראל. השיר כולו כתוב עברית, אבל מצויות בו כמה צורות ארמיות לשם החרוז.

שישה סדרי משנה המשנה מחולקת לשישה חלקים ראשיים ("סדרים") שכל אחד מהם מכיל מספר מסכתות, והם סדרי זרעים, מועד, נשים, נזיקין, קדשים, טהרות.

ימי שבתא – ימי השבת. בלשון חכמים בייחוד משתמשים במונח "שבת" עבור השבוע.

שְׁמוֹנָה מִי יוֹדֵעַ
שְׁמוֹנָה אֲנִי יוֹדֵעַ
שְׁמוֹנָה יְמֵי מִילָה
שִׁבְעָה יְמֵי שַׁבְּתָא   שִׁשָּׁה סִדְרֵי מִשְׁנָה
חֲמִשָּׁה חֻמְשֵׁי תוֹרָה   אַרְבַּע אִמָּהוֹת   שְׁלוֹשָׁה אָבוֹת
שְׁנֵי לוּחוֹת הַבְּרִית
אֶחָד אֱלֹהֵינוּ שֶׁבַּשָּׁמַיִם וּבָאָרֶץ

תִּשְׁעָה מִי יוֹדֵעַ
תִּשְׁעָה אֲנִי יוֹדֵעַ
תִּשְׁעָה יַרְחֵי לֵדָה
שְׁמוֹנָה יְמֵי מִילָה   שִׁבְעָה יְמֵי שַׁבְּתָא
שִׁשָּׁה סִדְרֵי מִשְׁנָה   חֲמִשָּׁה חֻמְשֵׁי תוֹרָה
אַרְבַּע אִמָּהוֹת   שְׁלוֹשָׁה אָבוֹת   שְׁנֵי לוּחוֹת הַבְּרִית
אֶחָד אֱלֹהֵינוּ שֶׁבַּשָּׁמַיִם וּבָאָרֶץ

עֲשָׂרָה מִי יוֹדֵעַ
עֲשָׂרָה אֲנִי יוֹדֵעַ
עֲשָׂרָה דִבְּרַיָּא
תִּשְׁעָה יַרְחֵי לֵדָה   שְׁמוֹנָה יְמֵי מִילָה
שִׁבְעָה יְמֵי שַׁבְּתָא   שִׁשָּׁה סִדְרֵי מִשְׁנָה
חֲמִשָּׁה חֻמְשֵׁי תוֹרָה   אַרְבַּע אִמָּהוֹת   שְׁלוֹשָׁה אָבוֹת
שְׁנֵי לוּחוֹת הַבְּרִית
אֶחָד אֱלֹהֵינוּ שֶׁבַּשָּׁמַיִם וּבָאָרֶץ

ביאור

ימי מילה – הימים שממתינים עד להבאת הבן לברית המילה.

עשרה דבריא – עשרת הדיברות.

אחד עשר כוכביא – אחד עשר הכוכבים, הם הכוכבים שראה יוסף בחלומו (בראשית לז, ט) והם מסמלים את שבטי ישראל (חוץ מיוסף).

אַחַד עָשָׂר מִי יוֹדֵעַ
אַחַד עָשָׂר אֲנִי יוֹדֵעַ
אַחַד עָשָׂר כּוֹכְבַיָּא
עֲשָׂרָה דִבְּרַיָּא תִּשְׁעָה יַרְחֵי לֵדָה
שְׁמוֹנָה יְמֵי מִילָה שִׁבְעָה יְמֵי שַׁבַּתָּא
שִׁשָּׁה סִדְרֵי מִשְׁנָה חֲמִשָּׁה חֻמְשֵׁי תוֹרָה
אַרְבַּע אִמָּהוֹת שְׁלוֹשָׁה אָבוֹת שְׁנֵי לוּחוֹת הַבְּרִית
אֶחָד אֱלֹהֵינוּ שֶׁבַּשָּׁמַיִם וּבָאָרֶץ

שְׁנֵים עָשָׂר מִי יוֹדֵעַ
שְׁנֵים עָשָׂר אֲנִי יוֹדֵעַ
שְׁנֵים עָשָׂר שִׁבְטַיָּא
אַחַד עָשָׂר כּוֹכְבַיָּא עֲשָׂרָה דִבְּרַיָּא תִּשְׁעָה יַרְחֵי לֵדָה
שְׁמוֹנָה יְמֵי מִילָה שִׁבְעָה יְמֵי שַׁבַּתָּא
שִׁשָּׁה סִדְרֵי מִשְׁנָה חֲמִשָּׁה חֻמְשֵׁי תוֹרָה
אַרְבַּע אִמָּהוֹת שְׁלוֹשָׁה אָבוֹת
שְׁנֵי לוּחוֹת הַבְּרִית
אֶחָד אֱלֹהֵינוּ שֶׁבַּשָּׁמַיִם וּבָאָרֶץ

ביאור

שנים עשר שבטיא – שנים עשר השבטים, ויוסף בכללם. ואף ששבט יוסף נעשה אחר־כך לשני שבטים, מנשה ואפרים, נשאר מניין שנים־עשר שבטים, לפי ששבט לוי נבדל מכולם.

שלושה עשר מדיא – שלוש עשרה מידות. יש לכך שני פירושים (שאינם מנוגדים מבחינת תוכנם הפנימי, כפי שכבר האריכו לכתוב בעניין זה המקובלים): יש שלוש עשרה מידות הרחמים שבהן מתגלה הקדוש ברוך הוא (שמות לד, ו–ז). וכן יש שלוש עשרה מידות (שיטות לימוד) שהתורה נדרשת בהן, לדעת ר' ישמעאל (קל וחומר וגזרה שווה וכו').

שלושה עשר אפשר היה, כמובן, להוסיף ולשאול שאלות מספרים גם הלאה, ונראה שהפסיקו בשלושה עשר לפי שהוא במסורת ישראל מספר חשוב המסמל מזל טוב.

שְׁלוֹשָׁה עָשָׂר מִי יוֹדֵעַ
שְׁלוֹשָׁה עָשָׂר אֲנִי יוֹדֵעַ
שְׁלוֹשָׁה עָשָׂר מִדַּיָּא
שְׁנֵים עָשָׂר שִׁבְטַיָּא   אַחַד עָשָׂר כּוֹכְבַיָּא
עֲשָׂרָה דִבְּרַיָּא   תִּשְׁעָה יַרְחֵי לֵדָה
שְׁמוֹנָה יְמֵי מִילָה   שִׁבְעָה יְמֵי שַׁבְּתָא   שִׁשָּׁה סִדְרֵי מִשְׁנָה
חֲמִשָּׁה חֻמְשֵׁי תוֹרָה   אַרְבַּע אִמָּהוֹת
שְׁלוֹשָׁה אָבוֹת
שְׁנֵי לוּחוֹת הַבְּרִית
אֶחָד אֱלֹהֵינוּ שֶׁבַּשָּׁמַיִם וּבָאָרֶץ

חַד גַּדְיָא חַד גַּדְיָא

דִּזְבַן אַבָּא בִּתְרֵי זוּזֵי
חַד גַּדְיָא   חַד גַּדְיָא

ביאור

חד גדיא גם פזמון זה מוצאו מימי הביניים, והיה מקובל תחילה רק בין האשכנזים. פזמונים מסוג זה מצויים לרוב בכל הלשונות, ובוודאי שהצורה הקלילה והמשעשעת שבו נועדה לעורר את המסובים (ובפרט הילדים) לגמור את הסדר בחדווה רבה. עם זאת, הרעיון המרכזי של הפזמון, עד לסיומו בהבאת הגאולה השלמה, מקנים לו ללא ספק תוכן פנימי רציני. דימויים מעין זה של הכוחות השולטים בעולם, הפוגעים זה בזה ומקבלים שלטון זה מזה, הוא עתיק ומקורו ויסודו במקרא (ראה בספר דניאל בפרק ז על ארבע החיות המשמידות זו את זו: האריה, הדוב, הנמר, החיה הרביעית – ואחר כך המשיח ובן האיל והשעיר, שם פרק ח). ובעיקרו של דבר: כל עוול ורע יש לו עונש ונקמה, עד אחרית הימים כאשר יסולק כל הרע מן העולם. פזמון זה כתוב ברובו ארמית פשוטה, בתערובת מלים עבריות, בעיקר עבור מונחים מקובלים וידועים דווקא בעברית.

בתרי זוזי זוז הוא השם הארמי למטבע הרומית הנפוצה הדינר (denarius). כדי לקבל מושג על ערכם של "תרי זוזי" יש לזכור כי שכר יום עבודה של פועל פשוט היה ארבעה זוזים, וגדי הנקנה בתרי זוזי הוא בוודאי גדי קטן מאוד.

וַאֲתָא שׁוּנְרָא וְאָכְלָה לְגַדְיָא
דִּזְבַן אַבָּא בִּתְרֵי זוּזֵי
חַד גַּדְיָא חַד גַּדְיָא

וַאֲתָא כַלְבָּא וְנָשַׁךְ לְשׁוּנְרָא דְּאָכְלָה לְגַדְיָא
דִּזְבַן אַבָּא בִּתְרֵי זוּזֵי
חַד גַּדְיָא חַד גַּדְיָא

וַאֲתָא חֻטְרָא וְהִכָּה לְכַלְבָּא דְּנָשַׁךְ לְשׁוּנְרָא
דְּאָכְלָה לְגַדְיָא
דִּזְבַן אַבָּא בִּתְרֵי זוּזֵי
חַד גַּדְיָא חַד גַּדְיָא

ביאור

חד גדיא דזבן אבא בתרי זוזי – גדי אחד שקנה אבא בשני דינרים.
ואתא שונרא ואכל לגדיא – ובא החתול ואכל את הגדי
ואתא כלבא ונשך לשונרא – בא הכלב ונשך את החתול
ואתא חוטרא והכה לכלבא – ובא המקל והיכה את הכלב

ואתא שונרא סיפור מעשה כזה נראה לכאורה תמוה, אבל בתלמוד נאמר כי החתול דרכו לדרוס גדיים וטלאים קטנים (חולין נב, ב). משום שהחתולים בימי קדם היו לעתים קרובות חתולי בר (שהם גדולים ועזים מחתולי הבית), שהיו מבויתים רק למחצה, וכחיות טרף קטנות היו טורפים לא רק עכברים וציפורים, אלא גם בעלי חיים גדולים יותר.

ואתא כלבא שאלה מבודחת במקצת שהיו נוהגים לשאול את הילדים הייתה השאלה הבאה: אם נעשה את החשבון הרי הגדי הוא חף מפשע, החתול שאכלו רשע, הכלב שנשך את החתול – מעשה טוב עשה, וכן הלאה. ואם נמשיך כך את הרשימה, יתברר כי הקדוש ברוך הוא עומד כאן כביכול לצדם של הרעים. אכן, יש כתב־יד של הגדה מאיטליה שבו חולדה היא הטורפת את הגדי, והחתול טורף את החולדה, כך שהסדר הטוב נשמר. ואולם היו שהשיבו על כך: אכן, החתול שאכל את הגדי רשע הוא, אך הכלב – לא מפני צדקות עשה מה שעשה, אלא מפני שרצונו לנשוך את החתול, ואם כן שוב אין לנו כאן סדר מדרגות של צודק ובלתי צודק. תשובה זו, למרות שגם היא מבודחת, מכילה מכל מקום גם התייחסות רצינית לנושא זה, אשר הנביאים ביטאו אותו פעמים רבות בדבריהם: האומות הנלחמות זו בזו, ואשר מצד מסוים משמשות שבט זעמו של הקב"ה במשפטו, בסופו של דבר אינן עושות זאת מתוך הרגשת חובה ושליחות אלא מכוח עצמן ומתוך תאוותן, ומשום כך אף הן עצמן מוכות ומובסות על ידי עמים אחרים, בלי שזכותן תעמוד להן.

וַאֲתָא נוּרָא וְשָׂרַף לְחֻטְרָא דְּהִכָּה לְכַלְבָּא
דְּנָשַׁךְ לְשׁוּנְרָא דְּאָכְלָה לְגַדְיָא
דְּזַבִּן אַבָּא בִּתְרֵי זוּזֵי
חַד גַּדְיָא חַד גַּדְיָא

וַאֲתָא מַיָּא וְכָבָה לְנוּרָא דְּשָׂרַף לְחֻטְרָא
דְּהִכָּה לְכַלְבָּא דְּנָשַׁךְ לְשׁוּנְרָא דְּאָכְלָה לְגַדְיָא
דְּזַבִּן אַבָּא בִּתְרֵי זוּזֵי
חַד גַּדְיָא חַד גַּדְיָא

וַאֲתָא תוֹרָא וְשָׁתָה לְמַיָּא דְּכָבָה לְנוּרָא
דְּשָׂרַף לְחֻטְרָא דְּהִכָּה לְכַלְבָּא
דְּנָשַׁךְ לְשׁוּנְרָא דְּאָכְלָה לְגַדְיָא
דְּזַבִּן אַבָּא בִּתְרֵי זוּזֵי
חַד גַּדְיָא חַד גַּדְיָא

וַאֲתָא הַשּׁוֹחֵט וְשָׁחַט לְתוֹרָא דְּשָׁתָא לְמַיָּא
דְּכָבָה לְנוּרָא דְּשָׂרַף לְחֻטְרָא
דְּהִכָּה לְכַלְבָּא דְּנָשַׁךְ לְשׁוּנְרָא
דְּאָכְלָה לְגַדְיָא
דְּזַבִּן אַבָּא בִּתְרֵי זוּזֵי
חַד גַּדְיָא חַד גַּדְיָא

ביאור

ואתא נורא ושרף לחוטרא – ובאה האש ושרפה את המקל

ואתא מיא וכבה לנורא – ובאו המים וכיבו את האש

ואתא תורא ושתה למיא – ובא השור ושתה את המים

ואתא השוחט ושחט לתורא – ובא השוחט ושחט את השור.

וַאֲתָא מַלְאַךְ הַמָּוֶת וְשָׁחַט לְשׁוֹחֵט דְּשָׁחַט לְתוֹרָא
דְּשָׁתָא לְמַיָּא דְּכָבָה לְנוּרָא דְּשָׂרַף לְחֻטְרָא
דְּהִכָּה לְכַלְבָּא דְּנָשַׁךְ לְשׁוּנְרָא דְּאָכְלָה אדני לְגַדְיָא
דִּזְבַן אַבָּא בִּתְרֵי זוּזֵי
חַד גַּדְיָא חַד גַּדְיָא

וַאֲתָא הַקָּדוֹשׁ בָּרוּךְ הוּא וְשָׁחַט לְמַלְאַךְ הַמָּוֶת
דְּשָׁחַט לְשׁוֹחֵט דְּשָׁחַט לְתוֹרָא דְּשָׁתָא לְמַיָּא
דְּכָבָה לְנוּרָא דְּשָׂרַף לְחֻטְרָא דְּהִכָּה לְכַלְבָּא
דְּנָשַׁךְ לְשׁוּנְרָא דְּאָכְלָה לְגַדְיָא
דִּזְבַן אַבָּא בִּתְרֵי זוּזֵי
חַד גַּדְיָא חַד גַּדְיָא

חד גדיא פזמון זה של חד גדיא זכה להרבה מאוד פירושים, אלגוריים ואחרים. יש לזכור כי אף שהמסגרת הכוללת היא מבחינה צורנית מבודחת ומשעשעת, ואף ששירי משחק ושעשוע כאלה נפוצים בעולם, הרי במקרים אלה וכיוצא באלה העיבוד וההדגשה יכולים להפוך שיר או סיפור בדיחה לנושא רציני. למשל, יש לשים לב למספר המשתתפים בסיפור, למן הגדי עד לקדוש ברוך הוא בסך הכל עשרה – מספר רב משמעות בספרות היהודית בנגלה ובנסתר. ועל כן היו שזיהו בדרך הסוד כל אחד ואחד מן הנזכרים כאן עם אחת הספרות (בקדושה או שלא בקדושה) – למן הגדי (סמל ידוע ל"שה פזורה ישראל" ולשכינה) עד לקב"ה. פירוש אלגורי אחד רואה את השיר כתיאור מאבקו הפנימי ודרך חייו של האדם, כל אדם, משנות הלידה ("חד גדיא דזבן אבא") עד למוות ("ואתא מלאך המוות") ועד לתחייה ("ואתא הקב"ה"), כאשר הוא עובר מסוג אחד של תשוקה ופיתוי לדרגה אחרת, עד לגאולת נפשו האחרונה (יעב"ץ).